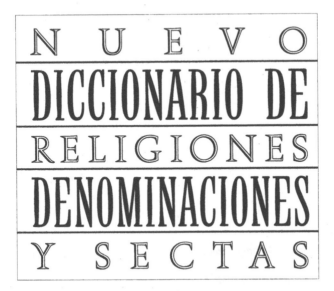

NUEVO
DICCIONARIO DE
RELIGIONES
DENOMINACIONES
Y SECTAS

T0382254

MARCOS
ANTONIO
RAMOS

BETANIA

Un Sello de Editorial Caribe

© 1998 *Marcos Antonio Ramos*

Publicado por *Editorial Caribe, Inc.*
Una división de *Thomas Nelson, Inc.*
Nashville, TN / Miami, FL
E-mail: caribe@editorialcaribe.com

ISBN: 0-89922-284-6

Impreso en EE.UU.
Printed in U.S.A.

4ª Impresión
www.caribebetania.com

A la memoria de Jaime Santamaría.
A Domingo Fernández Suárez.
En acción de gracias a Odón Betanzos Palacios
y Rolando Amador López.
Como homenaje en el centenario de Gonzalo Báez Camargo,
«Pedro Gringoire» (1899-1983).

PREFACIO

Estas cosas y muchas otras, que hacen temblar a la humanidad, yo las he visto por mis propios ojos, y apenas me atrevo a contarlas.

Fray Bartolomé de las Casas

La presente obra guarda necesariamente alguna relación con más de veinticinco años de trabajo en la enseñanza de la historia de la iglesia, religiones comparadas y la historia de las religiones. Pero a través de esos años hemos visto surgir una serie de nuevos movimientos y de organizaciones que aún no se han descrito en diccionarios ni en obras similares y que empiezan a penetrar el mundo de las ideas así como las creencias de las diferentes feligresías. Por otra parte, algunas obras de gran importancia son demasiado extensas, o dedican mucha atención a alguna organización en particular, revelando cierto grado de subestimación a valiosos grupos organizados más recientemente. Con este esfuerzo intentamos hacer una modesta contribución a la tarea de dar a conocer aquellos movimientos sobre los que poco se conoce, a la vez que nos proponemos comentar solo los datos que nos parecen suficientes para identificar con claridad a los mismos.

En el *Nuevo diccionario de religiones, denominaciones y sectas* también concedemos alguna atención a los llamados cultos sincréticos; no solo por factores puramente coyunturales, sino porque forman parte del acervo cultural y religioso de varios países. En una obra anterior, *Historia de las religiones* (Editorial Playor, Madrid, 1989), tuvimos muy presente que en estas materias no se puede pasar por alto el estudio científico y objetivo de las diferentes formas de religiosidad, independientemente de las ideas que el autor pueda profesar. En el diccionario hemos tratado de mantenernos dentro de esas normas, pero reconocemos que, en el caso de algunos movimientos creados recientemente, solo se dispone de información dispersa e incompleta. En cuanto a algunos grupos de la Nueva Era y a viejas manifestaciones del esoterismo y el ocultismo, resulta curioso que ciertos léxicos y diccionarios no aporten demasiada luz, lo cual pudiera originarse en la naturaleza misma de tales movimientos. La riqueza de datos confiables acerca de las religiones universales y de las iglesias cristianas establecidas en numerosos países contrasta con esa situación.

Ahora bien, al abordar estos temas, prescindimos hasta donde ha sido posible del vocabulario más erudito. Tampoco ofrecemos aquí un estudio pormenorizado de las religiones que exigen un estudio profundo y especializado. Nos hemos limitado a ciertos datos fundamentales acerca del origen, creencias, características y situación actual de esos movimientos. Por ejemplo, en el caso de organizaciones de tipo evangélico, solo mencionamos las creencias que las diferencian de otros grupos parecidos.

En este diccionario nos dedicamos exclusivamente a lo que ofrece su título, es decir, a religiones, denominaciones y sectas. No hemos incluido artículos biográficos, ni estudios doctrinales, cuya gran utilidad reconocemos. Para ello se dispone en la actualidad de excelentes materiales, entre ellos recomendamos el *Diccionario de historia de la iglesia* (Editorial Caribe, Miami, 1989) y otras obras importantes incluidas en la bibliografía de este libro.

Nos parece oportuno mencionar las palabras autorizadas de Servipalli Radhakrishnan, ex presidente de la India y uno de los principales historiadores de la religión: «Un mundo nuevo no puede permanecer como una masa confusa de necesidades e impulsos, ambiciones y actividades sin control o dirección por parte del espíritu. El mismo vacío creado por las supersticiones y creencias que han sido abandonadas nos llama a llenarlo con lo espiritual». Si aplicáramos la intención general de esta cita extraída de su obra *Religiones orientales y pensamiento occidental* (Oxford University Press, Londres, 1989) al ambiente actual de los países de habla española, apreciaríamos la trascendencia de seleccionar bien los mejores medios dentro del mundo de la religión. Solo un estudio equilibrado y cuidadoso podrá enriquecer nuestra cultura, conducta y estilo de vida, a la vez que contribuirá a ratificar la sana doctrina recibida de nuestros mejores maestros.

Marcos Antonio Ramos

santería
presbiterianos
aztecas
mahometanis
ucianismo
ermanos moravos trismo
zoroastrismo
vodú
animistas
anglicanos
metodistas
adventist
davidianos
nueva er
bautistas
acu tienses
Iglesia de Jesucristo os santos de los último
coptos
Testigos Jehová
beg
nduismo
pente stales
ufolog
gedeones
c a Changó
damitas
totemismo
diaforistas
niños de Dios
carismátic
macedonian
de A.M.O.R.C. a
jacobit
racionalistas
vald
AZTECAS, CREENCIAS DE LOS
gomi
yesidas
berberisc
yoga
ortodoxes
abelianos
ariseos
evangélicos
laudianos
bohemio
iotelistas
tembladores
anzantes
judaísmo
acaciano
mormones
caballería espiritu

A.M.O.R.C.

Movimiento rosacruz. Se trata de las siglas de *Anticus Mysticus Ordo Rosae Crucis* u Orden Antiguo y Místico Rosacruz. La fundación de este movimiento en Estados Unidos se remonta a 1909. Su fundador norteamericano fue Spencer Lewis y se han extendido a muchos países mediante la distribución de literatura y la organización de logias o grupos de estudio. Es una versión moderna de los antiguos rosacruces. El interés en la Nueva Era les ha proporcionado la oportunidad de resurgir con mayor fuerza. (→ ROSACRUCES.)

ABADÍA DE THELEMA

Movimiento con rituales de magia negra. Parece originarse en las enseñanzas del escritor ocultista inglés Aleister Crowley (1875-1947). Algunos estudiosos relacionan la Abadía con el satanismo y el erotismo mágico. (→ ARGENTEUM ASTRUM.)

ABAKUÁ, SOCIEDAD SECRETA

Véase SANTERÍA Y OTROS CULTOS AFROCUBANOS.

ABECEDARIANOS

Sector reformista. Grupo de anabautistas radicales alemanes del siglo XVI conocidos por sus visiones y éxtasis así como por su rechazo a la erudición. Llegaron a considerar el conocimiento humano (incluso el ABC) como intrascendente. Solo aceptaban las Sagradas Escrituras y la inspiración del Espíritu Santo. Algunos eruditos consideran «abecedarianos» a Nicholas Storch y los profetas de Zwickau.

ABELIANOS

(También se les conoce como «abelistas» o «abelonianos».)

Secta herética vinculada a los maniqueos y gnósticos. Sostenían que Abel, hijo de Adán, se abstuvo de engendrar hijos. Era digno de imitar para evitar traer criaturas pecaminosas al mundo. Aunque aceptaban el matrimonio preferían adoptar hijos y practicar el celibato. En la antigüedad, el movimiento tuvo muchos seguidores en la diócesis de Hipona, al Norte de África.

ABHAYAGIRI VASINAH

Escuela de budismo. Otros budistas consideraban a este grupo como de carácter herético. Sus seguidores intentaron el estudio simultáneo del budismo Mahayana e Hinayana. A esta escuela se le ha dado el nombre del Abhayagiri, un monte de Sri Lanka (antiguo Ceilán), donde el movimiento tenía su sede. (→ BUDISMO.)

ABISINIA, IGLESIA DE

Iglesia nacional. El cristianismo en una forma organizada parece haber penetrado en Etiopía (Abisinia) alrededor del año 330 mediante Frumencio, procedente de Tiro, quien llegó a ocupar un cargo en la administración local. Sin embargo, algunos cristianos pudieron haber vivido allí desde el primer siglo.

La Iglesia de Abisinia ha tenido tradicionalmente estrechas relaciones con la Iglesia Copta de Egipto. En Abisinia se ha logrado la independencia eclesiástica y se han conservado usos judíos como la circuncisión de niños, la observancia del sábado, etc. Como en el caso de los coptos, la teología es la del → MONO-FISISMO. El obispo primado es el «abuna» y ya no es nombrado por el patriarca o papa copto de Alejandría. (→ COPTA, IGLESIA.)

ABRAHAMITAS

Secta siria fundada en el siglo IX por Ibrahim o Abraham de Antioquía. Negaba la divinidad de Cristo.

ABRAHAMITAS

Secta checa formada a fines del siglo XVIII que se creía integrada por simpatizantes de Juan Hus, pero cuyo énfasis era el deísmo y la observancia religiosa que Abraham practicaba antes de circuncidarse.

ABSTINENTES

Sectas de la antigüedad que muchos eclesiásticos acusaban de practicar la hechicería y la magia. Luchaban contra la mundanalidad de algunas iglesias cristianas. Su influencia «gnóstica» era evidente, ya que entendían que la materia es intrínsecamente mala. Promovían el ascetismo, prohibían el matrimonio y comer carne, y se sometían a vigilias, ayunos y constantes oraciones. Entre sus líderes principales se encontraba Prisciliano. Su mayor desarrollo ocurrió en los siglos III y IV en el sudoeste de Europa.

ACACIANOS

Secta de la antigüedad. Seguidores de Acacio de Cesarea (no confundirlo con Acacio de Constantinopla), un discípulo de Eusebio de Cesarea, su predecesor en esa sede episcopal. Sus ideas eran → ARRIANAS. Se atenían a la fórmula de que el Hijo es semejante (*homoios*) al Padre, adoptada en el Concilio de Seleucia y que contaba con el apoyo de los llamados → HOMOIANOS y de la secta acaciana. Su actividad tuvo lugar en el siglo IV.

ACOSMISMO

Creencia de algunos hindúes. Según esta teoría solo Dios existe y todo lo demás es apariencia.

ACTUALISMO

Secta religiosa cuyas creencias se relacionan con la salud física y la conciencia cósmica, mediante lo cual es posible unirse a un dios que es padre y madre al mismo tiempo. Consideran que cada ser humano es divino. Su sede radica en Valley Center, California.

ACUARIENSES

(Del griego *hydroparastatas*, que significa *los que abogan por el agua*.)

Sectas de la antigüedad. Pensadores cristianos como Cipriano y Agustín los consideraban herejes. La más conocida era la de los «encratistas». Promovían el uso del agua en vez del vino en la Cena del Señor. Taciano el Sirio fue uno de sus líderes más conocidos.

ACUÁTICOS

Secta religiosa cubana. Pequeña secta con algunos centenares de partidarios en Cuba. Creen en los poderes sanadores y espirituales del agua, objeto de veneración entre ellos.

ADAMITAS

Secta gnóstica. Sus miembros eran conocidos entonces como los «adamiani». Algunos historiadores los señalan como activos en el siglo II d.C., pero también se manejan fechas en los siglos III y IV d.c. Epifanio, obispo de Salamina (siglo IV), los criticó duramente.

Sus creencias se confunden con las de otros grupos de corte gnóstico (→ GNOSTICISMO), con la particularidad de que preferían estar desnudos durante sus cultos de adoración; es decir, que practicaban la desnudez ritual. Se consideraban imitadores de Adán. Rechazaban completamente el matrimonio.

Se les ha confundido con grupos de llamados «nudistas cristianos» y hasta con movimientos completamente diferentes a ellos.

Hubo creencias similares entre los Hermanos del Libre Espíritu (→ LIBRE ESPÍRITU, HERMANOS DEL) o → AMALRICIANOS, en la época inmediata anterior a la Reforma.

ADIAFORISTAS

Sector protestante en época de la Reforma. Movimiento asociado al teólogo y humanista luterano Felipe Melanchton. Propusieron el acercamiento al catolicismo (→ CATÓLICA, APOSTÓLICA Y ROMANA, IGLESIA) aceptando concesiones menores como la eliminación de ciertas prácticas y festividades, así como ritos, a los que llamaban *adiaphora* (en griego, *indiferentes*). Se mantuvieron dentro del luteranismo (→ LUTERANAS, IGLESIAS).

ADIVINACIÓN

Creencias populares. Uso de técnicas o de medios sobrenaturales como la → MAGIA, el → ESOTERISMO y el → OCULTISMO, para encontrar información acerca del futuro, características personales poco conocidas, objetos perdidos, etc.

Algunos estudiosos enfatizan el carácter ocultista de algunas formas de adivinación. Estas no se limitan a alguna sociedad o religión, sino que han existido en numerosos ambientes y épocas, pero sobre todo en las culturas y las religiones de tiempos primitivos o antiguos. Por ejemplo, el oráculo de Delfos y los oráculos tibetanos.

En grupos de la llamada → NUEVA ERA, la adivinación tiene un papel relevante. Es difícil establecer la diferencia entre ciertas formas o sistemas interpretativos como la → ASTROLOGÍA o el → TAROT con sus simbolismos. Debe hacerse una diferenciación entre adivinaciones automáticas, como los augures y la astrología, y las adivinaciones exploratorias, unidas algunas de ellas a la práctica religiosa. En estas últimas se acepta que los dioses determinan el futuro. Algunos se refieren al uso de poderes síquicos en formas de adivinación.

En la antigüedad los sumerios y los babilonios se destacaron en esa práctica; adivinadores etruscos se dejaron sentir en la antigua Roma y en nuestro tiempo debe señalarse la influencia de formas de adivinación en algunos sistemas religiosos del África subsahariana.

ADOPCIANISMO

Herejía española del siglo VIII. Muchos textos y autores la relacionan con el → ADOPCIONISMO. Su doctrina más conocida es la adopción (Cristo fue adoptado como Hijo de Dios). Félix, obispo de Urgel, y Elipando, arzobispo de Toledo, fueron sus defensores más conspicuos. Alcuino, funcionario cultural del emperador Carlomagno, fue su más destacado y sistemático opositor. Los concilios de Regensburg (792 d.C.), Frankfort (794 d.C.) y Aquisgrán (799 d.C.) la condenaron. Varios «adopcianistas» se mantuvieron activos hasta el siglo XVII, pero con carácter marginal o adoptando otros nombres. El filósofo Abelardo fue uno de los que readaptaron formas modificadas del «adopcianismo» reflejadas en sutilezas de otros teólogos interesados en probar, sin abandonar del todo la ortodoxia, el concepto de Jesús como Hijo adoptivo de Dios.

ADOPCIONISMO

Forma primitiva de cristología. Debe distinguirse del → ADOP-CIANISMO pese a elementos comunes. El adopcionismo pudo ser la forma de entender la relación Cristo-Dios entre algunos judeocristianos que consideraban a Jesús como un hombre al que el Padre hizo «Señor» y «Dios», con lo que intentaban mantenerse dentro de la ortodoxia judía. Los → EBIONITAS fueron uno de los primeros grupos adopcionistas.

Debe distinguirse entre estos adopcionistas y otras interpretaciones similares que algunos eruditos modernos atribuyen a los nestorianos y antioqueños, y a teólogos como Pablo de Samosata, Teodoro de Mopsuestia y Hermas; todo lo cual es discutible.

ADVENTISTA CRISTIANA, IGLESIA

Denominación cristiana fundada en 1860. Es la segunda en importancia de las organizaciones adventistas. Mantiene la mayoría de las creencias evangélicas tradicionales, pero cree en la inconsciencia de los muertos hasta la resurrección y enfatiza el regreso de Cristo. Su sede principal está en Charlotte, Carolina del Norte, y sostiene escuelas y misiones en varios países.

ADVENTISTA DEL SÉPTIMO DÍA, IGLESIA

Denominación cristiana fundada por seguidores de William Miller y otros cristianos. Esperaban la inminente Segunda Venida de Cristo. Empezó a formarse en 1844, pero debido a las predicciones incumplidas de Miller, se organizó oficial y definitivamente en 1863. Su nombre revela el énfasis tanto en la Segunda Venida como en la observancia del sábado o séptimo día, práctica que tomaron de los → «BAUTISTAS DEL SÉPTIMO DÍA» y otros creyentes. Entre sus fundadores estuvieron Joseph Bates y Elena Harmon White. A esta dama, de origen metodista, se le atribuye una inspiración especial como autora de libros

7

fundamentales para la denominación, entre ellos se encuentran *El camino a Cristo, El Deseado de todas las gentes,* y muchos otros.

Según los adventistas, la inmortalidad solo se otorga a los justos en ocasión del regreso de Cristo. Afirman que los muertos están en inconsciencia total. También insisten en la purificación del santuario celestial, debido a que se inició una obra de juicio en 1844 que durará hasta concluir el tiempo de la gracia. La mayoría de las otras doctrinas son parecidas a las de los cristianos evangélicos. Bautizan por inmersión y solamente a creyentes con suficiente edad. Practican un estilo de vida conservador, rechazan las bebidas alcohólicas, el tabaco, el baile, el café y las comidas que pueden dañar la salud. Enfatizan mucho el cuidado corporal y favorecen una dieta vegetariana.

Cada iglesia local elige a ciertos dirigentes (ancianos, diáconos, etc.) y juntas que forman parte de conferencias regionales gobernadas por una directiva. Estas conferencias crean uniones. Estas, a su vez, forman las numerosas divisiones que integran la Asociación General, de carácter mundial. Los pastores están sujetos no solo a la iglesia local sino a la denominación. Los adventistas promueven la educación, la salud, así como la distribución de Biblias y literatura. Su revista más conocida es *El Centinela* y *El Heraldo de la Salud.* Esta iglesia se extiende por todo el mundo.

ADVENTISTAS
Movimiento cristiano que enfatiza la Segunda Venida de Cristo. Designación de los grupos que se originan en la figura de William Miller, laico bautista que anunció que la *parusía* se produciría en 1843 y posteriormente en 1844. Entre sus grupos principales están la Iglesia Adventista del Séptimo Día y la Iglesia Adventista Cristiana. Algunos consideran en esta categoría a la Iglesia de Dios Conferencia General. (→ ADVENTISTA DEL SÉPTIMO DÍA, IGLESIA; ADVENTISTA CRISTIANA, IGLESIA; IGLESIA DE DIOS, CONFERENCIA GENERAL.)

AETERIUS, SOCIEDAD

Sociedad religiosa enfocada en seres extraterrestres. El movimiento lo fundó George King en 1954 bajo la influencia de la → TEOSOFÍA, el → OCULTISMO y el → ESPIRITISMO. King afirmó haber entrado en comunicación con el «Maestro Aeterius», un supuesto rey del planeta Venus. También dice hablar a nombre de Jesús y del apóstol Pablo, y haber viajado en platillos voladores en su supuesta condición de «vocero del Parlamento Interplanetario». Sus publicaciones son *La Voz Cósmica* y *Boletín de Curación Espiritual.*

AFRICANAS AUTÓCTONAS, IGLESIAS

(También se les conoce como «Iglesias Africanas Independientes».)

Movimientos cristianos con probable influencia sincrética. Numerosos grupos han surgido como desprendimientos de las denominaciones y juntas misioneras cristianas que han trabajado en el África subsahariana.

Estas iglesias generalmente hacen un marcado énfasis en los dones espirituales, pero también en la música, tradiciones y prácticas aborígenes. Algunos consideran como movimientos sincréticos a estos grupos. Su desarrollo se inicia sobre todo a principios del siglo XX. Entre ellos se encuentra la Iglesia del Señor (Aladura) de Nigeria; la Iglesia Musama Disco Christo de Ghana. Los movimientos etiópicos esparcidos por el continente (y que no deben confundirse con la Iglesia de Etiopía ni la Iglesia Copta) son aquellos cuyo énfasis principal tiene relación con lo puramente africano; las iglesias sionistas extendidas por varios países son las que consideran a África como su Sion. Algunas de estas iglesias se les identifica como «movimientos proféticos» por dirigirlas un líder con gran carisma, considerado profeta. Otras reciben el nombre de «iglesias apostólicas» por gobernarlas «apóstoles». Una designación frecuente es la de «Iglesias instituidas en África» por haberlas fundado y organizado africanos.

Dos grandes iglesias africanas autóctonas o independientes forman parte del «Concilio Mundial de Iglesias», la Iglesia Aladu-

9

ra de Nigeria y la Iglesia de Cristo en la Tierra (→ KIMBANGU, IGLESIA DE) fundada por el profeta Simón Kimbangu, cuyos seguidores se identifican a menudo con su nombre. El número combinado de feligreses de estas iglesias es de decenas de millones y están en continuo crecimento. No todos las consideran como «sincréticas» o como «pentecostales», pero en algunos casos prevalece una de estas dos características o las dos al mismo tiempo. Algunas diferencias importantes las separan del movimiento pentecostal clásico, pero en algunos casos su pentecostalismo prevalece en aspectos fundamentales.

AFRICANAS INDEPENDIENTES, IGLESIAS
Véase AFRICANAS AUTÓCTONAS, IGLESIAS.

AFROBRASILEÑAS, SECTAS
Creencias afroamericanas. Como en Cuba, en Brasil la influencia de la religiosidad sincrética en la que prevalecen elementos de origen africano es extraordinaria. El alto número de esclavos llevados al Brasil y procedentes de África Occidental (entre Dakar y el Congo) y de Mozambique, así como del interior del África subsahariana, determinó la creación de una fuerte cultura africana en varias ciudades y regiones de Brasil. La deficiente educación religiosa ofrecida a la población esclava tiene relación directa con la forma casi perfecta en que se mantuvo la religiosidad de origen africano como componente principal del sincretismo brasileño.

Con el tiempo, el sincretismo se manifestó en forma apreciable. Al principio se identificaron las deidades africanas con los santos católicos simplemente para esconderlas de los amos blancos.

Influencias espiritistas, provenientes de la población blanca, han penetrado varias sectas afrobrasileñas. Entre ellas pueden mencionarse en forma especial el → CANDOMBLÉ, el → BATUQUE, los → CABOCLOS, la → UMBANDA, el culto Changó (→ CHANGÓ, CULTO) y muchísimos más.

10

AFROCUBANOS, CULTOS
Véase SANTERÍA Y OTROS CULTOS AFROCUBANOS.

AFRODITA, HIJO DE
Rito ocultista. Con el propósito de despertar «serpientes agazapadas en la memoria», celebran ceremonias de noche con carácter sexual. Afirman buscar la muerte mediante el sexo y las experiencias sexuales mediante la muerte. Tienen algunos seguidores en Francia, Norteamérica y algunos países más.

AGAPEMONITAS
También se les conoció alguna vez como «Comunidad del amor». Deben diferenciarse de los *AMADOS* (→ AGAPETAE). Seguidores de Henry James Prince. Este pintoresco personaje fundó una comunidad religiosa en 1859. Algunos de sus seguidores, en Inglaterra, formaron el grupo conocido como «Hijos de la Resurrección» y fundaron la iglesia «Arca de la Nueva Alianza», bajo la dirección de J.H. Smith-Pigott, ex ministro protestante que se proclamó Jesucristo. A pesar de que sus fundadores son de formación protestante, se desviaron sustancialmente de la teología evangélica. Este grupo aún tiene adeptos.

AGAPETAE
(Palabra griega que significa *amados*.)
Práctica que surgió durante los primeros siglos de la Iglesia. Se trataba de mujeres y hombres que vivían bajo votos de continencia, en «matrimonio espiritual».

AGARTTHA
(También se le conoce como «Misión de la India en Europa».)
Movimiento ocultista. Agarttha es «lo que no se puede encontrar» y se trata, supuestamente, de la sede de un gobierno mundial. Todo esto se relaciona con el libro *Misión de la India en Europa*, de Saint-Yves de Alveydre, ocultista francés y diplomático. Este personaje divulgó en su época el concepto del go-

11

bierno universal o sinarquía. Varios grupos de la → NUEVA ERA se vinculan a estas ideas de Alveydre.

AGLIPAYANA, IGLESIA
Véase FILIPINA INDEPENDIENTE, IGLESIA.

AGNOETAS
(Del griego *agnoeo* que significa *ser ignorante*.) Secta antigua de la baja Edad Media. Uno de los grupos partidarios de la doctrina del → MONOFISISMO. Se caracterizaban por afirmar que Jesucristo no era omnisciente y pasar por alto algunos aspectos humanos.

AGNÓSTICOS
Término de uso frecuente en círculos religiosos e intelectuales para referirse a personas que no se identifican como creyentes ni ateos. Rechazan aspectos fundamentales de lo sobrenatural, entienden que la inteligencia de los humanos tiene sus límites y no puede conocerse con precisión lo relacionado a lo absoluto. El término lo acuñó el notable intelectual inglés T.H. Huxley, en 1869. Numerosos intelectuales de los siglos XIX y XX se identifican como agnósticos.

AGORA
Secta gnóstica. Pequeño grupo que combina creencias esotéricas con el gnosticismo histórico y una serie de creencias orientales. (→ GNOSTICISMO.)

AHMADDIYA
Movimiento religioso surgido del islamismo. Lo fundó Mizra Ghulam Ahmad en Punjab, alrededor de 1889, que afirmaba haber sido enviado al mundo «en el espíritu y poder de Jesús» y pretendía desempeñar funciones parecidas a las de Juan el Bautista. Se consideraba mahdí (mesías) de los musulmanes enviado por Mahoma. Se creía el maestro universal que los partidarios hin-

duistas y budistas de Zoroastro esperaban, y avatar de Krishna. Sus seguidores se cuentan entre los que creen que Jesús predicó en Cachemira, India, a los ciento veinte años de edad, después de que fue bajado de la cruz inconsciente. Según ellos, no murió en el madero. Algunas escuelas dentro del movimiento y fuera de él se esfuerzan por unir a la humanidad con el → ISLAMISMO, debido a que creen que Mahoma y su doctrina pueden servir de base a un entendimiento, ya que ese profeta aceptó aspectos importantes de la labor de Jesús y otros profetas.

AIKIDO
Creencia oriental. Arte marcial combinado con creencias espiritistas, panteístas así como otras de origen oriental, incluso del antiguo Japón.

AJIVIKVAS
Secta de la India. Seguidores de Makkhali Gosala, contemporáneo de Mahavira en el siglo VI a.C. Algunas de sus ideas eran similares a las del → JAINISMO, pero muchos de sus partidarios terminaron integrándose a la secta Pancharatra del → HINDUISMO. Para muchos, Gosala era casi divino.

ÁLAMO, FUNDACIÓN
(También se le conoce como «Fundación Cristiana Álamo», «Iglesia Cristiana Álamo», «Iglesia del Tabernáculo de Santidad», «Fundación Cristiana», «Iglesia de la Plaza de la Música», etc.)

Secta religiosa norteamericana fundada por Tony y Susan Alamo en 1969. Mantienen una «asociación de escuelas cristianas no denominacionales». Proclaman la ira de Dios, combaten ciertas formas de amor cristiano que consideran heréticas. La prensa los critica por intentar controlar la mente de los jóvenes en una especie de centros comunitarios. Aunque utilizan el lenguaje bíblico para algunas de sus creencias, la comunidad evangélica de Estados Unidos no los acepta.

ALBIGENSES

(También se les conoce como → «CÁTAROS».)

Secta herética medieval. El movimiento cátaro, establecido en Bulgaria, parece tener orígenes maniqueos, pero sus creencias, en forma modificada, fueron divulgadas por el Asia Menor y pasaron a los Balcanes en la Edad Media. El mayor grupo cátaro recibe el nombre de albigense porque tenía su base en la región de Albi, Languedoc, al sur de Francia, donde llegaron a ser un movimiento fuerte a partir del siglo XI.

Esta religión dualista, con un dios de luz y verdad (el del Nuevo Testamento) y otro de tinieblas y error (el del Antiguo Testamento), predicaba una lucha entre estos dioses y otra entre el espíritu y la materia. Los creyentes se dividían en *perfecti* y *credentes*, es decir, el clero y los simples feligreses. Estos debían imitar el ascetismo de los *perfecti*. Para alcanzar tal condición era necesario someterse a su único sacramento, el *consolamentum*. Los albigenses rechazaban el matrimonio, la procreación, la guerra, el énfasis en lo material y se negaban a consumir ciertos alimentos. Se oponían a los gobiernos y los juramentos. Estas prácticas no eran comunes a todos los creyentes, sino a los más consagrados. Como el único infierno era el encarcelamiento del alma dentro del cuerpo, algunos vivían de manera inmoral, mientras que otros eran sumamente rigurosos.

Se extendieron por el sur de Francia bajo el patrocinio del conde Raimundo VI de Tolosa. Santo Domingo de Guzmán trató de llevarlos a la obediencia romana, pero fracasó; también lo intentó la orden cisterciense. El papa Inocencio III lanzó una cruzada contra ellos, en la que se distinguió Simón de Monfort. Los albigenses fueron condenados por diversos concilios, pero se mantuvieron activos en algunas regiones hasta el siglo XVI.

ALEJANDRÍA, IGLESIA DE

Antigua sede cristiana. El cristianismo alejandrino primitivo era de raíz judeocristiana. Algunos señalan sus diferencias con la predicación de Pablo. La primera mención bíblica a los cristianos en Alejandría se refiere al predicador Apolos. La tradición señala a Marcos, el evangelista, como primer obispo de la ciudad. La iglesia copta (→ COPTA, IGLESIA) se considera una continuación de Alejandría y su patriarca afirma ocupar «el trono de San Marcos». A partir del siglo II puede identificarse una escuela de teólogos → ALEJANDRINOS.

ALEJANDRINOS

Teólogos cristianos de Alejandría, pertenecientes a la escuela alegórica que interpreta las Escrituras, así como una serie de teólogos cristianos de la antigüedad radicados en Alejandría o vinculados a esa ciudad de Egipto. No deben confundirse con alguna denominación en particular. La tradición alejandrina abarcaba escuelas helenísticas de filosofía religiosa y formas helenísticas de judaísmo y cristianismo. Existió además una escuela catequística alejandrina que se propuso difundir el evangelio entre intelectuales paganos y judíos.

Clemente y Orígenes están entre los grandes alejandrinos; ambos se opusieron al gnosticismo, pero los acusaron de gnósticos. La obra de Clemente culmina con Orígenes, cumbre de la interpretación alegórica. La teología alejandrina posterior estuvo bajo la influencia de Orígenes, y se desarrolló en base a una rivalidad con la escuela de Antioquía que insistía en la interpretación histórica de la Biblia.

Filón fue un gran exégeta y erudito religioso judío de Alejandría que influyó en otros pensadores y hasta en estudiosos vinculados al cristianismo.

Los teólogos alejandrinos florecieron entre los siglos II y V.

ALEUTIANAS, RELIGIÓN DE LAS

Creencias de los indígenas de las Islas Aleutianas situadas al sudoeste de Alaska. Su práctica religiosa se enmarca en el → CHAMANISMO. La población indígena creía en un dios supremo conocido como Aleuxta Agudax (*hacedor*). Las creencias respecto al más allá se parecen a las de los esquimales y otros grupos que exponen los cadáveres para luego recogerlos y conservarlos en abrigos rocosos. Entre sus instrumentos de culto se cuentan el tambor y uno formado por dos varas de madera conocido como «calumet».

ALFA Y OMEGA
Nombre de iglesias y movimientos religiosos. Estas dos palabras, primera y última del alfabeto griego (*principio y fin*) las utilizan como nombre varias iglesias, la mayoría de ellas tienen una teología evangélica o carismática. No se relacionan necesariamente con grupos que no son cristianos que se identifican de esa manera.

ALIANZA CRISTIANA Y MISIONERA, IGLESIA
Denominación evangélica. Los orígenes de este movimiento misionero se remontan a las actividades de A.B. Simpson (1845-1919), ministro presbiteriano de Nueva York. Aunque empezó en 1882, fue en 1887 que se organizó formalmente como la Alianza Cristiana, para realizar actividades misioneras en el país, y como la Alianza Misionera Evangélica para laborar en el extranjero. Ambos grupos se fusionaron en 1897 para dar lugar a la Alianza Cristiana y Misionera.

Enfatizan la santidad y la sanidad divina, pero es difícil clasificarles estrictamente como Iglesia de Santidad (→ SANTIDAD, IGLESIA DE) y mucho menos como pentecostales (→ PENTECOSTALES, IGLESIA), ya que su teología se aproxima a los grupos evangélicos conservadores tradicionales. Su lema es «Cristo nuestro Salvador, Santificador, Sanador y Rey que viene». Se han extendido por muchos países y mantienen varias instituciones educativas. Nunca ha sido una denominación muy numerosa en Estados Unidos, pero tiene gran éxito en los campos misioneros del extranjero.

ALOGOI
Movimiento herético de la antigüedad. El nombre de «alogoi» se los dio Epifanio, implicando que eran irracionales, privados del *Logos*. Los alogoi (del siglo II d.C.) se opusieron al montanismo y rechazaban la autoridad de los escritos utilizados por estos, incluso los libros de Juan y Apocalipsis, los que, según ellos, los escribió Cerinto.

ALQUIMIA

(Término que surge, a través del árabe, del griego *chemeia*, posible derivado del egipcio antiguo *keme*, que significa *negro*.)

Con la alquimia, en la Edad Media se trataba de encontrar el elixir que prolongara la vida y la piedra filosofal que transmutara los metales en oro. Esto último tenía que ver con la práctica de especulaciones relacionadas con los primitivos conocimientos de química de egipcios, griegos y mesopotámicos. Ciertos elementos de la alquimia pueden encontrarse en el pensamiento taoísta chino y en el gnosticismo. Sus orígenes pueden estar en Egipto, ya que lo más antiguo que se conoce acerca de la transmutación de metales, piedras preciosas, aleaciones, vidrio, colorantes y teñido de la púrpura procede de papiros encontrados en Tebas, Egipto.

Algunos cristianos medievales se inclinaban por su uso.

ALTAICOS, RELIGIÓN DE LOS

Creencias de Asia Central. Los primitivos altaicos, de quienes proceden los mongoles, turcos y tungús-manchú, practicaban el → CHAMANISMO y tenían una cosmovisión del cielo como una tienda sustentada por columnas. También adoraban a un dios celestial. El trueno era para ellos un espíritu maligno en forma de dragón. Entendían que el más allá era una imagen de esta vida reflejada en un espejo.

ALUMBRADOS

(También se les conoce como «iluminados».)

Secta mística española prohibida por la Inquisición a partir de 1525. Este movimiento estaba activo en Castilla en 1519 y se hizo fuerte en Andalucía a partir de 1575 y en Extremadura desde 1570.

En 1523 la palabra designaba a un grupo de laicos dedicados a actividades piadosas, pero luego adquirió un sentido herético. Se relacionaban con las reformas introducidas por el cardenal Francisco Jiménez de Cisneros. Rechazaban la importancia de algunas prácticas tradicionales de la Iglesia y proclamaban la experiencia personal con Dios, mediante las Escrituras o mediante cierta inspiración que podía llevarles hasta a obviar las Escrituras en algunos aspectos. Es difícil precisar cuáles elementos de este iluminismo pudieran relacionarse con doctrinas consideradas heréticas en el contexto católico, y cuáles se limitaban a un énfasis en la lectura de la Biblia o en la experiencia personal. Entre los acusados de iluminismo se encuentran personas consideradas «herejes» y otros que simplemente enfatizaban ciertos aspectos devocionales. Sospechosos de iluminismo lo fueron en su tiempo Teresa de Jesús, Ignacio de Loyola y otras figuras que después llegaron a los altares. Figuras reales del movimiento pueden haber sido María de Cazalla, Juan de Vergara, Francisca Hernández, Francisco Ortiz, Pedro Ruiz de Alcaraz y probablemente Juan de Valdés.

AMAIRALDISTAS
(También se les conoce como «universalistas hipotéticos».)
Seguidores del teólogo hugonote francés Moisés Amayraut. Estos cristianos franceses, suizos y holandeses del siglo XVII, pese a sus antecedentes calvinistas, revisaron esa doctrina al afirmar que la salvación es posible a todos los hombres que crean, lo cual contrastaba con la predestinación estricta y la expiación limitada.

AMALRICIANOS
Véase LIBRE ESPÍRITU, HERMANOS DEL.

AMANA
(También se le conoce como «Comunidad de la Verdadera Inspiración».)
Movimiento pietista. Sus orígenes se remontan a Württemberg, Alemania, en 1714. Su promotor más importante fue Christian Metz, que la estableció en Amana, Iowa, en 1842. Practican un estilo simple de vida en comunidad y se destacan en la manufactura de telas y medicinas. Sus comunidades radican en Buffalo, Nueva York, y Davenport, Iowa.

AMBROSIANOS

Grupo anabautista del siglo XVI. Seguidores de un predicador conocido como Ambrosius. Algunos historiadores los consideraban como uno de los grupos menores entre los anabautistas (→ ANABAPTISTAS). Proclamaban una iluminación directa de Dios sobre cada alma y rechazaban a los sacerdotes y ministros. Para los ambrosianos, la Biblia no era la única revelación ya que acudían a revelaciones particulares. No deben confundirse con una orden católica del mismo nombre que fue disuelta en 1650.

AMÉRICA PRECOLOMBINA, CREENCIAS DE LA

Creencias de los primitivos pueblos americanos. (→ ANDINOS, CREENCIAS DE LOS PUEBLOS; AZTECAS, CREENCIAS DE LOS; CHIB-CHAS, CREENCIAS DE LOS; CIBONEYES, CREENCIAS DE LOS; INDIOS NORTEAMERICANOS, CREENCIAS DE LOS; MAYAS, CREENCIAS DE LOS; OLMECAS, CREENCIAS DE LOS; TAÍNOS, CREENCIAS DE LOS.)

AMIGOS DEL HOMBRE

Secta europea. Su fundador fue Alejandro Fraitag (1920). Su mayor énfasis es el milenio y el libro de Apocalipsis. Promueven la confesión pública de pecados y la comunidad de propiedades. No son bien recibidos por los evangélicos establecidos en Europa. Otro detalle interesante es que son vegetarianos. También combaten las bebidas alcohólicas y el tabaco. Fundaron misiones en Suiza, Francia, Alemania, Austria, Bélgica, etc.

AMIGOS, IGLESIA DE LOS

(También se les conoce como «cuáqueros» o «Sociedad Religiosa de los Amigos».)

Denominación evangélica. Su origen radica en las inquietudes religiosas de George Fox (1624-1691), un zapatero protestante inglés que decidió seguir la «luz interna» y anunciar la llegada de la «Edad del Espíritu Santo» antes que seguir los credos y rituales de las iglesias cristianas de su época. Un juez apodó al grupo «cuáqueros» (*tembladores*) por una exhortación de

Fox a «temblar ante la Palabra de Dios». Pero prefieren darse a conocer como «amigos», por las palabras de Jesús en Juan 15.13-15. Los cuáqueros, nunca muy numerosos, aunque influyentes, actúan desde mediados del siglo XVII y promueven la tolerancia, la filantropía, el pacifismo y la no violencia. No tienen sacramentos ni ordenanzas.

Un cuáquero de familia ilustre, William Penn, fundó la ciudad de Filadelfia, situada en Pensilvania (que lleva el nombre del líder religioso). Algunos grupos cuáqueros son muy parecidos a las demás iglesias protestantes, al menos en aspectos teológicos. Los cuáqueros tienen iglesias en México, Cuba y otros países hispanoamericanos.

AMISH

Secta anabautista. Es uno de los grupos más radicales en cuanto a discipulado y vida comunitaria entre los anabautistas. Uno de sus primeros líderes fue Jacob Amman, obispo menonita del siglo XVII. Los amish emigraron a América (especialmente al Condado Lancaster, en Pensilvania) entre los años 1720 y 1740. Insisten en la separación del mundo y en conservar el mismo estilo de vestimenta de la época en que se fundó el movimiento. Usan barba, viven en regiones rurales y evitan los adelantos modernos. El grupo más conocido es el Orden Antiguo Amish.

ANABAPTISTAS

(También se les conoce en castellano como «anabautistas».)

Movimiento religioso de la época de la Reforma evangélica del siglo XVI. Los anabautistas tienen su origen en seguidores de la reforma de Ulrico Zwinglio en Zurich, Suiza. En 1523 empezó a tomar forma el anabautismo bajo la dirección de Conrado Grebel y Félix Manz, entre otros. Baltasar Hubmaier y Hans Denck propagaron sus ideas en el sur de Alemania, y Jacobo Hutter lo hizo en Moravia (→ HUTTERITAS, HERMANOS). Otro líder importante, Menno Simons, los organizó en el norte de Alemania y Holanda (→ MENONITAS).

Sus creencias básicas eran las mismas de la Reforma, pero solo bautizaban a creyentes y rebautizaban a los que habían recibido ese sacramento cuando niños (de ahí el nombre anabautistas o rebautizadores). También creían en la autoridad de la iglesia local, la separación de la Iglesia y el Estado, así como en cierto grado de pacifismo y el aislamiento de las cuestiones políticas. Su estilo de reforma era más profundo que el adoptado por los otros evangélicos del siglo XVI. Una posición más radical la encontramos en los llamados «profetas de Zwickau» (Alemania), los seguidores de Tomás Muntzer (importante líder en la revuelta de los campesinos alemanes del siglo XVI), y los «profetas» Juan Matthys y Juan de Leyden.

Los «profetas» fueron derrotados militarmente después de un corto experimento teocrático durante su breve control de la ciudad alemana de Münster, donde impusieron una forma de comunismo y favorecieron la poligamia. Además, fueron rechazados por otros anabautistas por ciertas excentricidades y por recurrir a las armas, lo cual les está prohibido a los anabautistas de tipo evangélico. Tomás Muntzer es considerado héroe por muchos socialistas y comunistas, y precursor del socialismo en Alemania.

Los mayores grupos anabautistas de la actualidad son los menonitas, los schwenckfelders (→ SCHWENCKFELDER, IGLESIA), los hermanos hutteristas (→ HUTTERISTAS, HERMANOS) y varios grupos que se identifican como hermanos. Los amish también pueden remontarse a esa tradición y mantienen una vida en comunidad en lugares relativamente aislados. Los primeros bautistas recibieron la influencia anabautista (mediante los menonitas) a principios del siglo XVII.

ANANDA-MARGA
(También se le conoce como «Camino de Beatitud».)
    Secta sincrética. Su fundador lo fue Shrii Shrii Anandamurti y ha sido objeto de varias investigaciones por el gobierno de la India debido a supuestos asesinatos rituales y otros problemas.

ANDINOS, CREENCIAS DE LOS PUEBLOS
Creencias de los indígenas sudamericanos. Es difícil diferenciar entre los elementos religiosos estrictamente incas de los extraídos de otros pueblos vecinos. Entre los incas (entendidos como

pueblo) se desarrolló una cultura importante; en la época prein-
caica se labraban figuras estilizadas de los dioses en la ciudad de
Tiahuanaco.

Su principal deidad era una figura tallada en una entrada mo-
nolítica que representa al dios Viracocha, creador de la mitología incaica. Este dios creador de todas las cosas y deidades tenía
apariencia humana. Era una especie de Quetzalcóatl y como
dios cultural se cree que enseñó al pueblo la manera de vivir y
después desapareció. También creó el Sol y la Luna, extrayendo
de lo profundo del lago Titicaca a Manco Capac y Mama Ocllo,
pareja de origen divino que debía fundar un imperio.

Otros dioses eran Inti, el sol; Illapa, el trueno; Quilla, la luna;
Pachamama, la tierra o madre de los incas; Mamacocha, el mar;
Catequil, el dios del trueno, Zara, diosa del maíz, Collca, las Plé-
yades, Ataguju, dios local invocado en la cosecha del maíz. El
Sol y la Luna eran descendientes de Viracocha.

Sus seguidores celebraban ritos en templos como el de Cuz-
co. Se trataba de una religión en la que prevalecía el ritualismo
sobre el misticismo y se usaba la adivinación con diversos fines,
desde consultar a los dioses hasta buscar cosas perdidas.

Los «amautas» o sacerdotes disfrutaban de un nivel superior
a la población y esperaban un más allá. Al frente de ellos estaba
un sumo sacerdote, el Wilya-Omsa, familiar del monarca de tur-
no. También tenían «mujeres elegidas», entre las que se seleccio-
naban las «mama-konas» dedicadas al servicio de los templos.
Las ceremonias se desarrollaban a cielo abierto mientras los
templos servían para guardar los objetos de culto y las imágenes, y en ellos vivían los sacerdotes y las llamadas «mujeres elegidas». Practicaban ayunos y la confesión de pecados. Los
sacerdotes ofrecían sacrificios y las víctimas eran llamas o coba-
yas. Las víctimas humanas solían ser hijos de las «mujeres elegidas», pero solo se ofrecían en caso de extrema crisis. Los
quechuas tributan un culto especial a Inti, dios del Sol, hermano
de Quilla, la Luna.

ANGÉLICOS, HERMANOS
Secta pietista. Grupo fundado por J.G. Gichtel en el siglo XVIII.

Sus seguidores se eximían del matrimonio y se creían poseedores de la condición angélica.

Pese al origen anabautista de su fundador, los «hermanos angélicos» estaban influenciados por Jacob Boehme y el → PIETIS-MO ALEMÁN.

ANGLICANA, IGLESIA

(También se les conoce como «episcopales» o «episcopalianos».) Iglesias de la Comunión Anglicana. Su iglesia madre, la Iglesia de Inglaterra, se separó de la jurisdicción romana en el siglo XVI durante el reinado de Enrique VIII, que años atrás había sido declarado «Defensor de la Fe» por el Papa.

El cristianismo inglés tiene sus orígenes en el primer siglo y alcanzó cierta importancia en el período de la llamada «iglesia celta» en la antigüedad y en la primera parte de la Edad Media. Los ingleses aceptaron la jurisdicción papal en 597 bajo el liderazgo del misionero italiano Agustín (no debe confundirse con el obispo de Hipona, del mismo nombre), fundador de la sede primada de Canterbury en Inglaterra. La separación de Roma ocurrió durante el parlamento de 1532-1536 bajo presiones del rey Enrique VIII y sus consejeros.

Enrique VIII no realizó una reforma profunda, como la que inició su hijo y sucesor inmediato Eduardo VI (1547-1553). Este la convirtió en una iglesia reformada o protestante bajo la dirección del reformador Tomás Crammer, arzobispo de Canterbury. Isabel I (1558-1603), otra hija de Enrique VIII, condujo a la iglesia a una «vía media», combinando elementos de catolicismo y protestantismo, pero siempre fuera de la jurisdicción papal.

La teología oficial de la iglesia está contenida en los *Treinta y nueve artículos de religión* y la liturgia en el *Libro de Oración Común*. La iglesia la gobiernan los obispos de las diferentes diócesis esparcidas por todo el mundo. Su jerarquía eclesiástica consiste en tres órdenes: obispos, presbíteros y diáconos. El arzobispo de Canterbury preside simbólicamente la Comunión Anglicana, compuesta por iglesias anglicanas y episcopales. Algunos de ellos llevan el nombre del país, como en el caso de la Iglesia de Irlanda y la Iglesia de Inglaterra. La iglesia es inclusiva y acoge en su seno a personas con algunas diferencias teológicas y litúrgicas. Esas alas o sectores son conocidos como «iglesia baja» (compuesta por cristianos de tendencia marcadamente protestante e incluso por evangélicos conservadores), «iglesia alta» (dentro de la misma están los llamados «anglocatólicos»), e «iglesia amplia» (sectores liberales). La «iglesia alta» y los «anglocatólicos» consideran sacerdotes a los presbíteros y se refieren a ellos utilizando la palabra «padre».

Esta es una de las más numerosas e influyentes denominaciones cristianas, posee rango de iglesia oficial de Inglaterra y es considerada como la iglesia favorita de las altas clases sociales en EE. UU. (donde se le conoce como Iglesia Episcopal). Hay poderosas provincias y diócesis anglicanas en los antiguos países del Imperio Británico y se experimenta un crecimiento apreciable en África. Los episcopales están organizados en toda la América Latina.

Dentro del anglicanismo pueden encontrarse desde teólogos y pensadores liberales, como el obispo James Pike, hasta figuras importantes y eruditos bíblicos de interpretación conservadora o evangélica como John Stott, así como algunos miembros del movimiento carismático. En algunas provincias eclesiásticas se promueve el monasticismo y las órdenes religiosas, mientras que otras casi no pueden diferenciarse del estilo protestante más tradicional. La liturgia es igualmente variada aunque se mantienen ciertas normas básicas del *Libro de Oración Común*.

ANGLOCATÓLICOS
Sector anglicano. Desde el siglo XIX, los anglocatólicos de la «iglesia alta» favorecen los aspectos rituales del cristianismo y enfatizan la catolicidad de la iglesia. Por lo general, muchos de esos anglicanos o episcopales promueven el acercamiento con la sede romana. Un sermón de John Keble sobre «La Apostasía Nacional» puede haber contribuido a iniciar el movimiento en el siglo diecinueve, pero sus líderes más conocidos fueron E.B. Pusey y J.H. Newman. Este último, conocido como Cardenal Newman por un posterior nombramiento, pasó al catolicismo y se convirtió en gran figura cultural.

Los anglocatólicos tienen gran auge en Inglaterra y otros países. La «iglesia alta» ha ido prevaleciendo en Estados Unidos, pero la reciente decisión de ordenar mujeres, por parte de la iglesia de Inglaterra y de varias diócesis alrededor del mundo, ha causado preocupación en ese sector. (→ ANGLICANA, IGLESIA.)

ANGLOISRAELITAS

Interpretación del destino de las llamadas tribus perdidas de Israel. Se trata de la posición respecto a la historia de Israel adoptada por aquellos que entienden que los británicos y sus descendientes, en los países de habla inglesa, proceden de esas tribus. Según los partidarios de la interpretación, numerosos israelitas se establecieron en las islas británicas en la antigüedad, con nombres distintos: anglos, sajones, cimris, jutos, etc. Algunos hasta identifican la Casa Real inglesa con la Casa de David y la «Piedra del Destino» de la silla de coronación en la Abadía de Westminster con la piedra que sirvió de almohada a Jacob en Bet-el, llevada (según ellos) por Jeremías, el profeta, a Inglaterra.

Los orígenes de esta creencia pueden encontrarse en Inglaterra y Escocia en el siglo XVII, pero el movimiento se inició con John Wilson y F.R.A. Glover en el siglo XIX. Entienden que muchas profecías bíblicas para Israel se han cumplido en Inglaterra y otros países de habla inglesa. Entre los grupos angloisraelitas de fecha más reciente se encuentra la Iglesia de Dios Universal (→ DIOS UNIVERSAL, IGLESIA DE) fundada por Herbert W. Armstrong, del programa radial *El mundo de mañana*.

ANIMALES, CULTO DE LOS

Forma primitiva de adoración. Tendencia de muchos humanos de las épocas más remotas de adorar animales a los que se admiraba, respetaba o temía. Este culto se refleja también en aspectos parciales de algunos dioses de la antigüedad, como en el antiguo Egipto (→ EGIPCIOS ANTIGUOS, RELIGIÓN DE LOS). También se refleja en el → TOTEMISMO.

De este culto dan testimonio muchos investigadores del arte rupestre.

ANIMATISMO

Modificación del → ANIMISMO. Algunos estudiosos entienden que el hombre primitivo concibió la explicación del universo como una fuerza única y animadora difundida por todas partes. Otros se preguntan si se trata de una etapa preanimista. Entre los que han estudiado estos fenómenos pueden citarse E.O. James, R.R. Marett y G. van der Leeuw.

ANIMISMO

(Del latín *anima*, que significa *alma* o *espíritu*.)

Forma primitiva de religión. Creencia que consiste en atribuir un alma viviente a los fenómenos de la naturaleza y a los objetos inanimados. El hombre primitivo concibió la existencia de un «ánima» en base a sus sueños, visiones oníricas, la respiración y los fantasmas; y empezó a rendir culto a todo cuerpo u objeto animado.

La mayoría de los escritores de estos temas identifican el animismo con religiones primitivas caracterizadas por la superstición y la → MAGIA. El → FETICHISMO se basa en esta creencia y subsiste en muchas regiones, sobre todo en Asia, África y varias islas del Pacífico. La → BRUJERÍA y la magia se fundan generalmente en el animismo.

Según la teoría de Sir Edward B. Tylor, la religión se inició con el animismo. Lucien Levi-Bruhl planteó los orígenes de la religión como la forma de explicarse el misterio de la muerte que tuvieron los primeros habitantes de la Tierra. Herbert Spencer sugirió que tuvo su origen en visiones y creencias en los espíritus de los muertos y en el culto a los antepasados. Según James Frazer, la → MAGIA fue la primera etapa del desarrollo intelectual de los humanos a la que sucedió la religión, y luego la ciencia. Animismo y religión primitiva se consideran prácticamente como sinónimos.

ANTEPASADOS, CULTO A LOS

Elemento antiguo de religiosidad. El culto a los antepasados se encuentra en numerosas sociedades antiguas como la china, la japonesa, la egipcia, la iraní, la griega, la romana, etc. También

26

en la antigua Mesopotamia. Atribuyen a los muertos la condición divina y llegan hasta a adorarlos, aunque en algunos casos se les considera como necesitados de atención (aun cuando se entienda que son seres poderosos). Aun en una cultura monoteísta como la israelita es posible encontrar elementos de este culto en algunas tumbas de ciertos personajes famosos.

ANTINOMIANISMO

(Del griego *anti* que significa *contra*, y *nomos* que significa *ley*.) Término utilizado en los estudios teológicos. Se origina en la controversia de Martín Lutero con Johann Agrícola, en la que el primero describió con esa palabra el rechazo de la ley moral como parte fundamental de la experiencia cristiana. Algunos cristianos sostienen que después de la época de la Ley Mosaica los creyentes están por encima de los preceptos morales.

La presencia de esta herejía, independientemente del nombre que se utilice, puede remontarse al tiempo de los escritos de Pablo. En realidad, el antinomianismo ya estaba presente entre los gnósticos y otros grupos de la antigüedad, pero ha sido sustentado más recientemente por pequeños sectores dentro de grupos cristianos considerados casi siempre como ortodoxos.

ANTIOQUEÑOS

(También se llama «antioqueño» a un rito oriental.)

Teólogos cristianos de Antioquía. Fueron herederos de una tradición sirio-hebrea de estudio, en la que la historia y el proceso de la revelación prevalecieron por encima de la interpretación alegórica procedente de Alejandría. Entre los antioqueños algunos pueden considerarse ortodoxos y otros heréticos. En cuanto a la interpretación de la Biblia, los antioqueños no aceptaban el enfoque alegórico y acudían al sentido literal siguiendo una línea crítico-exegética. Hicieron importantes aportes a la cristología.

Entre sus teólogos principales estuvieron Pablo de Samosata, Teodoro de Mopsuestia, Marcelo de Ancyra y Juan Crisóstomo.

ANTIOQUÍA, IGLESIA DE
Iglesia de la antigüedad. Fue en Antioquía donde a los seguidores de Cristo se les llamó cristianos por primera vez. Además de centro teológico, la iglesia de Antioquía fue misionera. Antioquía fue la tercera ciudad del Imperio Romano, además de ser centro de la cultura griega.

No debe relacionarse necesariamente con el rito antioqueño, de épocas más recientes. (→ ANTIOQUEÑOS.)

ANTISEMITISMO
Movimiento antijudío. Actitud hostil contra el pueblo judío. Algunos remontan esta situación a los escritos de un sacerdote egipcio, Manetón, en el siglo III a.c., y a los del gramático alejandrino Apión del siglo I a.c., a quien respondió posteriormente el eminente historiador judeorromano Flavio Josefo en su obra *Contra Apión*. Otros entienden que el antisemitismo apareció primeramente en el siglo IV a.c.

Durante la Edad Media se atribuyó a los judíos el asesinato de niños y la propagación de la peste. Los constantes recordatorios de la muerte de Cristo, de la que se acusaba a los judíos, exacerbaron las pasiones de muchos cristianos.

La Inquisición hizo víctimas a infinidad de judíos. El antisemitismo moderno tomó forma en el siglo diecinueve y se convirtió en una doctrina, relacionada generalmente con la superioridad racial de los arios. El confinamiento a campos de concentración y el asesinato de una enorme cantidad de judíos durante la Segunda Guerra Mundial es tal vez el episodio más dramático de antisemitismo en la historia. Debe ejercerse cierto cuidado en el uso de esta palabra con referencia a la resistencia árabe a la ocupación judía de Palestina, pues esta se parece a la de cualquier pueblo en condiciones similares.

ANTROPOSOFÍA
(También se le conoce como «sabiduría del hombre».)

Sistema religioso-filosófico. La antroposofía se originó en torno al pensamiento de Rudolf Steiner (1861-1925), teósofo alemán fundador de la Sociedad Antroposófica de Basilea. Algunos consideran la antroposofía como una especie de sistema de filosofía cristiana, pero se trata más bien de una filosofía especulativa que contradice principios básicos de la fe. Steiner afirmaba que se reunió con un «Maestro desconocido» y que se vinculó a los grupos de seguidores de Madame Blavlatsky, de quien se separó por rechazar sus tendencias orientales tan evidentes. Para Steiner (que llegó a declarar que era una reencarnación del poeta alemán Goethe), Cristo es la reencarnación de Dionisos y Mitra; por tanto, los humanos proceden de Dios como los rayos luminosos del sol. Sus ejercicios espirituales y físicos tenían como objetivo despertar poderes ocultos en la mente y liberar el alma aprisionada por la materia.

El sistema incluye la teosofía neoindia, astralismo y elementos de ocultismo (simbolismo de colores).

APOLINARISMO

Herejía cristológica. El obispo de Laodicea, Apolinar, insistió en la verdadera y absoluta deidad de Cristo como reacción contra los que insistían en su verdadera humanidad. También afirmó que Cristo tuvo un cuerpo humano espiritualizado. Para Apolinar, el Logos sustituyó a la inteligencia humana en Cristo. Se trataba de una reacción contra el → ARRIANISMO y el → GNOSTICISMO.

Esta doctrina fue condenada por el segundo Concilio de Constantinopla (381 d.C.). Los esfuerzos por relacionar la humanidad y la deidad de Cristo dieron lugar a varias herejías: → EUTIQUIANISMO, → MONOTEÍSMO y apolinarismo. Este último movimiento algunos lo consideran como la primera gran herejía cristológica.

APOSTÓLICA, IGLESIA

Se llama así a la iglesia del período de los apóstoles (siglo I d.C.), o que se identifica de alguna manera con el mismo. Es posible encontrar iglesias con ese nombre en varios períodos. También la iglesia de Roma se identifica como católica, apostólica y romana; y muchos protestantes y ortodoxos como católicos y apostólicos. Entre las iglesias que se identifican como apostólicas en el siglo XX se encuentran la Iglesia Apostólica Cristiana (nazarena), las Iglesias de la Fe Apostólica (pentecostales) y un alto número de denominaciones y organizaciones pentecostales, tanto trinitarias como unitarias. Entre los países donde son numerosas se encuentra México.

APOSTÓLICOS, HERMANOS

Secta de la Edad Media. Los «hermanos» y «hermanas» eran seguidores de Gerardo Sagarelli de Parma, quien proclamaba una clase de vida que lindaba en cierto comunismo religioso.

Continuaron en su actividad pese a que quemaron por hereje a su fundador en 1300. Dolcino de Novara se convirtió luego en líder del movimiento y se enfrentó a las tropas del papa Bonifacio VIII.

ÁRBOLES SAGRADOS

Antigua forma cúltica. Consideraban que los árboles eran morada de una divinidad con la que se identificaba el culto. Varios de sus aspectos fundamentales están presentes en diferentes mitologías como la egipcia, la hindú y la noruega.

Algunos intentan argumentar este culto a los árboles con referencias bíblicas al «árbol de la vida» y al «árbol de la ciencia del bien y el mal».

ARCO IRIS

Sectas sincréticas. Nombre que utilizan algunos grupos de religiosidad oriental caracterizados por un alto grado de sincretismo. Algunos de estos grupos son de carácter esotérico.

ARGENTEUM ASTRUM

Asociación mágica. Organización que el ocultista inglés Aleister Crowley (1875-1947) fundó. Como la Abadía de Thelema, también relacionada con Crowley, la han acusado de satanismo, de una variedad de actos sexuales de tipo ritual entre sus seguidores y de intentar destruir la religión cristiana. Esta sociedad decía buscar una «realización interior» sin forma ni iniciación ritual. (→ ABADÍA DE THELEMA.)

ARICA, INSTITUTO

Secta sincrética. Movimiento fundado en Bolivia por Oscar Ichazo. Se identifica con ciertos principios de la Nueva Era así como con creencias originadas en el zen, el lamaísmo, el hinduismo, etc. Afirma poseer cierto carácter científico, lo cual es discutible. Sus verdaderas creencias son difíciles de precisar con claridad.

ARIOS, CREENCIAS DE LOS

Creencias primitivas. De acuerdo con G. Dumézil, los arios tenían una organización tripartita de sacerdotes, guerreros y agricultores, y una concepción dual de la divinidad a través de la pareja Varuna-Mitra, aunque hay cierta controversia sobre ese asunto, así como incertidumbre acerca del origen de los arios localizados en el Ponto y el Cáucaso con ramificaciones en el noroeste de la India, Anatolia, Irán, Grecia, Italia y Europa occidental. Según Max Muller, su religión primitiva se centraba en el dios celeste o *deiwos* (el Júpiter de los romanos, el Tiu teutónico, el Zeus griego, el Dyaus pita sánscrito).

ARMA SAMAJ

Secta de la India. Movimiento fundado en 1875 por Danayand Sarasvati, quien se propuso promover el rechazo al brahmanismo, el budismo, el islamismo y otras religiones. También intentaron hacer resurgir el culto védico original.

ARMAGEDÓN, IGLESIA DE

(También se le conoce como «Familia del Amor».)

Secta religiosa. Su fundador se identifica como «Love Israel» o «Amor Israel». El yoga es obligatorio entre ellos. Su vida sacramental incluye alimentos, consumo de marihuana, inhalación de tolueno, etc. Tienen los bienes en común y reemplazan el matrimonio con lo que denominan «vínculo».

ARMENIA, IGLESIA DE

(También se le conoce como «Iglesia Apostólica Armenia».)
Iglesia tradicional de Armenia. Se trata del primer país que
reconoció como religión oficial al cristianismo (303 d.C.). Según
algunos historiadores armenios, su región fue evangelizada por
los apóstoles Bartolomé y Tadeo. De ahí el uso de la palabra
«apostólica» en su nombre. La figura de Gregorio el Iluminador y
los contactos con la religiosidad sirio-griega desempeñan un papel importante en los antecedentes de los cristianos armenios,
ya que la conversión masiva de ellos se atribuye a la instrumentalidad de Gregorio y sus labores en el siglo III. Eusebio y Tertuliano afirmaron que el evangelio llegó allí por primera vez en el
siglo II.

La Iglesia de Armenia participó en el Concilio de Nicea (325
d.C.), pero se opuso a las decisiones del Concilio de Calcedonia
(451 d.C.), al cual no asistió, y adoptó una teología considerada
como el → MONOFISISMO que los ha mantenido relativamente separados de las iglesias ortodoxas orientales (→ ORTODOXA, IGLE-
SIA) y de Roma, aunque sus relaciones han mejorado en años
recientes.

Aceptan siete sacramentos, pero a los niños los bautizan por
triple inmersión o aspersión y los confirman inmediatamente
después del bautismo. Veneran a los santos y sus imágenes, así
como a ciertas religiones, y promueven el monasticismo, aunque
los votos de los monjes no son para toda la vida. También rechazan la transubstanciación, el papado, las indulgencias, el purgatorio y la doctrina católica de la Inmaculada Concepción. Como
otras iglesias orientales, permiten el matrimonio de los clérigos,
pero no el de los obispos. El primado de la Iglesia de Armenia es
el *catholicos*, que radica en el antiquísimo monasterio de
Etchmiatzin, relativamente cercano al monte Ararat. También
cuentan con otros *catholicos* y con los patriarcas armenios de
Constantinopla y Jerusalén.

Desde 1335, un sector armenio se proclamó → UNIATO, es decir, vinculado a Roma. A partir de 1831, otro sector se considera
evangélico. Ambos desprendimientos no son reconocidos por la

iglesia armenia tradicional, la cual se identifica en algunos textos como «Iglesia Gregoriana Nacional Independiente».
La Iglesia de Armenia tiene congregaciones en el extranjero.

ARMINIANA-WESLEYANA

No se trata de una iglesia o secta, sino de la teología del → ARMINIANISMO aplicada en un contexto metodista o → WESLEYANO.

ARMINIANISMO

Sistema teológico de Jacobo Arminio (1560-1609), eminente teólogo holandés que reaccionó contra el calvinismo más estricto a principios del siglo XVII. Al año siguiente de su muerte, sus partidarios publicaron la *Remonstrans* [Protesta] y desde entonces existe una Iglesia Holandesa Remonstrante. La «Protesta» de Arminio establecía cinco artículos: (1) La salvación es para los que creen en Cristo y perseveran en sus caminos. (2) Cristo murió por todos, aunque solo los creyentes se apropian de los beneficios de la expiación. (3) Los humanos necesitan la ayuda del Espíritu Santo para lograr agradar a Dios y creer en Cristo. (4) La gracia es indispensable, pero no irresistible. (5) Los creyentes pueden caer de la gracia y, por lo tanto, perder la salvación. Estas doctrinas contrastan con los cinco puntos del → CALVINISMO clásico.

La teología arminiana la aceptaron los → LAUDIANOS (anglicanos partidarios del arzobispo Laud), los → BAUTISTAS GENERALES (y los → BAUTISTAS DEL LIBRE ALBEDRÍO), los metodistas (→ METODISTA, IGLESIA), la gran mayoría de los pentecostales (véanse las diferentes iglesias pentecostales) y las iglesias de santidad (→ SANTIDAD, IGLESIAS DE). Existen dudas acerca de si el anticalvinismo inglés, que recibió el nombre de arminianismo, tuvo conexiones reales con el movimiento holandés.

ARRIANISMO

Movimiento teológico en el cristianismo. Arrio (*ca.* 256-336), presbítero de la iglesia de Alejandría, aceptó de cierta forma la divinidad de Cristo, pero afirmó que la Segunda Persona de la

Trinidad no es coeterna con el Padre, la Primera Persona, sino que fue engendrada y no existía con anterioridad a ese hecho. Arrio estuvo bajo la influencia de Luciano de Antioquía (su maestro) y de Eusebio de Nicomedia (su amigo y futuro Patriarca de Constantinopla). Para Arrio, el Hijo de Dios no era eterno sino creado por el Padre como instrumento para crear el mundo y, por lo tanto, no era Dios por naturaleza, sino una criatura que recibió la alta dignidad de Hijo de Dios ya que fue «engendrado», debido a que el Padre, en su preconocimiento, sabía de su condición de justo y de su fidelidad incondicional.

La controversia surgió en una disputa entre Arrio y el obispo Alejandro de Alejandría. Históricamente, se reconoce a Atanasio de Alejandría como el principal oponente de Arrio y como defensor de la cristología considerada como bíblica por las iglesias católicas (→ CATÓLICA, APOSTÓLICA Y ROMANA, IGLESIA), ortodoxa griega (→ ORTODOXA, IGLESIA) y → PROTESTANTES.

El Concilio de Nicea (325 d.C.) condenó las doctrinas arrianas, pero la controversia arriana se prolongó mucho. Tuvo gran vigencia aun después del Concilio de Nicea, ya que un sucesor de Constantino, su hijo Constancio, simpatizaba con Arrio. Los ostrogodos, los visigodos y otros pueblos germánicos se mantuvieron como arrianos por varios siglos. Algunos historiadores piensan que hubo un momento en que el arrianismo estuvo a punto de convertirse en la teología predominante del cristianismo. Considerado como una secta herética y condenado por los concilios, el arrianismo perdió fuerza y desapareció casi totalmente a principios de la Edad Media, aunque resurgió en algunos aspectos aislados dentro de otros movimientos, como los primeros partidarios al → UNITARISMO en el continente europeo después de la Reforma y en grupos más recientes como los → TESTIGOS DE JEHOVÁ.

ARUSA, IGLESIA
Secta sincrética. Los portugueses obtuvieron la conversión al catolicismo romano del rey de Benín en el siglo XVI, pero gran parte del clero indígena fue introduciendo ceremonias y creencias africanas y con el tiempo fue tomando forma una iglesia africana

sincrética conocida como Arusa, organizada a fines del siglo XVII. Entre los pocos elementos que recuerdan el origen cristiano de la secta están ciertas representaciones de madre e hijo, o de la cruz, para ellos un símbolo mágico.

ASAMBLEA LIBRE DE ASATRU

Secta religiosa. Stephen A. McNallen fundó el grupo en Breckenridge, Texas, en 1971. Entre sus enseñanzas están la reencarnación, la promiscuidad sexual y el hombre como su propio salvador y maestro de su destino. Está relacionada con otros grupos y con ciertas enseñanzas de la Nueva Era.

ASAMBLEAS DE DIOS

Denominación evangélica. Las Asambleas de Dios se organizaron en 1914 en Hot Springs, Arkansas (EE. UU.) y sus fundadores fueron pastores evangélicos, mayormente bautistas (→ BAUTISTAS, IGLESIAS) y metodistas (→ METODISTA, IGLESIA) con una teología pentecostal y fundamentalista.

Las Asambleas son arminianas y creen además en el bautismo en el Espíritu Santo, el don de lenguas, la separación del mundo, la sanidad divina, el regreso premilenial de Cristo y las doctrinas básicas del sector evangélico del protestantismo. Su gobierno combina elementos de presbiterianismo y congregacionalismo. Las iglesias locales son independientes administrativamente, pero pertenecen a distritos cuyos funcionarios ejercen cierta autoridad jurisdiccional limitada a las iglesias y su ministerio pastoral. Un Concilio General rige a los distritos en Estados Unidos.

Las Asambleas están presentes en casi todo el mundo y constituyen una de las principales denominaciones pentecostales en Norteamérica, Iberoamérica y los demás continentes. Además de agencias misioneras, mantienen numerosos colegios e institutos bíblicos, así como algunos seminarios teológicos y universidades, y predican por radio, televisión y prensa. Su principal órgano es la revista *El Evangelio Pentecostal*. Su sede radica en Springfield, Missouri (EE. UU.).

35

ASAMBLEAS DE YAHWEH

Nombre de varios movimientos y cultos religiosos. El origen de estas asambleas se ubica en el Movimiento del Santo Nombre de la década de 1930. El nombre de Dios en el Antiguo Testamento se destaca por sobre cualquier otra cosa y se considera necesario para la salvación.

ASCENDIDOS, MAESTROS

Secta esotérica. Grupo fundado por Guy Ballard, en California, en 1930. Las creencias en «maestros ascendidos» son frecuentes en grupos como los rosacruces, la teosofía y en sectas orientalistas. Según la interpretación particular de Ballard, los seguidores del grupo reciben instrucción de los espíritus dedicados a ayudarles en su proceso de autoperfección. Para ellos, Cristo es una encarnación de Sananda, encarnado también en Melquisedec, Moisés, Sócrates, Buda y otras figuras importantes.

ASHRAM

Comunidades religiosas en la India. Un ashram es un grupo centrado en un líder espiritual o → GURÚ y dedicado a prácticas iniciáticas dentro de ciertos sectores del → HINDUISMO. Se trata también de lugares de peregrinación que atraen a la juventud y a los interesados en las enseñanzas de algún → GURÚ.

ASHRAM CRISTIANO

Comunidad de corte hindú. Popularizada en occidente por el misionero metodista E. Stanley Jones, que trató de darle al cristianismo un matiz indígena en la India. Entre las más famosas comunidades de este tipo están las de Mahatma Gandhi y el poeta Rabindranath Tagore. En ellas se encuentran elementos que recuerdan los monasterios del cristianismo.

ASIDEOS

(También se les conoce como «los piadosos».)
Secta judía. Los asideos (en hebreo *los piadosos*), eran judíos perseguidos a partir del siglo II a.C. por su resistencia al proceso

de culturización helenística de Antíoco IV y por su apoyo a los macabeos.

ASIDISMO

(También se le conoce como «hasidim» o «hasídicos».)

Secta judía. Este movimiento lo fundó el rabino Israel ben Elieser (1698-1759) como reacción contra la ortodoxia fría del Talmud. La influencia de la cábala es evidente entre sus seguidores que tienden al misticismo. El movimiento se difundió por Hungría, Rusia y Rumania, sobre todo entre personas de bajos ingresos de la comunidad judía. En épocas más recientes se ha extendido por otros países. Algunos eruditos señalan elementos de panteísmo en sus creencias.

ASIRIOS, RELIGIÓN DE LOS

Creencias de la antigüedad. Surgió de ciertos elementos de religiosidad en Accad, e incorporaba prácticas y creencias originadas en la religión sumeria. Debe tenerse en cuenta que los asirios participan, como semitas, de la cultura común de los pueblos mesopotámicos. (→ GILGAMESH, EPOPEYA DE.)

Asur o Ashur, dios nacional de los asirios, «rey de todos los dioses» y protector de los reyes, así como esposo de Belit (*la señora*, diosa identificada con Ishtar de Babilonia), es el principal símbolo de la religión asiria y está por encima de otras divinidades babilónicas como Bel, Anu y Ea. Se adoraba también al dios de las batallas («Ninit») y al de la caza («Nergal»), entre muchas otras deidades.

Los sacerdotes asirios formaban corporaciones y entre sus tareas se encontraba la de interpretar los presagios. La magia desempeñaba un papel importante en la religiosidad privada. Una vida próspera y prolongada era evidencia del favor divino.

ASKENAZÍES

Judíos del centro de Europa. Este sector mayoritario del → JUDAÍSMO, procedentes de Europa Central, se desplazó hacia Polonia, Lituania y Rusia. Después tuvo que radicarse en otras regiones, entre ellas Estados Unidos y el Estado de Israel. En la Biblia, Askenaz es un descendiente de Noé. Durante el período medieval los judíos llamaban Askenaz a Alemania. Además de cualquier diferencia étnica, los askenazíes se diferencian de los judíos → SEFARDÍES en la pronunciación del hebreo y en aspectos litúrgicos.

Las comunidades judías de Inglaterra, Estados Unidos y otros países de habla inglesa son mayoritariamente askenazíes, en gran parte por el origen polaco de gran parte de los integrantes de esas comunidades.

ASKENAZIM
Véase ASKENAZÍES.

ASOCIACIÓN CRISTIANA DE JÓVENES
(También se les conoce por sus siglas en inglés YMCA [Young Men's Christian Association].)

Organización internacional cristiana. Movimiento fundado en 1844 por George Williams en Londres. Entre sus principales promotores estuvo el famoso conde de Shaftesbury. Su propósito original era atraer a los jóvenes a la fe cristiana. Utiliza diversos programas de promoción de deportes, estudios, etc. La organización se desarrolló ampliamente en Estados Unidos y se extendió a la América Latina y otros países. Tiene su equivalente femenino en la Asociación Cristiana Femenina (Young Women's Christian Association) fundada en Londres en 1887. Ambas organizaciones tenían en sus orígenes una manifiesta inclinación al protestantismo.

ASTARA, FUNDACIÓN
Secta religiosa. Se origina en las labores espiritistas de Robert y Earlyne Chaney. A partir de 1951, y desde Upland en California, ofrecen conferencias y publicaciones. Combinan elementos de egiptología, teosofía, yoga, espiritismo, masonería, cristianismo, rosacruces, etc.

38

ASTRAL, PROYECCIÓN
(También se le conoce como «viaje del alma».)
Práctica relacionada con el espiritismo y creencias esotéricas. Consiste en «proyectar» el alma hacia otro lugar. Varios grupos se identifican con esa práctica en mayor o menor grado.

ASTROLOGÍA
Creencias antiguas de la humanidad. Entre los pueblos mesopotámicos se creía que en las estrellas estaba consignado el futuro de personas y pueblos, por lo que desarrollaron la ciencia de interpretar fenómenos celestes. No había distinción entre astronomía y astrología, situación esta predominante en muchos pueblos antiguos. A partir del siglo VIII a.c., se hallan referencias al zodíaco. La astrología a veces se identificaba como «ciencia caldea» o de los caldeos y tuvo gran difusión en Grecia, Roma y otras naciones. También se encuentran esas creencias entre algunos hindúes, chinos e islámicos.

Hubo elementos de astrología en algunos grupos cristianos, quienes veían alguna relación entre el anuncio de la Natividad de Cristo por una estrella y esas creencias, pero los «padres de la iglesia» se opusieron a esa tendencia, que posteriormente se encontró en altas esferas eclesiásticas, pero solo de manera aislada.

ATEÍSMO
(Del griego a, que significa privativa, y theos, que significa dios.)
Negación de la existencia de Dios. Según muchos estudiosos, la mayoría de los ateos son casi siempre agnósticos o partidarios de la secularización de la sociedad, pero debe distinguirse del agnosticismo, el escepticismo, el racionalismo y el panteísmo. En épocas recientes, el marxismo leninismo, basado en un llamado «materialismo dialéctico», ha promovido un «ateísmo científico» que ha ido perdiendo fuerza y ha sido desechado en la práctica por la mayoría de los partidarios de esa ideología.

Se hace generalmente una distinción entre «ateos dogmáticos», «escépticos» y «ateos prácticos».

El ateísmo se encuentra en la antigüedad clásica y en otros

períodos remotos de la historia. Muchos historiadores de la religión consideran como ateísta a la forma original del → BUDISMO, al sistema → SANKHYA de filosofía hindú, y al → JAINISMO.

ATLÁNTIDA

Creencias diseminadas en varios cultos religiosos. Independientemente de que existan teorías sobre la Atlántida, o continente perdido, en círculos científicos, literarios y de investigación histórica, varios grupos religiosos o esotéricos tienen un marcado énfasis en la Atlántida. Algunos movimientos creen que estaba habitada por superhombres, mientras otros tratan de comunicarse con ellos debido a su condición de «maestros ascendidos». También se mencionan «los secretos de la Atlántida», etc.

ATONISMO

Religión monoteísta egipcia. Se le atribuye al faraón Amenofis IV (cuyo reinado se extendió de 1375 a 1358 a.C.); se cree que él inició una reforma religiosa a la que un sector de historiadores considera como promotora de la primera religión monoteísta del mundo. El monarca promovió el culto exclusivo a Atón (Atén) o disco solar. El faraón cambió su nombre por el de Ajnatón (o Aknatón) y estableció su residencia oficial en Ajnatón, edificando grandes templos al nuevo Dios. Con la muerte del monarca, los sacerdotes de Amón Ra proscribieron el culto monoteísta.

AUSTRALIA, RELIGIONES DE

Creencias primitivas. Según James Frazer, Australia es la «gran patria del totemismo». Elementos de → TOTEMISMO y → CHAMANISMO son fácilmente identificados en las creencias de los antiguos australianos. Según Eric Sharpe, es posible reconocer entre ellos creencias en un dios del cielo, en la naturaleza sacramental del universo visible y en la eficacia de ritos y ceremonias. Destaca las prácticas de iniciación. El tema de la fecundidad es también importante en estas religiones y la muerte obedece, según ellos, a una causa mágica. El ser supremo se conoce bajo una diversidad de nombres: Djamar, Nurrundere, Bunjil, Nurelli,

Daramulun, Baiame, Munganngaua, Nogamain, Wallanganda, etc.

AZTECAS, CREENCIAS DE LOS

Creencias precolombinas en México. La religión de los aztecas contiene elementos del período → TOLTECA. Entre ellos, que el origen de todo, incluso el de las deidades, radica en los creadores: Ometecutli (Tonacatecuhtli), primer creador masculino y Omecihuatl (Tonacacihuatl), primera creadora femenina. Nuevos dioses surgieron de ese sistema religioso, además del «señor» y la «señora» (los anteriores), quienes crearon el fuego, inventaron la cuenta del tiempo y tuvieron cuatro hijos. Nuevos dioses crearon la Tierra.

Hay un poderoso elemento solar en la religión. Huitzilopochtli (*colibrí azul sobre la pata izquierda*), dios tribal azteca, el Tezcatlipoca azul, personificaba el sol y era el más venerado por el pueblo en su peregrinación hasta la ciudad de Tenochtitlán.

Debe señalarse el papel del dios Quetzalcóatl, dios civilizador y creador cuyo culto aparece en muchas regiones precolombinas y cuya representación más conocida es la «serpiente emplumada» que aparece en Teotihuacán, ciudad teocrática del valle de México. Otros creen que sacó al hombre de su propia sangre. A Cortés lo confundieron con este dios, cuyo regreso se esperaba. Según algunos, Quetzalcóatl fue un maestro que mostró nuevas prácticas religiosas al pueblo e impartió conocimientos astronómicos.

Tlaloc, deidad de la lluvia, era el dios supremo de los campesinos y tenía un rango comparable al de Huitzilopochtli.

Los aztecas continuaron practicando los sacrificios humanos como lo habrían hecho los toltecas. A la víctima sacrificial, colocada en un bloque de piedra, se le abría el pecho con un cuchillo para extraerle el corazón. Además, como en la religión de los toltecas, existía una gran relación entre la condición de rey y la de guerrero. Cuando un guerrero moría en combate, se unía al sol en el cielo durante cuatro años. Las fuerzas naturales predominan en la religión azteca y sus practicantes trataban de atraer el favor de la naturaleza. Los dioses no estaban tan ligados a la tierra y a la luna ni tan generalizados como las diosas.

Entre los aztecas se distinguían y reconocían los sacerdotes que dirigían el culto.

santería
presbiterianos
aztecas
mahometanis
ucianismo
ermanos moravos zoroastrismo
vodú
animistas
anglicanos
metodistas
adventist
davidianos
nueva er
bautistas
ienses
Iglesia de Jesuc o de l antos de los último
coptos
Testi os de ehová
beg
nduismo
tales
ufolog
gedeones
o a Changó
damitas tote smo
adiaforistas
niños de Dios
carismátic
naced ic
obito
racionalistas
valce
bogomi
yesidas
berberisc
yoga
ortodoxos
abeliano
fariseos
evangélicos
bohemi
laudianos
iotelistas
tembladores
anzantes
judaísmo
acaciana
mormones
caballería espiritu

B

de BABILONIOS, RELIGIÓN DE a BUDISMO, ESCUELAS DEL —

BABILONIOS, RELIGIÓN DE LOS

Creencias de la antigüedad. Los antiguos babilonios, que controlaban a Sumer y Acad, habían logrado desarrollar una importante cultura con anterioridad a 3000 a.C., y adoraban a muchos dioses. También practicaban la → MAGIA, la → ASTROLOGÍA y la → ADIVINACIÓN y tenían en cuenta ciertas epopeyas asirio-babilónicas (→ GILGAMESH, EPOPEYA DE). Sus creencias no son muy diferentes a las de los asirios, quienes copiaron elementos fundamentales de la cultura babilónica (→ ASIRIOS, RELIGIÓN DE LOS). Se trataban de divinidades antropomórficas que simbolizaban las fuerzas de la naturaleza. Entre ellas: Anu, el dios del cielo; Enlil o Bel, el dios de la tierra; y Ea, el dios de las aguas. También había otra triada integrada por Shamash, el dios Sol; Sin, el dios Luna, y Adad o Ramman, el dios del trueno y la tempestad. La más poderosa de sus diosas era Ishtar, diosa del amor, cuyo culto incluía rituales de prostitución sagrada. El dios de la primavera, Tamuz, era amante de Ishtar. La antigua literatura babilónica presenta al dios Marduc, o Merodac, como el creador del universo.

Los templos babilónicos se llamaban «zigurats» y estaban entre los edificios más imponentes en esa cultura. Los sacerdotes formaban una clase culta. Con la rectoría persa en 539 a.C., se inició la decadencia de la religiosidad babilónica.

La astrología babilónica dio lugar a la astronomía.

BABISMO

Secta de origen islámico. Fundada por los babíes, o seguidores de Mirza Alí Muhammad, de Shiraz en Persia, un chiita iraní proclamado como Bab (*puerta*) en 1844 durante la celebración del milenario de la desaparición del duodécimo imán de los musulmanes. El Bab anunció la igualdad de los sexos y la tolerancia del divorcio.

Después del fusilamiento del Bab en Tabriz (1850), los babíes se separaron del Islam y depositaron el cadáver de su maestro en el monte Carmelo. De sus seguidores surgió el → BAHAÍSMO.

44

BAHAÍSMO

Movimiento religioso de carácter sincrético. La fe bahai se originó entre algunos de los seguidores de Mirza Alí Mohammad, «Bab» (del árabe: *puerta*), quien sufrió persecución y martirio en 1850 después de haberse proclamado en la década anterior como Heraldo o «Imam» que anunciaba una nueva era (→ BABISMO). El bahaísmo cree en la unidad de Dios y sus profetas y promueve el entendimiento entre los humanos. Según su interpretación del fenómeno religioso, todas las grandes religiones son aceptables y contienen elementos que, analizados, pudieran conducir a una total unidad religiosa.

El «babismo» se mantuvo activo hasta 1863 cuando un discípulo del «Bab», Mirza Husayn Alí, se autoproclamó mesías. Su hijo, Abbas Effendi, escribió *El plan divino*, una invitación a extender por todas partes las doctrinas de su progenitor. La sede de la Comunidad Internacional Bahai está en Haifa, Israel, y entre sus énfasis se encuentran la igualdad, la educación y la monogamia.

BALTOS O PUEBLOS DEL BÁLTICO, RELIGIÓN DE LOS

Creencias primitivas. Los pueblos bálticos (letones, lituanos, antiguos prusianos, etc), conocidos como baltos, en las etapas más primitivas tenían creencias parecidas a la de la religión de los arios (→ ARIOS, RELIGIÓN DE LOS). Sus principales divinidades eran Dieva, dios del cielo brillante; Perkunas, dios del trueno; Menuo, dios luna; Saule, diosa sol; Kalvaitas, dios herrero; Laimas, diosa del destino, Zemes mate, diosa tierra o «madre tierra». Creían en un árbol cósmico coronado de símbolos cósmicos y en una serpiente verde relacionada con la fecundidad. También practicaban el culto al fuego.

BANTÚES, RELIGIÓN DE LOS

Creencias africanas. Los habitantes de gran parte de la región meridional del África tienen creencias animistas basadas en el toteísmo y el culto a los antepasados. Algunos adoran a la naturaleza.

BARBELOGNÓSTICOS
Forma extraña de → GNOSTICISMO. Según su doctrina, Barbelo, al parecer el principal de los eones que produjo la Luz y ungió a Cristo, debe entenderse como el Espíritu Virginal primordial o eón al que se había revelado el «Padre sin nombre». Barbelo se distingue de Sofía (*Sabiduría*). Algunos eruditos entienden que estas ideas proceden del concepto de la Gran Diosa (de quien Isis, Atargatis, Ishtar, Cibeles, Astarté, etc., son manifestaciones) desarrollado en Alejandría. Lo poco que se conoce de ellos depende mayormente de los escritos de Ireneo en el siglo II y del *Apócrifo de Juan*.

BASILIDIANOS
Secta gnóstica. Seguidores de Basílides de Alejandría. Este era uno de los más importantes líderes gnósticos y se autoproclamó como discípulo del apóstol Matías y también de un compañero o discípulo del apóstol Pedro. En realidad la secta la fundó un hijo de Basílides llamado Isidoro, en el siglo II. Se extendieron por Egipto y España, entre otros lugares. (→ GNOSTICISMO.)

BATUQUE
Culto afroamericano. Movimiento sincrético afrobrasileño con ritos menos elaborados que los del → CANDOBLÉ y con claras influencias de la religión de los yorubas. En el batuque se notan algunas características extraídas de religiones no africanas y sus ritos de iniciación son relativamente breves al compararse con otros grupos.

BAUTISTA DEL SUR, CONVENCIÓN
Denominación evangélica. Es la mayor de las denominaciones bautistas. Los bautistas iniciaron temprano su desarrollo en el sur de Estados Unidos. En 1845 las iglesias sureñas se separaron de la Convención Trienal fundada en 1814. La causa de la separación tiene relación directa con los conflictos entre el norte y el sur, específicamente el rechazo por los bautistas del norte de que se admitieran como misioneros a personas que tenían escla-

vos. Al separarse las iglesias del sur, estas crearon sus propias instituciones y organizaciones, convirtiéndose en el sector más conservador dentro de los bautistas tradicionales.

En 1925 se adoptó como confesión general (los bautistas no admiten credos) la denominada *La fe y el mensaje bautistas*.

Los bautistas del sur también tienen un sector «moderado» considerado por algunos como más liberal que la mayoría de los feligreses. Poseen varios seminarios importantes, incluyendo el del Sudoeste (en Fort Worth, Texas) considerado el más grande del mundo, grandes universidades y colegios, y la mayor obra misionera de las denominaciones evangélicas. Sus misiones se extienden por toda Iberoamérica. Los bautistas del sur hacen énfasis en las doctrinas históricas de los bautistas y muchas de sus iglesias practican la comunión cerrada, pero reconocen como hermanos a otros creyentes cristianos.

BAUTISTAS AMERICANAS, IGLESIAS

(También se les conoce por sus nombres anteriores: «Bautistas del Norte» o «Bautistas Americanos».)

Denominación evangélica. Esta denominación procede históricamente de las iglesias bautistas, sobre todo fuera del Sur, que no se separaron de la Convención Trienal en 1845. La Trienal era simplemente una convención misionera y no una denominación, así que las iglesias norteñas continuaron vinculadas únicamente por agencias misioneras y asociaciones locales hasta 1907, cuando se organizó la Convención Bautista del Norte (después llamada Convención Bautista Americana e Iglesias Bautistas Americanas). Esta organización incluye iglesias liberales y conservadoras, pero se considera más liberal y ecuménica que la del Sur. Sus universidades y seminarios disfrutan de un prestigio intelectual apreciable y sostienen misiones en varios países, entre ellos Cuba, Nicaragua, México, El Salvador, etc.

BAUTISTAS CONSERVADORES

Denominación evangélica. Independientemente de que muchos bautistas profesan una teología conservadora y son, por lo tanto, conocidos como bautistas conservadores, una Asociación Bautista Conservadora fue organizada en 1947 en Atlantic City, New Jersey, como asociación de iglesias locales. No existe diferencia fundamental entre la teología de los bautistas conservadores y las iglesias bautistas tradicionales (→ BAUTISTAS, IGLESIAS). Pero aunque son evangélicos, los bautistas conservadores de América no se identifican como fundamentalistas a pesar de su reacción negativa ante lo que consideraban modernismo de la Convención Bautista Americana.

Además de enviar numerosos misioneros mediante la Sociedad de Misiones de los Bautistas Conservadores, sostienen varias escuelas, de las cuales el Seminario Teológico Bautista Conservador, de Denver, Colorado, es la más famosa.

BAUTISTAS DE NORTEAMÉRICA

Denominación evangélica. Conferencia de iglesias bautistas establecidas por alemanes en Estados Unidos, originalmente en New Jersey y Pensilvania.

Los bautistas alemanes participaron en el desarrollo de la Escuela de Teología Colgate-Rochester en Rochester, Nueva York. En 1935 fundaron el seminario Bautista Norteamericano.

BAUTISTAS DEL LIBRE ALBEDRÍO

(También se les conoce como «bautistas libres».)
Denominación evangélica. La llegada a Estados Unidos de algunos → BAUTISTAS GENERALES (arminianos) en el siglo XVII preparó el camino para la organización de la primera iglesia bautista del libre albedrío por Paul Palmer en Chown, Carolina del Norte, en 1727. Una iglesia fue organizada en el norte del país por Benjamín Randall. La Asociación Nacional de Bautistas Libres es el grupo principal en la actualidad. La mayoría de sus miembros reside en el sur. Además de otras doctrinas bautistas, se caraterizan por el → ARMINIANISMO y por el lavatorio de pies. Han establecido misiones en varios países, entre ellos algunos de Iberoamérica.

BAUTISTAS DEL SÉPTIMO DÍA

Denominación evangélica. Varios bautistas empezaron a guardar el sábado o séptimo día desde mediados del siglo XVII. En 1672 se organizó una Iglesia Bautista del Séptimo Día en Newport, Rhode Island. La única diferencia importante con otros bautistas es la observancia del sábado, lo cual no se hace de una manera legalista ni impositiva. Pertenecen a la Alianza Bautista Mundial y sostienen misiones en varios países. Se han mantenido como una denominación muy pequeña.

BAUTISTAS GENERALES

Antigua denominación bautista. Es aparente que los primeros bautistas en Holanda e Inglaterra adoptaron una teología arminiana y enseñaban que Cristo murió por todos y no solo por los elegidos. Este último aspecto hizo que muchos de ellos fueran denominados «generales» (por creer en una expiación general o por todos). Aunque ponían énfasis en la iglesia local, aceptaban que las asociaciones de iglesias podían ejercer cierta autoridad sobre las congregaciones. Con el tiempo, la mayoría de los bautistas generales se fundieron con los particulares y adoptaron una teología intermedia entre arminianismo y calvinismo. Sus ideas sobreviven sobre todo en los → BAUTISTAS DEL LIBRE ALBEDRÍO.

BAUTISTAS, IGLESIAS

Movimiento evangélico. No puede hablarse en propiedad de una Iglesia Bautista sino de iglesias bautistas, debido a su sistema congregacional de gobierno.

Los bautistas surgen en Holanda en 1608-1609, cuando un pastor inglés emigrado, John Smyth, funda la primera iglesia con ese nombre en los tiempos modernos. Smyth era de origen anglicano, pero, al separarse de la iglesia de Inglaterra, había fundado una iglesia «separatista» en Gainsborough. Su discípulo Thomas Helwys fundó una iglesia bautista en Londres y publicó (por primera vez en Inglaterra) un alegato defendiendo la libertad absoluta de religión (1612).

49

Los primeros bautistas ingleses pudieran tener sus orígenes en la presencia de algunos anabautistas en Inglaterra, pero la iglesia de Smyth es la primera en una larga línea de iglesias bautistas. Smyth recibió también la influencia de los anabautistas holandeses (menonitas) y rechazó el bautismo de infantes. Más adelante, a mediados del siglo XVII, los bautistas iniciaron la práctica de bautizar únicamente por inmersión. Muy pronto se dividieron en generales (→ ARMINIANISMO) y particulares (→ CALVINISMO). Los elementos calvinistas en la doctrina son posteriores a Smyth. Con el tiempo, los bautistas ingleses adoptaron una vía media que permitió la unión de bautistas generales y particulares en el siglo XIX. Sostienen las mismas doctrinas básicas de los evangélicos, con los que se identifican, pero además de instar en la experiencia personal de conversión, insisten en la iglesia local compuesta únicamente por creyentes y en ciertas características especiales.

Los bautistas se organizan en convenciones, uniones y asociaciones, de ellas la mayor es la Convención Bautista del Sur de Estados Unidos, de teología generalmente conservadora, seguida por algunas convenciones formadas por los bautistas negros.

Los bautistas ingleses son más ecuménicos que los estadounidenses, pero los bautistas americanos («American Baptists») o bautistas del Norte de EE. UU. pertenecen a varias organizaciones ecuménicas.

La Primera Iglesia Bautista de Providence, Rhode Island, fundada por Roger Williams (1639), fue la primera de sus congregaciones en el continente americano. Williams fue un pionero no solo de la libertad religiosa, sino de la separación absoluta de la Iglesia del Estado. En los siglos XIX y XX, los bautistas se convirtieron en la más numerosa denominación protestante en EE. UU.

Los bautistas constituyen el principal movimiento religioso en el sur de los EE. UU., y prevalece entre los negros en toda Norteamérica. También son numerosos en Rusia, Ucrania, Inglaterra, India, Canadá, Brasil y otros países. Trabajan en casi todos los países y se agrupan en la Alianza Bautista Mundial, con sede en Londres. Además hay un número apreciable de iglesias independientes que se identifican como bautistas o sustentan una teología compatible. La teología arminiana de los primeros bautistas ingleses sobrevive en los Bautistas del Libre Albedrío.

BAUTISTAS INDEPENDIENTES
Movimiento evangélico. Millares de iglesias bautistas en EE. UU. no están afiliadas a ninguna de las convenciones bautistas y tienen una existencia totalmente autónoma o independiente. Estas iglesias son mayoritariamente fundamentalistas o conservadoras y sostienen varias agencias misioneras. Hay miles de misioneros bautistas independientes a través del mundo.

BAUTISTAS «LANDMARK»
Movimiento evangélico. El «landmarkismo» o «landmarquismo» es una posición adoptada por ciertos bautistas desde el siglo XIX que han afirmado, en contraposición a muchos otros bautistas, que la iglesia es siempre visible, que solo ministros bautistas pueden predicar u oficiar en iglesias bautistas, que el bautismo para ser válido no solo debe ser administrado por inmersión sino también oficiado por un ministro bautista y que existe una continuidad histórica de iglesias bautistas desde el primer siglo. Para ellos las iglesias no bautistas son sociedades cristianas, pero no verdaderas iglesias. También entienden que algunos no bautistas pueden ser cristianos, pero al no ser bautistas no coinciden realmente con las enseñanzas neotestamentarias.

Una organización de bautistas «Landmark» es la Asociación Bautista Americana (no confundirla con la Convención Bautista Americana). Algunos bautistas en convenciones como la del Sur y la Americana profesan ideas «landmarkistas», pero están actualmente en franca minoría.

En el siglo XIX, una controversia «landmarkista» estuvo a punto de dividir a los bautistas del sur.

BAUTISTAS LIBRES
Véase BAUTISTAS DEL LIBRE ALBEDRÍO.

BAUTISTAS NEGROS

Movimiento evangélico. La mayoría de los norteamericanos de raza negra o afroamericanos se identifican como bautistas. Los bautistas negros se remontan a la iglesia de Silver Bluff, cerca del río Savannah en Georgia en 1773. Con el tiempo se organizaron denominaciones de bautistas negros, sobre todo después de la Guerra Civil. Las más conocidas son la Convención Nacional Bautista de Estados Unidos de América, la Convención Nacional Bautista de América y la Convención Nacional Bautista Progresista.

Los bautistas negros profesan las mismas doctrinas básicas que las iglesias bautistas en general, pero se inclinan generalmente al → CALVINISMO, son más emotivos en sus cultos, promueven las causas de la comunidad negra y son las principales instituciones de esa comunidad.

Entre sus grandes líderes estuvo el Dr. Martin Luther King, ministro bautista considerado la principal figura del movimiento de los derechos civiles en Estados Unidos.

Como los otros, los bautistas negros auspician escuelas, universidades y otras instituciones, y envían misioneros al exterior. Algunas congregaciones son gigantescas y muy poderosas.

No puede conocerse la religiosidad negra en Estados Unidos sin estudiar profundamente a los bautistas negros. Han contribuido grandemente a la música cristiana.

BAUTISTAS PARTICULARES

Antigua denominación bautista. En 1633, al adoptar el bautismo de creyentes, varios separatistas calvinistas salidos de la iglesia de Inglaterra dieron lugar al movimiento de los bautistas particulares, que creían, como calvinistas, que Cristo murió únicamente por los elegidos. Los bautistas particulares contribuyeron de forma apreciable a la teología bautista que llegó a prevalecer, y que se inclina ligeramente hacia el calvinismo por su énfasis en la perseverancia de los santos o seguridad del creyente. Algunos bautistas de las denominaciones tradicionales se siguen identificando como calvinistas, pero solo a título personal.

Otra contribución de los particulares al desarrollo de los bautistas fue su sistema de gobierno totalmente congregacional. Los particulares absorbieron a los generales o arminianos en el siglo XIX, pero modificaron su antigua posición calvinista inflexible.

BAUTISTAS PRIMITIVOS
Movimiento evangélico. Los bautistas primitivos son tal vez los más estrictos entre los grupos bautistas. Se oponen a cualquier tipo de organización, sociedad o agencia no mencionada en la Biblia. Por lo tanto no tienen sociedades misioneras ni escuelas dominicales.

En 1827 se produjo una reacción en Kehukee, Carolina del Norte, contra toda forma de organización aparte de la iglesia local; lo cual dio gran auge a los bautistas primitivos.

El movimiento no ha crecido en los últimos tiempos (entre otras razones por su ultracalvinismo y su rechazo del concepto tradicional de sociedades misioneras), pero todavía funciona un millar de congregaciones bautistas primitivas.

BAUTISTAS REFORMADOS
Movimiento evangélico. Bautistas que no solo insisten en los cinco puntos del calvinismo estricto, sino que prefieren identificarse como «reformados». Algunas iglesias locales se han identificado como bautistas reformadas y se han creado agencias y publicaciones con ese nombre.

BAUTISTAS REGULARES
Denominación evangélica. En 1932 varias iglesias de la Convención Bautista Americana abandonaron la organización para fundar la Asociación General de Bautistas Regulares. Con el tiempo, numerosas iglesias bautistas de teología fundamentalista o evangélica se unieron a esta organización. En Estados Unidos «bautista regular» indica cierto grado de → FUNDAMENTALISMO.

BAUTISTAS SHOUTER
(Del inglés *shouter* que significa *gritones*.)

Secta antillana. Se denominan bautistas «shouter» a grupos de procedencia bautista y que se identifican como tales. Conocidos como «shouter» porque durante los servicios de la iglesia gritan bastante alto. También profesan creencias sincréticas y practican ritos afroantillanos. Han tenido algunas relaciones con los del culto a Changó (→ CHANGÓ, CULTO). Su sincretismo los separa de las denominaciones bautistas tradicionales.

BAUTISTAS UNIDOS

Denominación evangélica. En 1787 se unieron varias iglesias bautistas identificadas como «separadas» o «regulares» en los estados de Virginia, Carolina del Norte, Carolina del Sur y Kentucky. En esta denominación se conservaron elementos de calvinismo y arminianismo, de ahí el nombre «unidos». También tienen iglesias en Ohio y Virginia Occidental.

BEGARDOS

(También se les conoce como «mendigos», que es el significado de la palabra inglesa *beggar*.)

Hermandades de cristianos influidos por ideas iluministas y antinomianas. Sus orígenes se encuentran en los Países Bajos en el siglo XII. Se propagaron por los Países Bajos, Alemania y Francia y carecían de jerarquía eclesiástica. Se caracterizaban por una gran austeridad. Fueron perseguidos a partir de 1367.

BELLWEATHER, FUNDACIÓN

Movimiento de la Nueva Era. Este grupo lo fundó John Naisbitt que encarna casi todos los principios que caracterizan la → NUEVA ERA.

BERBERISCOS

Judíos del Magreb. Comunidad integrada por bereberes en cuanto a raza, tradición y lengua. Se trata de descendientes de bereberes convertidos al judaísmo, en la antigüedad, por la instrumentalidad de refugiados de Palestina o comerciantes judíos. En su medio, Magreb (Norte de África), mantuvieron por mucho tiempo sus creencias, aunque no necesariamente en la misma forma que otros judíos religiosos. No deben confundirse con bereberes que no profesan el judaísmo. Se concentraban sobre todo en la cordillera marroquí y argelina de las montañas del Atlas. Sufrieron discriminación por parte de los islámicos que llegaron a controlar la región. Otra dificultad fundamental que enfrentaron fue el ser subestimados por otros judíos.

BEREANOS
Denominación protestante. Los bereanos fueron fundados en Escocia por John Barclay en el siglo XVIII, pero se unieron con los congregacionalistas (→ CONGREGACIONAL, IGLESIA).

También se conoce como bereanos a los miembros de una misión evangélica y a grupos de estudio bíblico.

BHAKTAS
Grupo de sectas dentro del → HINDUISMO. Cuatro escuelas bhaktas fueron fundadas en la India a partir del siglo XII. Ponen énfasis en la «vía bhakti» como medio de ser salvos, en contraposición a la «jñanamarga» (vía del conocimiento) y la «karma-marga» (vía de las obras). Creen en que ciertas encarnaciones de Vishnú pueden considerarse como una especie de dios personal.

Sus sacerdotes son célibes, aunque algunos pueden casarse. Su libro sagrado es el «Bhaktamala».

BIBLIA ABIERTA, IGLESIAS DE LA
Denominación evangélica. Conocidas originalmente como la Asociación Evangelística de la Biblia Abierta y como «Bible Standard», las iglesias de la Biblia Abierta, en su presente forma, se remontan a 1935, al unificarse los dos grupos anteriores.

Estas iglesias profesan una teología fundamentalista, aceptan las principales doctrinas pentecostales, promueven la santidad y sus congregaciones son autónomas. También se han caracterizado por promover la obra misionera en varios países, incluyendo América Latina.

BÍBLICAS, IGLESIAS

Congregaciones cristianas. Con este nombre de Iglesias Bíblicas pueden identificarse numerosas iglesias independientes, sobre todo en Estados Unidos, que hacen un énfasis marcado en las Escrituras y son generalmente consideradas como fundamentalistas o como integrantes del movimiento evangélico conservador.

Hay también asociaciones de iglesias con el nombre de Iglesias Bíblicas, como en el caso de un grupo numeroso de congregaciones evangélicas en Costa Rica que pueden remontar su origen al trabajo de la Misión Latinoamericana (1921).

BÍBLICOS, TEMPLOS

Congregaciones cristianas. Varias iglesias independientes se identifican como «Templos Bíblicos» y su teología es conservadora. También designa a asociaciones de iglesias, como los Templos Bíblicos de la República Dominicana, resultado de las labores de la misión Worldteam, antigua misión West Indies, organizada en Cuba a fines de la década de 1920 y extendida por varios países de la región. (→ PINOS NUEVOS, CONVENCIÓN EVANGÉLICA LOS.)

BOGOMILOS

(También se les conoce como «bogomiles».)

Secta dualista medieval. Este movimiento se originó en Bulgaria en el siglo XI. Su nombre procede de las lenguas eslavas y quiere decir «amado de Dios». Pudiera también derivarse del nombre de Bogomile, su fundador, quemado vivo en 1118. Se opusieron al sacramentalismo prevaleciente, al culto a las imágenes y al culto mariano, por lo que algunos los consideran parcialmente evangélicos aunque rechazaron los elementos materiales en la Cena y el bautismo en agua (no bautizaban niños). Se caracterizaron también por un marcado dualismo y se refirieron al nacimiento como la prisión del buen espíritu dentro de la carne, castigo por pecados cometidos anteriormente. Rechazaban varios libros del Antiguo Testamento que atribuían al diablo, pero aceptaban el Nuevo Testamento. Muchos eruditos entienden que los bogomiles influyeron en los → CÁTAROS o → ALBIGENSES. Fueron perseguidos durante varios siglos.

BOHEMIOS, HERMANOS

Denominación evangélica que, al igual que a los hermanos moravos, se le conoce también con el nombre de «Unitas Fratrum». Tienen sus raíces en los seguidores del reformador evangélico checo Juan Hus en el siglo XV. Hus fue uno de los grandes precursores de la Reforma Evangélica del siglo XVI. Varios grupos que, en la tradición de Hus recibían la comunión en las dos especies y rechazaban otras creencias católicas, se organizaron durante el siglo XV y apoyaron la reforma del siglo siguiente. Después de la derrota de los ejércitos protestantes en la batalla de la Montaña Blanca (posterior a la «Defenestración de Praga»), los hermanos checos fueron esparcidos. Los que sobrevivieron se unieron a los seguidores del conde von Zinzendorf en el siglo XVIII, y surgieron así los hermanos moravos, continuación del movimiento original. (→ MORAVOS, HERMANOS.)

BON

Religión del antiguo Tíbet. Creencias animistas (→ ANIMISMO) y chamanistas (→ CHAMANISMO) de los habitantes de ese país antes de la llegada del budismo. Ha influido en el lamaísmo y sobrevive en las capas bajas de la población. Las religiones prebúdicas aparecen mencionadas como «convenciones sagradas» en los textos de mayor antigüedad. También hay referencias a ellas como «modelo del cielo y de la tierra». Entre ellos se produjeron las primeras manifestaciones del pensamiento filosófico en Tíbet. La influencia posterior del budismo hizo que fueran designadas con el nombre de Bon (sus sacerdotes recibían el nombre de «bon» o invocadores). Se adoraba a los monarcas muertos, sepultados en túmulos con sus pertenencias y con sus colaboradores más íntimos, quienes hacían un juramento público de morir con ellos.

Muchos sacerdotes adoptaron prácticas budistas con lo que dieron inicio a un proceso sincrético. Con el tiempo se desprendieron de sus elementos de chamanismo y se integraron al budismo tibetano. En estas manifestaciones religiosas se desarrollaron sistemas de yoga y meditación. Actualmente se les conoce como «bonpos» en Tíbet.

BOSQUIMANOS, RELIGIÓN DE LOS

Creencias primitivas. Los pobladores de territorios al sur del río Zambesi profesan creencias de corte animista (→ ANIMISMO). Además, aceptan la existencia de un espíritu creador supremo y de seres espirituales menores. Los datos que se tiene sobre los bosquimanos son fragmentarios, pero hay bastante información confiable acerca de la tribu «gwis» del Kalahari, cuyos miembros creen en dos seres espirituales opuestos: Nodima y Gawama.

BRAHMA SAMAJ

(También se le conoce como «Sociedad de Brahma».)

Organización religiosa fundada en la India en 1828 por Ram Mohan Ray. Se trataba de un movimiento de vuelta a los *Vedas* y proclama el teísmo. Ha disfrutado de gran prestigio en la intelectualidad india por sus ideas de reforma social y progreso.

BRAHMANISMO

Religión de los antiguos invasores arios de la India. Sus libros sagrados son los *Vedas*, cuyos apéndices son conocidos como *Brahmanas y Upanisads*. Adoraban a Agni, dios del fuego; Indra, dios de la atmósfera; Surya, el sol; Ushas, la aurora; Prithivi, la tierra; Aditi, madre de todos los dioses; Varuna, dios de las aguas; Dyaus, el cielo; los Maruts que cabalgan el viento. Las almas humanas son eternas, sin principio ni fin. La unión entre el alma y el cuerpo son la causa de todas las penalidades y vicisitudes.

Los sacerdotes de esta religión eran los «brahmanes» (*adora-*

dores). Los pensadores brahmanes elaboraron una doctrina basada en un alma universal que existe por sí y es eterna: «Brahma» o «Brahman». Después de muchos cielos e infiernos, el alma humana purificada vivirá en el mismo cielo donde radica Brahma o espíritu supremo.

A partir del brahmanismo se desarrolló el → HINDUISMO moderno.

BRANHAM, SEGUIDORES DE WILLIAM

(También se les conoce como «branhamismo».)

William Marrion Branham (1909-1965) fue uno de los grandes iniciadores del movimiento masivo de sanidad divina en Estados Unidos. Branham puso énfasis en la prosperidad y en otros asuntos. Su teología pentecostal puede ubicarse dentro del movimiento de → «SOLO JESÚS», pero con características propias. Branham se autoproclamó como el ángel de Apocalipsis 3.14 y 10.17. Entre sus profecías se encontraba una acerca de que todas las denominaciones se unificarían en 1947, lo que provocaría la traslación (o «rapto») de los creyentes. Su influencia ha permanecido, ya que muchos creyentes consideran sus profecías como inspiradas divinamente y a Branham como un profeta.

BRUJERÍA

Utilización de poderes sobrenaturales para alterar las leyes naturales o el curso de los acontecimientos. En los estudios etnológicos es casi equivalente a → FETICHISMO. Está claramente establecida su relación con ciertas formas de → OCULTISMO, de → SATANISMO y los movimientos del → ESOTERISMO. Se le dan también los nombres de → HECHICERÍA y → MAGIA.

Las brujas y los hechiceros han estado presentes desde las etapas más remotas. Desde la época clásica se dispone de información acerca de ellos y hay referencias a la misma en las Escrituras hebreas. Los historiadores contemporáneos han rechazado, sin embargo, la teoría de que se trataba de vestigios de los antiguos cultos de fecundidad y de la religión de los druidas. Desde que el Imperio Romano adoptó el cristianismo se persiguió implacablemente la brujería, sobre todo en Europa.

La creencia en las brujas declinó por un tiempo entre las personas de mayor educación, pero en nuestros días persiste su influencia. Una opinión que no todos aceptan es aquella que afirma que la brujería es una continuación del → PAGANISMO clásico. Otros insisten en la larga confrontación de la brujería con las creencias cristianas que rechazan totalmente este tipo de prácticas.

El → VODÚ es una combinación de brujería africana y elementos extraídos de los ritos cristianos. Las iglesias conservadoras rechazan cualquier punto de contacto con la brujería señalando sus aspectos maléficos, pero algunos sectores religiosos tradicionales han intentado establecer comunicación o diálogo académico con sectores sincréticos en los cuales la brujería ejerce alguna influencia. (→ CHAMANISMO.)

BÚDICO, ESOTERISMO

Aspectos esotéricos relacionados con manifestaciones del → BUDISMO.

Esta forma de esoterismo concierne a algunos asuntos como la → ASTROLOGÍA y la → ALQUIMIA practicados por algunos budistas, así como otros temas similares, pero no debe confundirse con el budismo original. (→ ESOTERISMO.)

BUDISMO

Una de las religiones universales. Algunos prefieren referirse al budismo como la condición de discípulo del buda, «el despierto» o «iluminado». También se le considera como la filosofía adoptada por Siddharta Gautama (*ca.* 566-486 a.C.) en el Nepal, al nordeste de la India. Sus seguidores llegaron a convertir sus creencias en una de las más grandes e importantes religiones en la historia. Se basa en las cuatro visiones de Buda: un hombre enfermo, un anciano, un muerto y un asceta itinerante.

Convencido de la inevitabilidad del sufrimiento y de la muerte, Buda afirmó haber alcanzado la iluminación que había buscado para ser liberado de su inevitable reencarnación. La iluminación ocurrió bajo un árbol en Bodh Gaya en 528 a.C., tras la cual se convirtió en el buda, «el despierto» o «iluminado».

El budismo proclama cuatro nobles verdades: toda la existencia implica sufrimiento o frustración; el sufrimiento es hijo del
deseo; el sufrimiento puede ser destruido o aniquilado si se elimina el control ejercido por los deseos y un «óctuple sendero»
necesario para llegar a la meta. Este a su vez se divide en las si-
guientes categorías: conducta moral (conversación recta, accio-
nes rectas, ganarse la vida rectamente); disciplina mental
(esfuerzo recto, atención recta a la realidad, concentración recta) y sabiduría intuitiva (enfoques rectos de la realidad e inten-
ciones rectas).

Buda se comunicó en forma bastante diferente a la utilizada
en las escrituras hindúes o *Upanisads*. El canon de las escrituras
clásicas del budismo, o *Tripitaka*, se escribió en pali, un dialecto
del sánscrito. Su redacción escrita se llevó a cabo siglos después
de la muerte de Buda.

Los seguidores de Buda no lograron extenderse tan rápida-
mente al principio, como otras religiones, pero el budismo empezó a ejercer cierta influencia desde su fundación. Después de un
período en el que se limitó al norte de la India, su extensión a
otras regiones se inició en el siglo III a.C., cuando el rey indio
Asoka se inclinó al budismo y trató de promoverlo en otros países. Hoy cuenta con millones de adherentes en China, Japón, Corea, Birmania, Tailandia, Indochina y otros países.

En el budismo existe una rama conservadora llamada Hinayana o Theravada o «el camino de los ancianos», la cual es fuerte
en Ceilán y es conocida también como «budismo del sur». El
→ MAHAYANA o «grande vehículo», que solo ofrece salvación, es
fuerte en Tíbet, Japón y China, y se conoce como «budismo del
norte». También debe mencionarse el Tantrayana del Tíbet.

Dentro del budismo existen varias sectas. Una especial atención debe prestarse al → LAMAÍSMO o budismo tibetano y al
→ ZEN.

BUDISMO, ESCUELAS DEL

Interpretaciones budistas. Como en todas las grandes religiones,
el budismo se dividió en grupos que, por lo general, se les conoce como escuelas. Esto se puso de manifiesto a partir del conci-

lio budista de Vesali en el siglo IV a.C. Surgieron criterios dispares acerca del grado de rigor con el que debían observarse las enseñanzas de Buda. Una serie de concilios posteriores hicieron que aparecieran aun más divisiones.

Entre las escuelas se encuentra la de los «sthaviras» o ancianos, conocidos también como «mahasanghikas», favorables al proselitismo intenso y que pretendían liberalizar la práctica. A su vez se dividieron en unas dieciocho escuelas, la más conocida es la → THERAVADA. En cada país donde el budismo se ha extendido significativamente surgieron otras escuelas.

santería
presbiterianos
aztecas
mahometanis
cianismo
manos moravos zoroastrismo
vodú
imistas
anglicanos
metodistas
adventista
davidianos
nueva era
bautistas
Iglesia de Jesucristo de los santos de los últimos
coptos Testigos de Jehová
bego
duismo Centecostales
ufolog
gedeone
culto a Changó
amitas totemismo
adiaforistas
niños de Dios
carismático
acedonia **de CÁBALA CRISTIANA** jacobita
racionalistas
valdenses **a CUÁQUEROS** bogomil
yesidas
berberisco
yoga ortodoxos
ariseos evangélicos abelianos
laudianos
bohemio
otelistas templadores
nzantes judaísmo acacianos
mormones caballería espiritu

CÁBALA CRISTIANA

Derivado de la cábala o kábbala judía. Se trata de una curiosa combinación de mística cristiana y cábala judía que intentaron algunos personajes sobre todo en la era del Renacimiento. En algunos textos se mencionan a Pico della Mirandola y J. Reuchlin como simpatizantes de esa especie de síntesis.

CÁBALA JUDÍA

Véase KÁBBALA.

CABALLERÍA ESPIRITUAL

Simbolismos medievales. Estas creencias tienen relación, dentro del → ESOTERISMO, con la lucha del bien y el mal; una especie de lucha entre una caballería terrenal y otra espiritual. Entre los temas favoritos de la caballería espiritual estaban la legendaria búsqueda del Santo Grial, la leyenda del rey Arturo y los caballeros de la Mesa Redonda y aspectos determinados y casi legendarios de la Orden del Temple.

CABILDO

Secta sincrética. Uno de los cultos afrocubanos. Originalmente se creía que se trataba de una sociedad secreta, pero el cabildo lo componen personas que se reúnen para celebrar su legado cultural y religioso. Entre sus prácticas se encuentran danzas y procesiones. Tienen algunas creencias y prácticas comunes con la santería. La mayoría de sus seguidores son de origen bantú, en contraste con los seguidores de la santería, culto de origen yoruba que prevalece entre los grupos afrocubanos de Cuba. (→ SANTERÍA; VODÚ.)

CABOCLO, CULTOS DE

Creencias indígenas brasileñas. Los brasileños llaman caboclo o «encantados» a los espíritus indígenas y estas creencias han sido incorporadas a ciertos cultos afrobrasileños. En los centros de adoración de estos cultos las paredes se decoran con litografías de caciques con grandes plumajes en la cabeza. Los sacerdotes invocan a los caboclos para hacer curaciones, basándose en creencias populares acerca del poder de los indios en las selvas amazónicas. Existe cierta amalgamación de los caboclos con los «orichas» o deidades africanas.

CALDEOS

Creencias primitivas. En realidad se trata de un término utilizado en el libro del profeta Daniel y en otros textos antiguos para designar a los magos, astrólogos y practicantes de las artes ocultas en el Oriente.

CALDEOS, CRISTIANOS

Rito católico oriental. Rama nestoriana en Irak que acepta la jurisdicción romana. Su origen se remonta a los partidarios de un patriarca de los partidarios del → NESTORIANISMO que fue reconocido por el Papa en el siglo XVII, lo que dio lugar al patriarcado caldeo de los → UNIATOS.

CALIXTINOS

(También se les conoce como «utraquistas».)

El término se deriva del latín *calix* o copa. Los partidarios de Juan Hus insistían en recibir la copa con el vino durante la celebración de la Eucaristía. Por algún tiempo estuvieron aliados a los → TABORISTAS o husitas radicales. Los calixtinos aceptaron la jurisdicción romana después de que se les hicieron varias concesiones a los → HUSITAS.

CALVINISMO

Sistema teológico basado en las enseñanzas de Juan Calvino. Las iglesias presbiterianas y reformadas pertenecen históricamente a esa tradición.

Los cinco puntos del calvinismo son: (1) la total depravación de los humanos, (2) la elección incondicional al cielo o al infierno, (3) la expiación limitada a los elegidos, (4) la gracia irresistible, (5) la perseverancia final de los santos.

Los documentos históricos más conocidos del calvinismo son

65

La Institución de la Religión Cristiana (1536), escrito por el mismo Calvino, y la *Confesión de Fe de Westminster* (1643), redactada por teólogos protestantes británicos y adoptada como norma de fe por las iglesias presbiterianas. La teología de Jacobo Arminio, otro teólogo protestante, conocida como → ARMINIANISMO, contradice los puntos básicos del calvinismo.

CAMINO INTERNACIONAL, EL

Movimiento religioso. Bajo la orientación de un antiguo ministro de la Iglesia Evangélica y Reformada en América, Victor Paul Wierwille, autor del libro *Jesucristo no es Dios*, se constituyó esta organización en 1953. Promueven un curso para la «vida abundante» que incluye enseñanza de la práctica de hablar en lenguas, lo cual no implica su reconocimiento por los pentecostales.

La teología de este grupo, que no acepta que las Escrituras Hebreas tengan autoridad sobre los cristianos, incluye algunas doctrinas inaceptables para los evangélicos ortodoxos, entre ellas la de que Jesús fue creado en el vientre de la virgen María como un hombre perfecto, pero no como Dios. También rechazan la divinidad del Espíritu Santo. Para la organización, la Biblia no es la Palabra de Dios, solamente la contiene.

La sede de la organización está en New Knowville, Ohio, y publica profusamente revistas y tratados.

CAMISARDOS

(También se les conoce en círculos religiosos como «profetas franceses».)

Algunos luchadores hugonotes del siglo XVIII formaron una pequeña secta en la emigración. No deben confundirse con la Iglesia Reformada de Francia, integrada por descendientes de hugonotes. Estos hugonotes se enfrentaron a la represión de Luis XIX después de la abolición del Edicto de Nantes en 1685.

CANADÁ, IGLESIA UNIDA DEL

Iglesia canadiense. Las iglesias metodista y presbiteriana de Canadá formaron una unión en 1925, después de un proceso iniciado en 1902. A ellos se unieron los congregacionalistas y varias iglesias unidas del oeste del país. El país quedó dividido en conferencias y estas son integradas por presbiterios. Esta iglesia unificada y ecuménica es la mayor denominación protestante del Canadá, sostiene numerosas instituciones educativas y agencias, y mantiene vínculos con la Alianza Mundial de Iglesias Reformadas, con los metodistas y con el Concilio Mundial de Iglesias.

CANALIZACIÓN

Creencias sincréticas. Varios grupos sincréticos y de la Nueva Era hacen énfasis en canalizar por medio del trance, lo cual es una especie de método espiritista de comunicarse con maestros ascendidos. (→ ESPIRITISMO.)

CANANEOS, RELIGIÓN DE LOS

Creencias primitivas. La religión de los cananeos era politeísta y ponía énfasis en la fecundidad. Los cananeos eran semitas y tuvieron períodos en los que se relacionaron con la población hebrea de la Palestina, de ahí que algunos hebreos (generalmente condenados por tales prácticas en los libros de la Biblia) adoraban dioses cananeos y al Dios de Israel al mismo tiempo. Los cananeos también tenían presencia en el territorio de la Siria actual.

Un dios original de Canaán parece haber sido *El* (o sea, *dios*), «el padre de los hombres».

Baal (palabra semita que significa *señor*), originalmente Hadad, era hijo de Dagón y se le consideraba el dios de las lluvias de otoño. Encarnaba el poder divino y el orden en lucha contra el caos.

Entre los cananeos y los fenicios existían numerosos baales, uno en cada región o ciudad. El Baal de Tiro, «Melkart», tenía gran importancia. En las festividades agrícolas se le daba culto y puede ser considerado como un dios de la naturaleza. Astarté (llamada también Asera, Astoret e Ishtar) era una diosa de la fecundidad y acompañaba a Baal. Se le adoraba también en ambientes griegos como Afrodita. Su culto incluía actos sexuales y sus templos se caracterizaban por las prostitutas sagradas y por imágenes eróticas. (→ FENICIOS, RELIGIÓN DE LOS.)

CANARIAS, RELIGIONES ANTIGUAS DE LAS

Creencias primitivas. Los aborígenes canarios creían en un Dios supremo al que se denominaba de forma diferente (Acorán, Achamán, Abora, Orahan) en cada isla del archipiélago canario. En el nivel intermedio se creía en espíritus ancestrales y en el nivel inferior en seres demoníacos enemigos de la humanidad. Un ser demoníaco formaba parte de las creencias de los habitantes de Gran Canaria y de Tenerife y recibían los nombres de Gabiot y Guayota, respectivamente. En la isla Hierro existían dos divinidades supremas, masculina y femenina, con los nombres de Eraorazan y Moneiba respectivamente. Los rituales incluían uno para pedir la lluvia. Otro ritual que se practicaba era la procesión de la rama; los fieles subían a una cumbre donde arrancaban una rama y bailaban con ella cantando en torno a un peñasco. Hacían ofrendas y sacrificios de animales, leche, manteca y alimentos. Los lugares de adoración favoritos radicaban en montañas o riscos, lugares de encuentro entre lo divino y lo terrestre. También se edificaban recintos para el culto sagrado.

CANDOMBLÉ

Culto sincrético afroamericano. Es el mayor de los cultos macumba en Brasil. Profesan creencias de los yorubas, los fon y los bantúes del África. Contiene elementos de animismo combinados con cristianismo y ocultismo. Los seguidores del movimiento identifican personajes de la liturgia y el culto cristiano con divinidades africanas. Se le considera ligado a la práctica de ritos ocultistas y de magia negra. En otros aspectos, sus ceremonias son comparables a la de los cultos afrocubanos.

Un buen número de miembros de este culto profesa el catolicismo.

Posee gran influencia en varias regiones del Brasil.

CANIBALISMO

Práctica ritual de ciertas religiones primitivas. Algunos grupos incluían en sus ritos los sacrificios humanos y el canibalismo ritual. En ciertas inscripciones hay referencias al faraón (ya muerto) que devora a los dioses. El canibalismo ritual existió en el período paleolítico y entre los maoríes y algunos pobladores del México precolombino.

CAO-DAI

Secta sincrética. Es uno de los grupos de mayor influencia en Vietnam. Combina elementos de taoísmo, confucianismo, budismo y catolicismo romano. Entre sus creencias se encuentran la reencarnación y la comunicación con espíritus. Su fundación se remonta a 1919.

CARAÍTAS

Secta judía que admite solo la Escritura y rechaza la tradición. Son bien rigurosos en sus costumbres, sobre todo en la severa observancia de las leyes del sábado, las purificaciones y el divorcio, el que solo autorizan en caso de adulterio.

Al parecer, los caraítas descienden de los judíos establecidos en Siria durante el reinado de los seléucidas. Su fundador fue Anán ben David (siglo VIII). Incorporaron a todos los enemigos de los rabinos y, por consiguiente, a los pocos saduceos que quedaban. En 1099, después que los cruzados tomaron Jerusalén, emigraron y se expandieron por el Imperio de Oriente y todo el orbe islámico, y más tarde por los países eslavos.

CARISMÁTICAS, IGLESIAS

Movimiento cristiano. Aunque el movimiento carismático no es confesional y existe en la mayoría de las grandes iglesias y dentro de ellas, algunas congregaciones locales se identifican como carismáticas por su énfasis en los dones del Espíritu o carismas. Su origen y cierta flexibilidad en las prácticas y en el estilo de vida les diferencian de las iglesias pentecostales.

CARISMÁTICO, MOVIMIENTO

(También se le conoce como «movimiento de avivamiento» o «movimiento de renovación».)

Movimiento cristiano. Muchas de sus creencias coinciden con las del pentecostalismo clásico (véanse las diferentes iglesias pentecostales). El carismatismo pone énfasis en los dones de lenguas (evidencia del bautismo en el Espíritu Santo) y profecía, así como en la sanidad divina.

Se inició dentro del protestantismo, pero se ha extendido al catolicismo y otras iglesias. El movimiento carismático empezó a manifestarse fuertemente en la década de 1960.

Muchos cristianos han organizado iglesias que se identifican como carismáticas. Son parecidas a las pentecostales, pero entre ellas puede haber diferencias de eclesiología y de estilo de vida.

CARMELITAS DE LA SANTA FAZ

(También se les conoce como secta del «Palmar de Troya».)

Secta cismática. Las visiones de Clemente Domínguez en el Palmar de Troya, Sevilla, España (1969), tienen alguna relación con las de cuatro niñas que habían afirmado tener visiones de la virgen María. Domínguez logró que el prelado vietnamita Ngo-Dhin-Thuc lo consagrara obispo, pero después lo suspendieron «a divinis» y lo excomulgaron. Esto condujo a la separación de Domínguez y sus seguidores de la iglesia romana. Al morir Pablo VI en 1976, se proclamó como sucesor suyo con el nombre de Gregorio XVII.

A su colega Manuel Alonso Corral se le atribuye la condición de verdadero líder de la secta.

Entre sus actividades se encuentra la canonización tanto de José Antonio Primo de Rivera como de Francisco Franco. Este movimiento no es muy conocido en los otros países de habla española.

CARTAGINESES, RELIGIÓN DE LOS

Véase FENICIOS, RELIGIÓN DE LOS.

70

CÁTAROS
Véase ALBIGENSES.

CATÓLICA ANTIGUA, IGLESIA
Nombre utilizado para identificar históricamente a los cristianos de los siglos II, III y IV que no estaban afiliados a una serie de movimientos considerados entonces, o después, como heréticos. Se trata, en realidad, de un período en la historia del cristianismo con el que se han tratado de asociar organizaciones cristianas que en aquella época no habían asumido todavía una forma definitiva.

Los anglicanos, muchos protestantes históricos, los ortodoxos y los viejos católicos se consideran a sí mismos como una continuación de la Iglesia Católica Antigua, y hacen una distinción entre esta y el catolicismo romano, es decir, el gran sector que fue aceptando la jurisdicción romana o papal.

Los católicos romanos también se consideran una continuación de la Iglesia Católica Antigua o simplemente de la Iglesia Antigua.

CATÓLICA, APÓSTOLICA Y ROMANA, IGLESIA
(También se le conoce como «Catolicismo», «Iglesia Católica», «Iglesia Católica Romana» o «Iglesia de Roma».)

La mayor de las iglesias del cristianismo histórico. De acuerdo con la tradición de esta iglesia, Jesucristo la fundó y el apóstol Pedro fue su primer papa (título que se le da a la cabeza visible de la iglesia).

Los cristianos del período posterior a la iglesia primitiva empezaron a identificarse en numerosas regiones como católicos o miembros de la Iglesia Católica o Universal, para distinguirse de varios grupos considerados heréticos. Algunos historiadores seculares y casi todos los historiadores protestantes entienden que esta iglesia surgió como resultado de la evolución de la Iglesia Católica Antigua hacia una organización centralizada con sede en Roma. Lo anterior tiene relación con el proceso de oficialización del cristianismo en los siglos IV y V, iniciado con Constantino (que lo favoreció) y llevado hasta sus últimas conse-

71

cuencias por sus sucesores (que lo convirtieron en religión oficial del imperio). Algunos mencionan al papa León I como el que consolidó el poder de la sede romana en el siglo V, mientras otros prefieren el pontificado de Gregorio I (siglos VI y VII) como período que indica el inicio del catolicismo romano en la forma que actualmente se conoce, pero esto es discutible.

Los católicos romanos aceptan siete sacramentos, la intercesión de la virgen María y de los santos, el purgatorio (estado intermedio entre el cielo y el infierno), el celibato sacerdotal (por lo menos en su rito latino u occidental, predominante en la iglesia), la existencia de órdenes monásticas de hombres y mujeres, el carácter sacerdotal del ministerio de la iglesia y hacen énfasis en el sacrificio de la misa. Aceptan veintiún concilios ecuménicos o de toda la iglesia, el primero de ellos es el de Nicea (325 d.C.).

La iglesia está organizada en forma jerárquica con el papa a la cabeza y las diócesis gobernadas por obispos (algunos de ellos se les denominan arzobispos). El papa es elegido por un colegio de prelados llamados cardenales y se le considera infalible desde 1870. La Ciudad del Vaticano (situada en una de las colinas de Roma) es considerada como la Santa Sede por los católicos y mantiene relaciones con la mayoría de las naciones.

El catolicismo está extendido por casi todo el mundo y prevalece en la mayor parte de Europa y en Iberoamérica. Actualmente crece en forma significativa en varias naciones del Tercer Mundo, pero ha perdido fuerza en Europa e Iberoamérica. Ha mejorado sus relaciones con las iglesias orientales u ortodoxas y con algunas denominaciones protestantes históricas.

Además del rito latino hay varios ritos orientales. Las iglesias orientales o ritos que han ido aceptando la jurisdicción romana se les llama → UNIATOS. Desde el Concilio Vaticano II, iniciado en 1963, se han introducido numerosos cambios en la iglesia, incluyendo la celebración de la misa en lengua vernácula (anteriormente se celebraba en latín).

CATÓLICA EVANGÉLICA, IGLESIA

Secta teosófica. No debe confundirse con el catolicismo romano ni con el movimiento evangélico. Su fundación se llevó a cabo en

Francia, en el siglo XIX, e influyó en el movimiento espiritista. Entre sus creencias se encontraba la unicidad de Dios, la salvación de todos los hombres y la reencarnación.

CATÓLICA LIBERAL, IGLESIA

Denominación religiosa con elementos de catolicismo y → TEO-SOFÍA. A partir de 1918 se produjo una síntesis de creencias teosóficas y las doctrinas de los veterocatólicos, es decir, los miembros de las Iglesias de los Viejos Católicos (→ VIEJOS CATÓ-LICOS, IGLESIA DE LOS) surgida como reacción a la proclamación de la infalibilidad papal en 1870. El obispo veterocatólico J.I. Wedgwood consagró como obispo a C.W. Leadbeater, antiguo sacerdote anglicano y famoso teosofista londinense. Wedgwood y Leadbeater organizaron la Iglesia Católica Liberal.

Era evidente la influencia de la teósofa Madame Blavatsky. Según los organizadores, en la nueva liturgia que prepararon se experimentaba al Cristo viviente y se profundizaba en la teosofía y en la doctrina de la reencarnación.

Con sede en Londres, tienen ramas en Estados Unidos y varias naciones, incluyendo a Cuba y otros países latinoamericanos. No deben confundirse con las Iglesias de los Viejos Católicos.

CATÓLICA Y APOSTÓLICA, IGLESIA

Denominación cristiana. Se remonta a los principios del siglo XIX. Algunos elementos del movimiento evangélico en Inglaterra (de los que hicieron énfasis en la eclesiología, la profecía y la obra del Espíritu Santo) y figuras como Haldane Stewart, William Marsh y Hugh MacNeil se asociaron con el reverendo Edward Irving, ministro presbiteriano, y otros para cumplimentar una invitación de Henry Drummond, maestro bíblico que convocó a conferencias en Asbury Park en 1826.

Bajo la influencia de Irving, algunos concurrentes empezaron a hacer énfasis en los dones del Espíritu y en la proximidad del regreso de Cristo. En 1832 se eligieron doce apóstoles y surgió la misión de los «Apóstoles Restaurados»: advertir a toda la iglesia la inminencia de la Segunda Venida y la necesidad de resolver los cismas eclesiásticos. Los católicos romanos y apostólicos combinaban las creencias ya mencionadas con el regreso al ritualismo y al sacramentalismo.

Con el tiempo el movimiento se redujo a un pequeño grupo.

CATOLICISMO

Término que originalmente se aplicaba a la Iglesia universal. A partir del Cisma de Oriente (1054), la Iglesia Occidental se proclamó como la única que debía ser conocida como católica, pero sus pretensiones no han sido aceptadas por importantes sectores cristianos. Los ortodoxos, los viejos católicos y los anglicanos se consideran también católicos, es decir, ramas de la Iglesia Católica Antigua y admiten gustosamente que la Iglesia de Roma también tiene derecho a esa condición. Varias iglesias protestantes históricas utilizan la palabra católico en sus credos y confesiones.

CELTAS, IGLESIA DE LOS

Iglesia cristiana de la antigua Irlanda y otras regiones celtas de las iglesias británicas. Hasta la llegada del monje italiano Agustín como enviado papal (597 d.C.), las iglesias cristianas entre los celtas tenían su propia organización, calendario y sistema monástico, además de otras características propias. Muchos historiadores entienden que los cristianos celtas no estaban sometidos a la jurisdicción romana y que estaban en confrontación con los cristianos anglorromanos.

El cristianismo entró en Inglaterra en los primeros siglos de nuestra era y algunos de sus obispos asistieron a los sínodos de Arles (314 d.C.) y Armifrum (359 d.C.). Los celtas habían adoptado una forma de monaquismo procedente de las Galias. Las invasiones sajonas obligaron a los cristianos a aislarse. El Sínodo de Whitby (663 d.C.) resolvió las cuestiones pendientes y las diferencias con Roma.

CELTAS, RELIGIÓN DE LOS

Creencias primitivas. Los celtas se consideraban descendientes de un dios padre de la tribu, quien les aseguraba la victoria en tiempo de guerra y les concedía períodos de paz. Entre los celtas abundaban las deidades locales y tribales, de las que se han identificado alrededor de trescientas. En las Galias se destacaban Esus, Taranis y Teutates. En Irlanda, los dioses recibían el nombre colectivo de Tuatha De Danann y el padre divino o «Dios bueno» recibía el nombre de Dagda. También abundaban las diosas.

Los celtas entendían que las fuerzas de la naturaleza estaban relacionadas con sus dioses, por lo tanto, los ritos se desarrollaban en colinas y bosques o cerca de manantiales y pozos. Los sacrificios humanos eran frecuentes y se consideraban como los ritos más importantes.

Los sacerdotes o druidas fueron perseguidos durante la dominación romana de las regiones celtas.

CENTRO ASTRAL LUIS HOWARTH

Grupo sincrético con tendencias ocultistas. Con sede en su templo en Aracajú, Brasil, la secta se extiende por varios países sudamericanos como Argentina, Perú, Venezuela, Bolivia y Brasil. Hacen énfasis en sus poderes de adivinación y en una síntesis de diversas creencias religiosas, incluyendo algunas presuntamente extraterrestres, lo cual complica cualquier estudio del movimiento ya que se presta a confusión y dificulta su clasificación. Su profeta anuncia que Brasil se convertirá en la principal potencia mundial en la segunda década del siglo XXI. Sus ritos incluyen el vudú o vodú.

CENTROAMERICANOS

Evangélicos conservadores en América Central. En relación con las labores evangelizadoras de la Misión Centroamericana, fundada por el teólogo y biblista conservador Cyrus I. Scofield en 1890 y apoyada por teólogos consevadores como Lewis Spencer Chafer, se han organizado asociaciones de iglesias evangélicas conservadoras que llevan el nombre de «centroamericanas». Los centroamericanos tienen iglesias en Costa Rica, Honduras, El Salvador, Guatemala y Nicaragua. La misión se extendió también a Panamá y México. En la región centroamericana se utiliza ese nombre para identificar a los creyentes e instituciones vinculados a la Misión que se caracteriza por su adherencia al sistema de interpretación → DISPENSACIONALISTA y por auspiciar el Seminario Teológico Centroamericano en Guatemala. Entre sus teólogos más notables se encuentra el Dr. Emilio Antonio Núñez.

CERINTIANOS

Secta antigua. Seguidores de Cerinto, hereje del siglo II d.c. que combinaba sus creencias → EBIONITAS con las del → GNOSTICISMO. Los → ALOGOI le atribuían a Cerinto la autoría del Evangelio de Juan y del Apocalipsis.

En su esquema, un ángel inferior había creado al mundo en esclavitud. El Cristo descendió sobre Jesús, un hombre sabio y justo, hijo de José y María, pero se retiró de él antes de la crucifixión, ya que solo Jesús (y no Cristo) habría sufrido y resucitado.

CHAMANISMO

Creencias primitivas. Sistema religioso propio de pueblos cazadores y que está dominado por el chamán (del tungús *shamán*), sacerdote curandero o hechicero que experimenta estados de éxtasis, y supuestamente cura y produce enfermedades. El chamán está encargado de conducir las almas hacia el más allá y se espera de él que proyecte su propia alma en el mundo de los espíritus, es decir, que pueda penetrar en él.

En el chamanismo las divinidades supremas, sometidas a un Dios supremo, se encuentran situadas por encima de los espíritus. Elementos de chamanismo y de veneración de antepasados pueden encontrarse todavía en muchas regiones, sobre todo entre los pueblos del Asia septentrional, como Siberia. Por cierto que debe distinguirse entre el chamanismo de los indios norteamericanos y los esquimales y el chamanismo de los pueblos uraloaltaicos del norte de Europa y Asia.

CHANGÓ, CULTO

Secta afroamericana en varias regiones de América. Es uno de

76

los principales movimientos de religiosidad sincrética afrobrasileña. En el culto changó de Recife, Brasil, las deidades se identifican con santos como en otras regiones, pero de manera peculiar. Prevalecen las características propias de la religiosidad afrobrasileña (→ AFROBRASILEÑAS, SECTAS). En esta secta los sacerdotes reciben el título de babalaos. En Trinidad y Granada, el culto changó en su forma actual apareció en el siglo XIX y entre sus participantes se nota cierta influencia del → ESPIRITISMO y el → PROTESTANTISMO.

Curiosamente, algunos sacerdotes de ese culto también ofician entre los llamados → BAUTISTAS SHOUTER, un grupo que no tiene que ver con las denominaciones bautistas históricas (→ BAUTISTAS, IGLESIAS). Entre los afrocubanos existe el culto a Changó, pero solo como deidad, la cual se confunde generalmente con la Santa Bárbara del antiguo calendario de santos católicos.

CHECOSLOVACA, IGLESIA
Iglesia Nacional en Checoslovaquia. El nombramiento de obispos germanófilos para la Iglesia Católica de Checoslovaquia llevó a un sector a separarse de Roma en 1920. La nueva iglesia rechazó doctrinas tradicionales como el purgatorio, la veneración de los santos y el pecado original, adoptando una teología liberal. La iglesia ha tenido patriarcas y obispos (sin pretender sucesión apostólica), pero el gobierno eclesiástico es presbiteriano. Se encuentra entre los grupos que veneran la memoria de Juan Hus como reformador de la iglesia.

CHIBCHAS, CREENCIAS DE LOS
Creencias precolombinas. Los chibchas disfrutaban de cierto grado de civilización, pero no contaban con escritura jeroglífica. Sin embargo se conocen aspectos fundamentales de su religiosidad. Bochica era la figura básica, el gran maestro y civilizador. Entre los rivales de Bochica, que era un dios solar, se encontraban tanto Chía, es decir, la Luna (con quien algunos lo consideraban casado), Chibchachum y otros. Para muchos estudiosos Chimininagua era el dios supremo de los chibchas.

CHIITAS

(Del árabe *chií*, que significa *seguidor*.)

Secta musulmana. A pesar de su condición minoritaria dentro del Islam, los chiitas desarrollaron una teología propia en torno a los imanes, a quienes consideran descendientes de Mahoma a través de Fátima (hija del profeta) y Alí (yerno de Mahoma), considerado por sus partidarios como el primer verdadero califa. A pesar de que existieron tres califas antes de Alí, los chiitas los consideran ilegítimos. En la sucesión chiita, Alí siguió a Mahoma. A su vez, doce descendientes de Alí, hasta Mohamed-al-Muntazar, llamado al-Mahdi, representan la verdadera continuidad histórica y teológica del Islam. Un sector chiita los considera como encarnaciones de la Divinidad. Al fin de los tiempos el Mahdi, una especie de mesías anunciado por Mahoma, precedería la llegada del juicio universal.

Entre los chiitas se distinguen los → ISMAILITAS y los → IMAMITAS. La secta predomina en Irán y en parte de Irak. En ese último país, los dirigentes espirituales o «ayatolas» ejercen gran influencia en la sociedad, sobre todo desde el derrocamiento del sha Reza Pahlevi.

CHINA, RELIGIONES DE LA ANTIGUA

Creencias primitivas. En las épocas más remotas, la religión era controlada por chamanes adivinos y entre sus características estaban el culto del cielo y sus divinidades, la veneración de los antepasados, los ritos y la adivinación. La creencia en lo sobrenatural es evidente en la religiosidad china antigua, pero todo estudio que se haga de la misma debe tener en cuenta el sincretismo que ha prevalecido en ella.

Independientemente de influencias, nuevas creencias o prácticas y variaciones existe una gran continuidad en la religiosidad china. La religión popular influyó sobre el → TAOÍSMO, el → BUDISMO y el → CONFUCIANISMO, pero contiene a su vez elementos de estas tres grandes religiones que, con el tiempo, se confundieron en una sola religiosidad popular.

78

CHUETAS

Grupo criptojudío. Debido en gran parte a la predicación de Vicente Ferrer en la isla de Mallorca (Islas Baleares), se produjeron varios actos contra los judíos, lo cual puso punto final a la tolerancia extendida a los judíos en la isla. La palabra «chueta», que probablemente significaba «cerdo», indicaba el rechazo a esa comunidad y por lo tanto se designó así a los judíos que se habían convertido al catolicismo. Estos cristianos de origen judío fueron obligados a vivir en un barrio separado hasta 1782. El hecho de que tantos «chuetas» conservaron algunas prácticas judías, pero en un contexto diferente al español (en este caso el mallorquino), obliga a clasificarles como un grupo especial de → MARRANOS.

CIBONEYES, CREENCIAS DE LOS

Creencias precolombinas de indios antillanos. Los indios ciboneyes de Cuba y otras islas parecen haber sustentado una concepción animista. Su existencia se remonta a miles de años antes del descubrimiento de América y se conoce poco sobre ellas. Practicaban algunos ritos mágicos propiciatorios de la pesca, así como ciertas costumbres funerarias. El erudito cubano Fernando Ortiz conjeturó sobre la posibilidad (basada en excavaciones y el estudio de sus cementerios) de que pudieran haber creído en la influencia de los astros. Sobre esas hipótesis trabajó el antropólogo cubano Antonio Núñez Jiménez. Parece probable que los ciboneyes atribuyeran propiedades sobrenaturales a los instrumentos de trabajo.

CIELO, PUERTA DEL

Secta religioso-cibernética. A partir de 1972 Marshall Applewhite, antiguo profesor y músico de origen presbiteriano, abandonó las creencias del cristianismo tradicional por elementos de astrología, reencarnación y ficción científica. En la década de 1990 había congregado varias decenas de personas en una mansión en Rancho Santa Fe, California. El medio de vida del grupo era el trabajo de computadoras en relación con la Internet, que ellos reverenciaban. Vivían en comunidad, practicaban el celibato, se consideraban «ángeles enviados a Norteamérica» y algunos se sometieron a la castración.

En busca de «cuerpos celestes», en un contexto de creencias en extraterrestres, se produjo un suicidio masivo del grupo, incluyendo al fundador (1997).

CIENCIA CRISTIANA

(También se le conoce como «Iglesia de Cristo Científica».)

Secta norteamericana. La Iglesia de Cristo Científica fue fundada en Boston por Mary Baker Eddy en 1879 y se convirtió en organización internacional en 1892. La señora Eddy creía haber sido curada de una enfermedad crónica por un mesmerista y desde un principio la llamada ciencia cristiana está asociada con las curaciones por fe.

La iglesia de Boston, conocida como «La Primera Iglesia...» es considerada la iglesia madre. La señora Eddy escribió el libro *Ciencia y Salud con Clave para las Escrituras,* que los miembros de la iglesia consideran un libro inspirado con prelación sobre la misma Biblia. La iglesia no tiene predicadores sino lectores, los cuales leen públicamente la Biblia y el libro de la señora Eddy; y «practicantes» que se encargan de aplicar las enseñanzas acerca de que la enfermedad es una ilusión.

Para estos religiosos no hay realidad, sino la mente o el espíritu. No identifican a Jesús con Dios. Pero a Cristo, quien para ellos es el Principio de la Mente, lo identifican con Dios. También enseñan el carácter ilusorio de la muerte. Tal conocimiento hace posible la salvación.

La iglesia se ha extendido por varios países y publica el importante diario *The Christian Science Monitor,* así como varias publicaciones religiosas.

CIENCIAS OCULTAS

Creencias esotéricas. Se trata del → OCULTISMO en una dimensión más o menos intelectual. Generalmente se llaman ciencias ocultas al ocultismo, la → ALQUIMIA, el→ HERMETISMO y otros movimientos similares como la → KÁBBALA, etc. Algunos incluyen también la → TEOSOFÍA.

CIENCIOLOGÍA
(También se le conoce en español como «cientología».)

Secta norteamericana. L.R. Hubbard fundó, a mediados del siglo XX, esta organización que enseña una «filosofía religiosa aplicada». Sus tratamientos de salud mental son llamados «dianética» y la lucha contra la toxicomanía «narconón».

En el sistema se encuentran elementos de hinduismo, budismo, taoísmo y una terminología científica no necesariamente rigurosa.

Varios historiadores la consideran como precursora de muchos movimientos de la Nueva Era.

La organización ha sido acusada de numerosas violaciones de las leyes fiscales y de fraude.

CIRCUMCELLIONES
(También se les conoce como «luchadores de Cristo».)

Movimiento radical dentro del → DONATISMO en África del Norte. Entre estos cristianos de los siglos IV y V prevalecía el ascetismo y la oposición a todo entendimiento con las iglesias que no se mantuvieron en la pureza durante las persecuciones o que aceptaron el arrepentimiento de clérigos que cedieron para salvar la vida. Algunos de ellos apoyaron revueltas contra el Imperio Romano, al cual consideraban aliado de la apostasía.

CLARIVIDENCIA
Facultad de conocer hechos síquicos o físicos sin el uso de los sentidos. Entre las diferentes manifestaciones de → ESOTERISMO se encuentra la clarividencia, a la que acuden numerosas personas deseosas de conocer el futuro, el pasado o acontecimientos ocurridos en lugares lejanos.

En varias formas de religiosidad se encuentran elementos de esta pretendida capacidad.

COMUNIDAD DEL MÁGICO RIO NEGRO
Secta siberiana. Grupo fundado probablemente a principios del siglo XX en regiones pantanosas de la Siberia. Sus característi-

cas más conocidas consisten en no rasurarse, no bañarse, evitar el pago de impuestos o el servicio militar y hacer todo lo posible por no trabajar. Según ellos, es necesario aislarse totalmente de las «cosas de este mundo» y así librarse del infierno. Los han acusado de robar niños para impedir la desaparición de la secta, pues evitan tener hijos. Su total aislamiento impidió su descubrimiento como grupo hasta 1963, ya en plena era comunista.

COMUNIDAD, LA

Secta sincrética. Seguidores de Mario Rodríguez Cobo, argentino conocido por sus partidarios como «El Mesías de los Andes» y como «Silo». El movimiento afirma no ser religioso, pero oficia ceremonias religiosas variadas y proclama, entre otras cosas, cuestiones de autoliberación, gimnasia, catarsis, etc.

Mario Rodríguez Cobo ha escrito varios libros, entre ellos *El paisaje interno*. Es también el fundador de un llamado Partido Humanista. Supuestamente basa su misión en Génesis 49.10: «No será quitado el centro de Judá ... hasta que venga Siloh; y a él se congregarán los pueblos».

CONFESANTE, IGLESIA

Movimiento evangélico en la Alemania del período nazi. Organizaciones, sínodos y asociaciones de pastores alemanes que se opusieron a los llamados «cristianos nacionales» partidarios del régimen de Adolfo Hitler.

La base teológica de la Iglesia Confesante quedó establecida en la Declaración del Sínodo de Barmen en 1934. «Concilios de Hermanos» y una «Administración Provisional de la Iglesia» fueron creados como forma de reducir el control oficial de la Iglesia Evangélica Alemana. La Iglesia Confesante controlaba varias iglesias consideradas como «intactas» por no haber sido controladas por el régimen, pero ofrecía una alternativa a los cristianos que vivían en las regiones donde las iglesias eran consideradas «destruidas» por su sometimiento al régimen.

Después de la Segunda Guerra Mundial, la Iglesia Confesante se fusionó con la Iglesia Evangélica Alemana reconstituida.

Entre sus grandes líderes estuvieron Martin Niemoller, Dietrich Bonhoeffer y Karl Barth.

CONFUCIANISMO

(También se le conoce como «la escuela de los literatos».) Principios morales que algunos consideran una religión. El confucianismo se basa en los escritos de Confucio (551-480 a.c.), pensador chino que recogió parte de las enseñanzas morales prevalecientes en la antigua China y predicó la necesidad de volver a practicar lo que denominó la «humanidad», es decir, la benevolencia. Práctica que debía incluir la «reciprocidad», es decir, no hacer a los demás lo que no deseamos que estos nos hagan. El estudio de la historia es necesario para comprender «los caminos del cielo».

Confucio jamás pretendió establecer un sistema religioso ni defender un sistema de religiosidad en particular, a no ser las tradiciones religiosas prevalecientes en su época. La idea principal era el Camino o «Tao» del Cielo, el cual debía ser transitado por los humanos. Pero aunque creía en «el cielo», no aclaró el significado del más allá, ni construyó teorías acerca de los espíritus, si bien sancionó la costumbre de venerar a los antepasados. Se ponía énfasis en la bondad interior, la lealtad, la sinceridad, la firmeza, etc. Su sistema de pensamiento aceptaba como indicios de la auténtica nobleza la piedad filial, el carácter, la reciprocidad, el equilibrio, etc.

Debe señalarse, sin embargo, que en el confucianismo hay elementos religiosos, pues reconoce la existencia de un poder supremo en el universo y una serie de valores espirituales trascendentes. Los principales intérpretes de Confucio fueron Mencio (371-289 a.C.) y Hsun-tse (312-238 a.C.). Durante la dinastía Han, se convirtió en religión favorecida, se preparó un canon de escritos aceptados y se inició una especie de culto a Confucio que llegó hasta erigir templos al maestro en todas las ciudades. La religiosidad oficialista exigió que se le tributara culto a Confucio. Los clásicos confucianos eran utilizados en la preparación de los funcionarios del gobierno.

Los reformadores, revolucionarios y comunistas atacaron la

«tienda de antiguallas de Confucio». Al ser derrocada la dinastía manchú y proclamada la república en la década de 1910, la veneración de Confucio se mantuvo a pesar de que los ritos en honor del cielo fueron suprimidos en ceremonias oficiales. La República Popular China proclamada en 1949 bajo la dirección del Partido Comunista prohibió el estudio de los clásicos confucianos, pero todavía gran parte del pueblo está bajo la influencia de Confucio, el más famoso sabio en la historia de ese país.

CONGREGACIONAL, IGLESIA

(También se le conoce como «Iglesia Congregacionalista» o «Iglesia Unida de Cristo en Estados Unidos».)

Denominación protestante. A Robert Browne, fundador de una iglesia local «no conformista» en Norwich, Inglaterra, se le cita frecuentemente como padre del congregacionalismo. El congregacionalismo como denominación tiene sus raíces en el «separatismo», aquellos puritanos que decidieron separarse de la Iglesia Anglicana (→ ANGLICANA, IGLESIA). Entre sus primeros líderes y teólogos estuvieron John Robinson, Henry Jacob y William Ames. El nombre se generalizó a partir de la Revolución Inglesa dirigida por Oliverio Cromwell en la década de 1640, aunque en aquel entonces se identificaban como «independientes».

Originalmente, los congregacionales profesaban una teología calvinista, pero se diferenciaban de los presbiterianos y reformados en su énfasis en una iglesia local independiente que podía elegir su propio ministro (→ PRESBITERIANAS, IGLESIAS; REFORMADAS, IGLESIAS).

La Sociedad Misionera de Londres fue fundada en 1795 y en 1833 se organizó la Unión Congregacional de Inglaterra y Gales. Los congregacionales llegaron a Estados Unidos (entonces las 13 colonias) con la expedición del Mayflower y prevalecieron por mucho tiempo en Nueva Inglaterra fundando las universidades de Harvard y Yale. También desempeñaron un papel fundamental en la fundación de la Junta Americana de Comisionados para Misiones Extranjeras (1810). En 1931 las iglesias congregacionales y uno de los grupos denominados Iglesia Cristiana se fundieron en las Iglesias Cristianas Congregacionales. En 1957 el Sínodo Evangélico y una de las iglesias denominadas Reformada se unieron con ellos para formar la Iglesia Unida de Cristo. Esta denominación es tal vez la más ecuménica y liberal de las iglesias históricas de Norteamérica y cuenta con numerosas instituciones educativas y con misioneros en varios países. Ha tenido vínculos con la Iglesia Holandesa Remonstrante, la Iglesia Protestante Unida del Palatinado y la Iglesia del Pacto de Escandinavia.

El Consejo Congregacionalista internacional fue disuelto en 1970 para dejar lugar a la Alianza Mundial de Iglesias Reformadas (presbiterianas, reformadas y congregacionalistas).

CONSERVADORES
Tendencia religiosa. En las religiones, iglesias, denominaciones, movimientos, grupos, etc., existe generalmente una corriente conservadora. Es por ello que se habla frecuentemente de «evangélicos conservadores», a quienes se les asocia con el → FUNDAMENTALISMO. Muchos, sin embargo, prefieren que no se les identifique con ese movimiento por algunas diferencias importantes.

CONTEMPLADORES DEL ARCA DE NOÉ
Secta suiza. Este grupo, que ha funcionado como «Comunidad Internacional de Familias para la Promoción de la Paz», se fundó en 1958 por Josep Stocker, antiguo sacerdote católico. Ha enfatizado el fin del mundo y la salvación «en el arca» para los que se integren a su iglesia. Entre sus características principales resalta la donación de sus propiedades a la secta.

COPTA, IGLESIA
Iglesia de Egipto. Esta antiquísima iglesia, con estrechos vínculos con la de Etiopía, pudiera remontarse al evangelista San Marcos, a quien se considera fundador de la misma en la ciudad de Alejandría. El Patriarca de Alejandría, a quien también se le da el título de Papa, afirma ocupar el «trono de San Marcos». Pero esa

es solo una de las versiones acerca de los orígenes del cristianismo en Egipto. El lenguaje de su liturgia proviene del antiguo egipcio y los cristianos coptos afirman ser racialmente descendientes de los antiguos egipcios. La iglesia de Alejandría contó con figuras como Clemente, Dionisio, Atanasio, Orígenes y Cirilo de Alejandría. Al patriarca de Alejandría, Dióscoro, lo consideraron monofisita (→ MONOFISISMO) por su defensa de Eutiques (449 d.C.).

Los coptos se opusieron a las conclusiones del Concilio de Calcedonia (451 d.C.) sobre la naturaleza de Cristo por razones políticas y desde entonces el trono de San Marcos ha estado ocupado por melquitas (calcedonios) y monofisitas (que aceptan una sola naturaleza en Cristo). Los monofisitas prevalecieron, pero esa doctrina ya no la presentan en la misma forma y la iglesia ha entrado en un proceso de acercamiento con ortodoxos, católicos y protestantes.

La controversia sobre la naturaleza de Cristo hizo que la sede de Alejandría perdiera alguna importancia, lo cual favoreció a la de Constantinopla.

La iglesia etíope (→ ETIOPÍA, IGLESIA DE) logró recibir autonomía en 1959 y consagraron su propio patriarca o «abuna».

COSMOLOGÍA
Forma de esoterismo. Se trata de una especie de sacralización del mundo mencionada en textos de → ESOTERISMO. En realidad la palabra cosmología se refiere a la explicación de la estructura del mundo, como cosmogonía se refiere a su origen.

CRETA, RELIGIÓN DE
Creencias de la antigüedad (→ GRIEGOS, RELIGIÓN DE LOS).

La principal divinidad de los cretenses era una diosa de la fecundidad, la cual tenía relación con un culto a los árboles. Las frecuentes representaciones de toro entre ellos son indicios de un culto a este animal. Es bien conocida la leyenda del Minotauro.

Con el tiempo se combinaron elementos de religión cretense y con las de los invasores indoeuropeos.

CRIPTOJUDÍOS

Sector judío o judaizante. Se trata de judíos que se vieron obligados a practicar su judaísmo en forma secreta, sobre todo en los períodos en que el → CRISTIANISMO o el → ISLAMISMO fueron impuestos en regiones como España, el Norte de África, Italia, Persia, etc.

Entre los grupos de criptojudíos pueden mencionarse los → CHUETAS de las Islas Baleares, → DONMEH de Turquía, → NEOFITI de Italia y → MARRANOS de España. Muchos criptojudíos a la larga regresaron al → JUDAÍSMO o lograron que sus descendientes mantuvieran algunas prácticas judías.

CRISTADELFOS

(*Hermanos en Cristo* en griego.)

Secta cristiana estadounidense. Son seguidores de John Thomas (1805-1871), predicador inglés vinculado originalmente a los Discípulos de Cristo. Su organización data de 1848.

Thomas rechazó en 1864 el término «cristiano» por entender que las enseñanzas falsas de los llamados cristianos lo habían desvirtuado. Sus seguidores acusaron a los «llamados cristianos» de ser apóstatas y proclamaron su iglesia como el verdadero regreso al cristianismo primitivo.

Los cristadelfos son literalistas, bautizan por inmersión, rechazan la Trinidad y la inmortalidad del alma, y ponen énfasis en el regreso de Cristo y el Milenio.

No tienen relaciones con otros grupos.

CRISTEROS

Movimiento político-religioso. Se trata en realidad de los partidarios de la Liga Nacional en Defensa de la Libertad Religiosa, formada en la década de 1920 para enfrentar la política anticlerical del presidente Plutarco Elías Calles en México y restaurar el lugar tradicional del catolicismo romano en su país. No constituían una secta ni movimiento religioso aparte, ya que se trataba de fervientes católicos. Acostumbraban gritar ¡Viva Cristo Rey! De ahí el nombre de «cristeros». La rebelión o guerra de los cristeros es un conocido episodio de la historia mexicana.

CRISTIANA CATÓLICA, IGLESIA

Denominación evangélica. Iglesia organizada antes de 1896 por John Alexander Dowie, predicador congregacionalista (→ CONGREGACIONAL, IGLESIA) educado en Escocia y ordenado en Australia. Dowie fundó la ciudad de Zion en Illinois en 1901 y situó allí la sede de su iglesia.

La denominación profesa la teología evangélica ortodoxa. Además, se ha hecho un énfasis especial en la sanidad divina. Dowe atacó las injusticias del capitalismo y los excesos de los líderes sindicales. También mantuvo una posición contraria a la profesión médica, las logias y la prensa.

La iglesia ha estado racialmente integrada desde el principio y tiene misiones en Canadá, Japón, Australia y otros lugares. También apoya las misiones independientes o interdenominacionales dentro del movimiento evangélico tradicional.

CRISTIANA, IGLESIA

Nombre inclusivo que abarca a las numerosas organizaciones cristianas y sus miembros.

CRISTIANA, IGLESIA

(También se le conoce como «Discípulos de Cristo».)

Denominación protestante. Cuatro predicadores de origen presbiteriano (Barton Stone, Walter Scott, Alejandro y Tomás Campbell) son considerados los promotores del llamado Movimiento de Restauración en Estados Unidos durante el siglo XIX. El de mayor impacto lo fue Alejandro Campbell. Los grupos fundados por estos predicadores se fueron unificando en un movimiento que trató de restaurar la iglesia a los principios originales. Se proponían unificar el cristianismo e insistían en la necesidad de utilizar nombres bíblicos, bautizar por inmersión a todos los conversos, celebrar la Cena todos los domingos, etc.

Al no existir una estructura centralizada, la unidad entre ellos duró solo por algún tiempo aunque lograron celebrar una convención nacional en 1849, de la cual surgió la Sociedad Misionera Cristiana Americana. De entre las denominaciones que tienen su origen en el Movimiento de Restauración, la Iglesia

Cristiana (Discípulos de Cristo) es la más liberal y ecuménic,a aunque en su seno existen numerosas congregaciones de tendencia conservadora. Las iglesias que prefieren esos nombres existen desde la época de Campbell. En su convención de 1968 adoptaron una estructura más centralizada. Los Discípulos pertenecen al Concilio Mundial de Iglesias y al Concilio Nacional de Iglesias en EE. UU, mantienen misiones en varios países y han fundado varias universidades y escuelas teológicas. Puerto Rico es uno de los países donde se han extendido considerablemente. La sede denominacional radica en Indianápolis, Indiana.

CRISTIANA PENTECOSTAL, IGLESIA
Véase PENTECOSTAL DE CUBA, IGLESIA CRISTIANA.

CRISTIANA REFORMADA, IGLESIA
Denominación protestante. Un grupo de miembros de la Iglesia Reformada de los Países Bajos se separó en 1834. Algunos de ellos se radicaron en Estados Unidos a partir de 1846, sobre todo en el oeste de Michigan. Por un tiempo estuvieron vinculados con una de las iglesias reformadas constituida por personas de origen holandés en Norteamérica, pero los más conservadores se separaron de la misma en 1857 y formaron la Iglesia Cristiana Reformada.

Se trata de una denominación plenamente calvinista. Entre sus instituciones se encuentra el Seminario Calvino de Grand Rapids, Michigan. Sostienen misioneros en varios países, incluyendo varios de América Latina.

CRISTIANA UNIVERSAL, IGLESIA
Secta religiosa. George Roux, proclamado como el Cristo de Montfavet, fundó este movimiento en 1983 en Francia. Roux afirma ser la forma humana de Dios para edificar su santo reino. Hacen énfasis en curaciones milagrosas.

CRISTIANAS, IGLESIAS
Nombre que utilizan varias denominaciones pequeñas e infini-

dad de iglesias independientes con gran diversidad de teología, sobre todo por grupos fundamentalistas y carismáticos.

CRISTIANAS, IGLESIAS

Iglesias del Movimiento de Restauración de Alejandro Campbell que se identifican con una teología evangélica conservadora y se diferencian de los otros dos sectores (los Discípulos y la Iglesia de Cristo) que no usan instrumentos musicales en el culto, aunque sus congregaciones pueden inclinarse favorablemente hacia aspectos específicos de uno de esos dos grupos.

Sus congregaciones son totalmente independientes y mantienen vínculos fraternales y de cooperación mediante reuniones, conferencias y agencias. Sostienen un gran número de colegios bíblicos en Estados Unidos, sobre todo en el Sur, y han enviado misioneros a varios países. (→ CRISTO, IGLESIAS DE; CRISTIANA, IGLESIA.)

CRISTIANISMO

Religión de Cristo. Las principales iglesias cristianas son la católica romana, las ortodoxas y las protestantes o evangélicas (→ CATÓLICA APOSTÓLICA Y ROMANA, IGLESIA; ORTODOXA, IGLESIA; PROTESTANTES, IGLESIAS), pero existen otras iglesias, grupos, sectas y movimientos que aceptan a Jesucristo como Hijo de Dios, Mesías o Salvador. Según estos creyentes, Jesucristo es el fundador del cristianismo. Otros consideran a Pablo como creador de esta religión.

El cristianismo es la mayor de todas las religiones mundiales y tal vez la única que está establecida en casi todos los países del mundo. Para su estudio es imprescindible analizar cada una de sus iglesias principales.

CRISTIANOS DE SANTO TOMÁS

(También se les conoce como «Iglesia Siria de la India».)

Antigua iglesia de la India. Cristianos de la costa de Malabar, al sudoeste de la India. De acuerdo con la tradición, el apóstol Tomás llevó allí el evangelio. Otros historiadores entienden que surgieron de los nestorianos. Son → JACOBITAS en teología y liturgia (utilizan el siríaco) y tienen su propio arzobispo.

CRISTO, HERMANOS EN
(Tambien se les conoce por el nombre de algunas de sus ramas como «Hermanos del Río» o «Dunkers» [en Canadá].)
Movimiento evangélico cuya teología tiene su origen en los → MENONITAS. El nombre inicial del grupo fue «Hermanos». Se organizaron en Pensilvania. Entre sus fundadores están Jacob y John Engel, menonitas suizos interesados en volver a los principios neotestamentarios bajo la tradición anabautista. También aceptaron el perfeccionismo del movimiento → WESLEYANO. Tienen misiones en varios países de Asia y África, y también en Nicaragua.

CRISTO, IGLESIA DE
Nombre genérico del cristianismo. En algunas regiones del mundo se conoce al cristianismo como la Iglesia de Cristo. En el lenguaje teológico y eclesiológico, Iglesia de Cristo puede ser una forma de referirse a todos los cristianos. Dentro de las interpretaciones de muchos grupos cristianos, la Iglesia de Cristo la componen todos los creyentes en Jesús, independientemente de tradiciones, denominaciones o confesiones.

También existen congregaciones locales de diversas denominaciones con ese nombre o fusiones de iglesias denominacionales que han sido conocidas como tales en ciertos momentos de la historia, como la Iglesia Unida de Cristo en Japón durante la Segunda Guerra Mundial, ya que los cristianos protestantes japoneses fueron obligados a unificarse por el Imperio Nipón.

En algunas ocasiones algunas iglesias independientes se identifican como iglesias de Cristo, pero no tanto en Estados Unidos donde ha pasado a identificar a un movimiento protestante que se describe a continuación.

CRISTO, IGLESIAS DE
Movimiento cristiano. Se trata del grupo más numeroso entre

las iglesias cristianas (→ CRISTIANAS, IGLESIAS) o iglesias relacionadas con el Movimiento de Restauración dirigido por Thomas y Alexander Campbell y otros predicadores en Estados Unidos durante el siglo XIX. A principios del siglo XX, debido a las diferencias entre las alas liberal y conservadora de ese movimiento, el Censo de 1906 (Estados Unidos) empezó a mencionar aparte de las otras iglesias cristianas de ese movimiento a las más conservadoras, generalmente conocidas como Iglesias de Cristo.

Este movimiento no tiene sedes denominacionales. Cada iglesia es autónoma, practican el bautismo por inmersión, rechazan el uso de instrumentos musicales en los cultos oficiales de la iglesia y cada iglesia local sostiene a los misioneros. Las iglesias las gobiernan ancianos y diáconos, pero no se reconoce jerarquía fuera de la iglesia local. Son evangélicos en aspectos fundamentales, pero algunos insisten en que la afiliación a una de las iglesias de Cristo es uno de los requisitos para la salvación.

Los predicadores no utilizan el título de «reverendo» y se identifican a sí mismos como ministros o evangelistas. Se han extendido mucho en el sur de Estados Unidos y otras regiones norteamericanas y su énfasis en las misiones los ha extendido en infinidad de países, incluyendo los de Iberoamérica.

CRUZADA EVANGÉLICA MUNDIAL

Misión evangélica con iglesias nacionales en varios países fundada por Carlos T. Studd en Inglaterra (1913). Enviaron misioneros al África y después a América Latina. Profesan una teología evangélica conservadora y han fundado iglesias nacionales en Colombia, Uruguay, Venezuela y Brasil. Son conocidos sobre todo por la «Cruzada de Literatura Cristiana» que se ha realizado en docenas de países.

CUÁQUEROS

Véase AMIGOS, IGLESIA DE LOS.

santería
aztecas
presbiterianos
mahometanis
ucianismo
ermanos moravos zoroastrismo
vodú
nimistas
anglicanos
metodistas
adventist
davidianos
nueva era
bautistas
enses
Iglesia de Jesu sto de los ntos de los últimos
coptos
Tes os de Je ová
bego
nduismo
entecos es
ufolog
gedeone
cul a Changó
damitas tot nismo
adiaforistas
niños de Dios
carismátic
ace de DADUPANTHIS a DUJOBORES
obita
racionalistas
taboritas
bogomil
valdenses
wesleyanos
yesidas
berberisco
yoga
ortodoxos
abelianos
ariseos
evangélicos
laudianos
bohemio
iotelistas
tembladores
nzantes
judaísmo
acacianos
mormones

DADUPANTHIS

(Que significa *Los que siguen el camino de Dadu.*)

Secta sincrética de origen hindú. Este movimiento fue fundado en el siglo XVI por el brahman Dadu, en cuyo pensamiento se combinaban elementos de hinduismo e islamismo. Su creencia principal es la existencia de un solo Dios. Sostienen que Siva, Vishnú y Brahma son hombres deificados. De este grupo surgieron varias sectas. Están divididos en «fieles» y «sacerdotes». Los últimos practican el monasticismo. Rechazan el sistema de castas.

DANZANTES

Término utilizado para identificar a varias sectas o movimientos que practican la danza como parte de su culto. Uno de estos grupos atrajo a numerosos feligreses en varias regiones de Europa en el siglo XIV. Afirmaban tener visiones de Cristo y la virgen María. También existen grupos «danzantes» entre los musulmanes y otras religiones no cristianas.

DARBISTAS

Véase HERMANOS LIBRES O HERMANOS DE PLYMOUTH.

DAVIDIANOS

Secta de origen adventista. Los davidianos son una de las divisiones de los → ADVENTISTAS en Estados Unidos, pero con una marcada tendencia a abandonar la teología adventista en aspectos fundamentales. Fueron convirtiéndose gradualmente en una secta y adoptaron un estilo de vida en comunidades aisladas.

La secta ha empezado a desaparecer después de un incidente armado en Texas, Estados Unidos, en 1993. En el mismo, las autoridades federales atacaron un centro donde vivían partidarios y personas obligadas a vivir allí por los sectarios.

DEÍSMO

(Del latín *Deus* que significa *Dios.*)

Creencia racionalista en la existencia de Dios. También puede indicar simplemente creencia en el Ser Supremo. Por lo general los deístas rechazan la religión revelada o tradicional. El deísmo creció en Inglaterra y Francia en los siglos XVII y XVIII. Lord Herbert de Cherbury, John Toland y otros tuvieron gran influencia en Inglaterra y Benjamín Franklin en los EE. UU. Generalmente se asocia al filósofo francés Voltaire con el deísmo. Según estas ideas, Dios creó el mundo, pero no se interesa por él, ni exige que lo adoren.

DERVICHES
(*Pobres* o *mendicantes* en persa.)

Movimiento mendicante musulmán. Existen alrededor de treinta y dos órdenes diferentes de derviches y algunos grupos constituyen sectas. Son equivalentes a los monjes católicos u ortodoxos y tienen relación con el → SUFISMO. A algunos de ellos se les menciona en *Las mil y una noches* y otros tenían relaciones con los «jenízaros» del ejército turco. La orden «kaidiri» es muy antigua y una de sus ramas fue fundada en 1182 y son conocidos como «aulladores», los cuales (como otros grupos) afirman tener el don de sanidad. La secta «mevleviya» fue fundada en 1273 y se conocen como → DANZANTES. Los «bektashis» surgieron entre los otomanos en 1357.

DESBAUTIZADOS, ASOCIACIÓN DE
Movimiento anticlerical. Uno de los grupos fundados bajo la influencia del ocultista inglés Aleister Crowley. Consiste en reuniones contra la religiosidad tradicional y el clero. Practican el yoga, así como ritos satánicos. También promueven una especie de egiptología con matices ocultistas.

DIANÉTICA
Método asociado popularmente con la Cienciología de Ron Hubbard. El fundador de ese movimiento, L. Ron Hubbard publicó el libro *Dianética: la ciencia moderna de la salud mental.* La dianética es pues un método y no una secta ni organización

aparte. Describe cuatro de los ocho «pasos» o «etapas» de la vida: la necesidad o búsqueda de individualidad, sexualidad, supervivencia en grupos aparte de la familia y la supervivencia como género humano. Los miembros y simpatizantes de la Cienciología reciben continuamente instrucción acerca de este método.

DIOFISITAS
Cristianos que sostienen que Jesús tiene dos naturalezas al mismo tiempo.

DIONISISMO
Culto a Dioniso (de los griegos) y Baco (de los romanos). Se trata de todo un conjunto de fenómenos religiosos que exaltan a Dioniso como dios del delirio extático.

DIOS (ANDERSON, INDIANA), IGLESIA DE
Denominación evangélica. Esta Iglesia se inició en 1880 como un movimiento dentro de varias denominaciones e iglesias locales. Para ellos el nombre debe ser considerado como una designación inclusiva. La Iglesia de Dios con base en la ciudad de Anderson, Indiana, insiste en la inspiración de la Biblia, la santidad y el regreso personal de Cristo sin relación con el mileniarismo. Para ellos, la profusión de sectas es un obstáculo a la unidad cristiana y por lo tanto debe buscarse la restauración de la Iglesia al ideal neotestamentario.

No tiene relación alguna con otros grupos conocidos como Iglesia de Dios; ni siquiera con los que hacen énfasis en la santidad, lo cual es una característica de este movimiento. Los ministros se reúnen voluntariamente en convenciones nacionales y regionales con carácter consultivo. Celebran una convención internacional en Anderson todos los años. Se han extendido por varios países incluyendo la América Latina.

DIOS (CLEVELAND), IGLESIA DE

(También se le conoce en América Latina como «Iglesia de Dios Mission Board» o «Iglesia de Dios del Evangelio Completo».) Denominación evangélica. Tiene sus raíces en una confraternidad cristiana organizada en 1886 en el Condado Monroe en Tennessee con el nombre de Unión Cristiana y estaba bajo la dirección de Richard G. Spurling, originalmente afiliado con los bautistas. El nombre de Iglesia de Santidad se adoptó en 1902. Al año siguiente, A.J. Tomlinson se unió a la Iglesia y en 1909 se convirtió en Supervisor General. El nombre de Iglesia de Dios se adoptó finalmente, pero se han producido numerosas divisiones y varios grupos reclaman ese mismo nombre y la tradición original del movimiento.

Es una de las más numerosas denominaciones pentecostales y también pone énfasis en la santidad de vida. Profesa una teología arminiana.

Su principal escuela es el Colegio Lee en Cleveland, Tennessee, donde radica la sede denominacional. Se ha extendido por infinidad de países y por toda la América Latina.

DIOS DE LA PROFECÍA, IGLESIA DE

Denominación evangélica. Este movimiento procede del mismo grupo que incluye la Iglesia de Dios Cleveland (→ DIOS [CLEVELAND], IGLESIA DE) y la Iglesia de Dios Original (→ DIOS [ORIGINAL], IGLESIA DE).

A.J. Tomlinson fue la figura de mayor trascendencia en la historia de esta denominación y anteriormente había servido como Supervisor General de la Iglesia con sede en Cleveland. En 1952 adoptaron el nombre actual para diferenciarse de otros sectores del grupo de Iglesias de Dios anteriormente mencionado e insisten en que sus creencias y liderazgo son los originales. Son uno de los movimientos pentecostales más conservadores y rigurosos y se han extendido internacionalmente. Su sede está en Cleveland, Tennessee, como el grupo con el que estuvieron vinculados de alguna manera en el pasado. Tienen congregaciones en la América Latina.

97

DIOS DEL EVANGELIO COMPLETO, IGLESIA DE
Véase DIOS (CLEVELAND), IGLESIA DE.

DIOS EN CRISTO, IGLESIA DE
(También se le conoce como «Iglesia de Dios en Cristo Internacional».)

Denominación evangélica. Dos líderes bautistas estadounidenses de raza negra, C.H. Mason y C.P. Jones, organizaron en Memphis, Tennessee, la Iglesia de Dios en Cristo (1897). Es la más importante denominación pentecostal compuesta mayoritariamente por afroamericanos en Norteamérica.

Además de doctrinas trinitarias y énfasis pentecostal, recalcan la santidad como un requisito para la salvación. Sus ordenanzas son el bautismo, la cena del Señor y el lavamiento de pies.

Tienen misioneros en varios países y son gobernados por obispos presidentes y obispos estatales, además de superintendentes de distrito. Su principal escuela es el Seminario C.H. Mason en Atlanta, Georgia.

DIOS, IGLESIA DE
Nombre con el que se identifican numerosos grupos religiosos, generalmente de origen y teología cristiana. Es más un título que una familia de iglesias, ya que existen grandes diferencias denominacionales entre los grupos que se identifican como Iglesia de Dios.

DIOS (ORIGINAL), IGLESIA DE
Denominación evangélica. Según sus propios cronistas, fue fundada en Tennessee en 1886 con el nombre de Iglesia de Dios. Sus primeros miembros fueron seguidores del pastor bautista Richard G. Spurling como los primeros miembros de la actual Iglesia de Dios Cleveland. En 1922 incorporaron su organización con el nombre de Iglesia de Dios Original, para indicar una antigüedad anterior a la Iglesia de Dios Cleveland. Sus iglesias

locales se identifican con nombres bíblicos como «Iglesia de Dios en Corinto», por citar un caso.

Cada iglesia se gobierna localmente y profesan una teología pentecostal. Su ministerio incluye a ministros, apóstoles, diáconos, exhortadores, evangelistas, obispos y maestros. Su sede está en Chattanooga, Tennessee.

DIOS UNIVERSAL, IGLESIA DE

Secta cristiana en proceso de transición. Herbert W. Armstrong fundó la Iglesia de Dios Universal en 1933 e inició la publicación de la revista *La Pura Verdad* en lengua inglesa en 1934. Hasta recientemente, esta iglesia hizo énfasis en observar el Séptimo Día, guardar la Ley, las regulaciones dietéticas del Antiguo Testamento y una teología no trinitaria. Después de la muerte del fundador se produjeron cambios sustanciales y se ha ido inclinando hacia una teología evangélica tradicional. Su programa de televisión y radio *El mundo del mañana* difunde su mensaje. Promueven su mensaje en numerosos países. También se han producido varios desprendimientos.

DIOSA-MADRE, CULTO A LA

Creencias de la antigüedad. El culto a las diosas madres ha estado presente desde épocas prehistóricas. Las cavernas decoradas revelan su existencia en el paleolítico. Las religiones del mar Egeo, Creta, el oeste de Asia y el Cercano Oriente tuvieron esta adoración como una característica fundamental.

A pesar de haber adoptado diversos y variados nombres, la adoración a la diosa-madre puede verse fácilmente en otras formas de religiosidad. La diosa-madre puede ser la esposa del dios-padre o la esposa de su hijo. En ocasiones se resalta su condición especial de Tierra-Madre. También puede tratarse de una virgen o de una prostituta. En muchas culturas está ligada íntimamente a la tierra o puede ser presentada como madre de los dioses o Madre Divina.

Algunos nombres de esa diosa-madre son Cibeles, Afrodita, Ishtar, Deméter, Isis, etc. Era una forma trágica de religiosidad, ya que la muerte afectaba a todos de manera definitiva. Los símbolos fálicos prevalecieron a pesar del papel de la imagen materna en muchas regiones. En regiones del Asia occidental y el Mediterráneo, era común que el dios masculino estuviera subordinado a la diosa, fuente de la vida, mientras su esposo desempeñaba un papel activo en la secuencia de las estaciones del año.

DIOTELISTAS
Cristianos que sostienen que Jesús tenía dos voluntades.

DISCÍPULOS DE CRISTO
Véase CRISTIANA, IGLESIA.

DISPENSACIONALISTAS
Movimiento teológico. No se trata de una denominación ni de una iglesia, pero es necesario identificar toda una corriente teológica que sirve para distinguir a numerosos grupos, iglesias locales y creyentes evangélicos.

El dispensacionalismo es un concepto acerca de la variedad en la administración de los planes de Dios en la Biblia, ya que el Señor ha tratado de varias maneras a los hombres en diversas épocas. Una variedad del dispensacionalismo insiste en siete dispensaciones, sobre todo Cyrus Scofield, autor de una serie de notas al texto bíblico que caracterizan la famosa *Biblia Scofield.*

El dispensacionalismo ha existido a través de los siglos sin que se utilice necesariamente el nombre. El teólogo E.W. Bullinger es considerado «ultradispensacionalista». A pesar de que los dispensacionalistas citan la autoridad de San Agustín, el más famoso promotor moderno del dispensacionalismo pudo haber sido J.N. Darby, a quien algunos consideran fundador del dispensacionalismo. Es un movimiento situado entre los → EVANGÉLICOS CONSERVADORES y los → FUNDAMENTALISTAS.

Esta teología es muy fuerte en América Latina y se ha extendido a grupos como los pentecostales (→ PENTECOSTALES, IGLESIAS), los cuales originalmente no eran bien vistos por otros dispensacionalistas (como los inspirados por Darby), pero han ido asimilando importantes elementos de dispensacionalismo. Una forma estricta de dispensacionalismo rechaza, en base a su sistema, que en esta época se manifiesten dones como el de lenguas.

DITEÍSMO

Creencia en dos dioses con igual poder, pero en constante oposición. Los eruditos utilizan este término sobre todo en relación con Ormuz y Ahrimán en el → ZOROASTRISMO, pero no se trata del único caso.

DIVINA, LUZ

Misión sincrética. La Misión de la Luz Divina fue fundada en 1971 por el gurú Maharj Ji de la India. Su teología se deriva del hinduismo y sus seguidores deben además observar los cinco mandamientos de Maharj Ji: abstenerse de posponer las cosas que pueden ser hechas hoy, meditar en el nombre santo, evitar totalmente la duda, asistir al «Satsang» (comunión íntima con Dios mediante pláticas devocionales) y mantener la fe en Dios.

DOCETISMO

(Del griego *dokein*, que significa *parecer, aparentar*.)

Herejía cristiana. Con orígenes helenísticos y orientales, el docetismo sostiene que Jesús no era real como ser humano, sino que parecía serlo. Según algunos historiadores, esta herejía puede proceder de Alejandría, pero hay evidencias de que ya había partidarios de esa teoría en el primer siglo y puede encontrarse en grupos gnósticos y pregnósticos. Cierto grado de docetismo se encuentra en herejías como el → APOLINARISMO, el → MONOFISISMO y el → EUTIQUIANISMO.

DONATISMO

Antigua iglesia en el Norte de África. A partir del siglo IV, los opositores al reingreso en las filas del clero cristiano de los que habían cedido durante las persecuciones se fueron separando de los católicos. La consagración de Ceciliano como obispo, con la participación de Félix de Aptunga, precipitó los acontecimientos. Félix era acusado de haber cometido traición por haber entregado las Escrituras a sus perseguidores.

El principal líder del movimiento fue Donato, elegido como obispo en 313 d.C. De ahí el nombre de sus seguidores, quienes constituyeron la mayoría de los cristianos hasta la época de Agustín de Hipona. Los donatistas sufrieron molestias por parte de las autoridades imperiales y hubo casos de persecución.

Los donatistas practicaban el rebautismo de los bautizados por sacerdotes considerados indignos y glorificaban el martirio. Los sectores más extremistas rechazaban la autoridad del Estado y se inclinaron a la defensa de los intereses del África romana contra la sede imperial.

El donatismo mantuvo cierta influencia en la región durante algunos siglos. Su ala extrema se le conoce como → CIRCUMCE-LLIONES.

DONMEH

Secta criptojudía. En 1683, unas tres mil familias judías de Salónica se convirtieron al → ISLAMISMO siguiendo el ejemplo de Shabbatai, autoproclamado mesías judío que se plegó al islamismo para salvar su vida en 1666. El grupo decidió mantener su identidad y ciertos vínculos con el judaísmo; por lo tanto se convirtieron en una nueva secta llamada donmeh, que significa «falsos profetas» en turco.

Esta variante privada del → JUDAÍSMO observaba las prácticas de esa religión a la vez que aparentaba profesar públicamente el islamismo. Por lo tanto, mantenían su propia «mezquita» y practicaban la endogamia, ya que solo contraían matrimonio con miembros de su comunidad religiosa. El mesianismo de Shabbatai siguió siendo reconocido, crearon su propia interpretación o versión de los Diez Mandamientos y realizaron actividades de proselitismo en el Centro de Europa y sobre todo en Polonia. Sus principales centros eran Constantinopla, Izmir y Salónica. Continuaron hablando el idioma de los → SEFARDÍES o judíos españoles.

Dos sectas menores surgieron del movimiento. Una la constituyeron los partidarios de Baruchia Russo, quien promovía un nuevo judaísmo con mayor relajamiento en las prácticas sexuales. La otra, los seguidores de Darwish Effendi, un autoproclamado místico y reformador de la sociedad acusado de promover el desenfreno sexual.

En el siglo XX su islamismo fue puesto en duda por los musulmanes más estrictos, a la vez que su «judaísmo» no ha sido reconocido en círculos judíos tradicionales.

Varios miembros de la secta ocuparon posiciones en el gabinete de Turquía tras la revolución de 1908, entre ellos el ministro de Finanzas David Bey. Su relación con el movimiento de los Jóvenes Turcos ha sido aceptada generalmente.

DRUIDISMO

Creencias primitivas. Los druidas o «muy sabios» eran sacerdotes de la antigua religión de los celtas en las Islas Británicas y las Galias. En las festividades de su religión, los druidas ofrecían sacrificios humanos. También se ocupaban de todas las ceremonias del culto, educaban a los jóvenes y fungían como jueces.

Entre ellos prevaleció la doctrina de la transmigración de las almas. Los dioses que adoraban fueron asociados por los romanos con sus propios dioses. Los monumentos megalíticos de Francia, Inglaterra, Escandinavia y Escocia pudieran ser ruinas de los druidas, en lo cual no hay unanimidad.

Los romanos realizaron una matanza de sacerdotes del druidismo debido a su condición de nacionalistas radicales y a la práctica de sacrificios humanos. (→ CELTAS, RELIGIÓN DE LOS.)

DRUSOS, RELIGIÓN DE LOS

(También se les conoce como «muwahhidun» o «unitarios».)

Creencias del pueblo druso. Uno de las califas fatimitas, al-Hakim, se proclamó como la última encarnación del Espíritu de

Dios durante el siglo XI en El Cairo. Su discípulo al-Darazzi llevó la religión a Siria. Parte de la población en el Líbano y sobre todo en el Yebel Druso o Haurán, situado al sur de la ciudad de Damasco aceptó estas creencias y considera al visir Hamzah, discípulo de Hakim, como fundador de su fe.

Los drusos se consideran unitarios y afirman creer en un solo dios conocido mediante diez encarnaciones. Los drusos, excelentes guerreros, condenan el divorcio, se abstienen de bebidas alcohólicas y del uso del tabaco, aceptan la transmigración de las almas, la batalla de Armagedón (la que para ellos será la lucha final entre cristianos y musulmanes) y enseñan la resurrección de los muertos. Todavía abundan en el Líbano y sus alrededores.

DUALISMO

Creencia en dos poderes divinos opuestos. (→ ZOROASTRISMO; MANIQUEÍSMO.)

DUJOBORES

(También se les conoce como «Ducobors» o «Cristianos de la Fraternidad del Universo».)

Secta rusa. Un oficial prusiano radicado en Ucrania, posiblemente de origen cuáquero, fundó el grupo a mediados del siglo XVIII. Establecieron una comunidad en los alrededores del mar de Azov, pero fueron trasladados a Georgia. Desde 1887 se iniciaron las persecuciones oficiales, pero contaron con el apoyo de los cuáqueros ingleses y de León Tolstoi. A fines de siglo iniciaron la emigración hacia Canadá, donde establecieron comunidades.

La Iglesia Ortodoxa los llamó «Ducobors», pues supuestamente se oponían al espíritu. Mientras tanto, ellos se consideraban «luchadores a favor del espíritu». Se les criticó por haber practicado el nudismo y una forma de amor libre ya que no aceptaban ceremonias matrimoniales. Tampoco tienen un culto formal ni veneran los iconos ni las imágenes. Su pacifismo es parecido al de los cuáqueros y no mantienen relaciones formales con los gobiernos.

E

— de EBIONITAS a EXTRASENSORIAL, PERCEPCIÓN —

EBIONITAS

(Del hebreo *ebionim*, que significa *pobres*.)

Secta judeocristiana. Los orígenes de este movimiento son oscuros. El primero en referirse a ellos utilizando este nombre fue Ireneo. Algunos entienden que son anteriores a Jesús y que Juan el Bautista perteneció a la secta. Otros consideran su surgimiento como resultado de la influencia de sobrevivientes de Qumrán en la iglesia judeocristiana, dispersada por la caída de Jerusalén.

Entre las obras que contienen información sobre este grupo del siglo I se encuentra *Los viajes de Pedro*. Los ebionitas aceptan a Jesús como hijo de María y José, pero dicen que fue elegido como Hijo de Dios al ser bautizado. Su unión con el Cristo eterno, que para ellos es superior a los ángeles, pero no divino. Practicaban el vegetarianismo y sus creencias eran dualistas. Los ebionitas se circuncidaban y exaltaban la Ley de Moisés (consideraban a Pablo como un apóstata), pero no ofrecían sacrificios. Sus cultos se celebraban en sábado y domingo.

El movimiento fue perdiendo fuerza y desapareció durante las invasiones islámicas. Su aceptación entre los judíos ya había terminado, pues los ebionitas no aceptaron a Bar-Kochbá como Mesías en la revuelta de 132-135 d.C.

Con el interés en el estudio del judeocristianismo palestino del siglo I se ha renovado el interés en el ebionismo, no solo como «herejía», sino como movimiento de relativa importancia.

ECLECTICISMO

Palabra de uso frecuente en los estudios religiosos. Combinación de influencias de diversos sistemas filosóficos y de pensamiento. Orígenes es el ejemplo supremo de eclecticismo dentro de la teología cristiana.

ECUMENISMO

(Del griego *oikouméne*, que significa *el mundo habitado*.)

Movimiento intereclesiástico. La palabra ecuménico ha sido utilizada para referirse a concilios de obispos cristianos del mundo conocido (en la antigüedad) o de todo el planeta. Entre los protestantes el movimiento ecuménico se inició a fines del siglo pasado y el término ha sido utilizado por organizaciones internacionales de las diferentes denominaciones, agencias interdenominacionales y paraeclesiásticas. El Concilio Nacional de Iglesias de Cristo en Estados Unidos y el Concilio Mundial de Iglesias, con sede en Ginebra, Suiza, son tal vez las más conocidas.

El ecumenismo, como tendencia dentro del cristianismo, tiene como su objetivo unificar a las iglesias o al menos acercarlas. Algunos tienen como meta la unión estructural de todas las iglesias, mientras que otros se proponen simplemente trabajar unidos en algunos proyectos.

EGIPCIOS ANTIGUOS, RELIGIÓN DE LOS

Creencias de la antigüedad. El estudio del fenómeno religioso en el Antiguo Egipto requiere el análisis de las creencias de diferentes regiones y ciudades. Los habitantes prehistóricos del valle del Nilo probablemente practicaron un fetichismo totémico. Una serie de nuevas deidades ocuparon el lugar de las primitivas creencias y entre el año 3000 a.C., y el siglo IV de la era cristiana prevaleció el politeísmo. En ese proceso los dioses mayores absorbieron a las deidades menores. Se conoce más acerca de la forma que de las creencias mismas asociadas con las deidades.

Los dioses del antiguo Egipto revelan variedad y complejidad, así como formas extrañas de seres mitad personas y mitad animales. Se formaron tríadas, o reuniones de tres dioses de una familia, en la que a veces se encontraban el padre, la madre y el hijo. En Menfis se adoraba a Ptah, Sekhmet e Imhotep, en Tebas a Amón Ra, Mut y Khons y en Abidos a Osiris, Isis y Horus, tríada que prevaleció en el culto de la mayoría de la población.

El faraón Echnatón trató de imponer el monoteísmo mediante el culto al Sol, pero el atonismo fracasó al morir el monarca. Debe recordarse que en Egipto los dioses solares siempre desempeñaron un gran papel (como Ra y Osiris).

En el último período de la historia del Egipto Antiguo, Osiris e Isis se convirtieron en la adoración favorita. Osiris (*rey de la eternidad)* era considerado como el dios que moría y resucitaba anualmente y ofrecía a los humanos la esperanza de la resurrección. Según una leyenda, Isis, la Deméter de los griegos, resucitó a Osiris y se convirtió en modelo de mujer para numerosos pueblos.

El culto a los muertos era popular entre los egipcios: el alma descendía al mundo subterráneo para ser juzgada por Osiris. La parte material del hombre, su cuerpo o *khat* debía momificarse y alcanzar así la inmortalidad. El *ka* era el doble de la persona que dejaba el cuerpo al morir. Los egipcios hacían una imagen del muerto, la colocaban en la tumba y le proveían de bebida y alimento para evitar que sufriera.

La llegada de la dinastía griega de los tolomeos, la comunidad judía de Alejandría y de la isla Elefantina, la adopción del cristianismo por parte de la población y la llegada del Islam transformaron la vida cultural y religiosa de Egipto.

EJÉRCITO DE LA IGLESIA

Organización anglicana. Este movimiento de laicos anglicanos fundado en 1882 se confunde fácilmente con el → EJÉRCITO DE SALVACIÓN, pero no se trata de una denominación.

EJÉRCITO DE SALVACIÓN

Denominación evangélica. Esta organización fue fundada en 1865 por el predicador metodista William Booth y adoptó su actual nombre en 1878. El movimiento adoptó la forma de un ejército de predicadores y obreros cristianos dedicados también a la ayuda social en los barrios pobres y entre las personas generalmente rechazadas por la sociedad. Los cuerpos salvacionistas operan infinidad de asilos de niños y de ancianos, misiones de refugio para los desamparados, hospitales, dispensarios médicos, colonias de leprosos, etc. Distribuyen alimentos y otra ayuda entre los necesitados y realizan actividades evangelísticas como la predicación y la distribución de literatura cristiana. Su órgano oficial es «El Grito de Guerra» que se publica en numerosos idiomas. El Ejército, dirigido por su general, se ha extendido por infinidad de países partiendo de sus primeras misiones en Canadá, India, EE. UU., etc., y es considerado como una de las más importantes agencias de ayuda social en el mundo. La teología salvacionista es wesleyana y arminiana.

EL HAYYAT

Monasticismo ocultista. Grupos que intentan despertar a Iblis o serpiente divina. Viven en celdas seminonásticas en lugares desérticos en Egipto, Italia y África del Norte.

ELEUSIS, RELIGIÓN DE

(También se le conoce como «eleusismo».)

Ritos de la antigüedad. Se trata de los rituales anuales a la diosa Deméter celebrados en Eleusis en las proximidades de Atenas. Algunos consideran el eleusismo más bien como un grado iniciático que puede sobrevivir en algunas manifestaciones de → ESOTERISMO. Ante la escasez de datos concretos es necesario acudir al «Himno a Deméter» del siglo VII a.C. Algunos estudiosos vinculan los ritos a creencias en una vida de ultratumba en un paraíso extraídas de las antiguas religiosidades del mar Egeo, pero que atraía a personas insatisfechas con los viejos rituales de los dioses del Olimpo (→ GRIEGOS ANTIGUOS, RELIGIÓN DE LOS). Los iniciados pasaban por un proceso de tres etapas con dos años de duración. Todo lo cual estaba rodeado de cierto secreto. (→ MISTERIO, RELIGIONES DE.)

ELIM

Movimiento pentecostal. Como resultado de la asociación ministerial Elim formada en 1932 y como consecuencia del trabajo de los estudiantes y graduados del Instituto Bíblico Elim (situado en el poblado de Lima en el estado de Nueva York), se organizó en 1947 una fraternidad de iglesias y pastores conocida como la Comunión Elim. El movimiento se ha extendido por numerosos países, incluyendo los de Iberoamérica.

También se identifican como «Asambleas Elim» o «Iglesias Elim» varias congregaciones y asociaciones pentecostales en el

Reino Unido y otros países de habla inglesa. Estos grupos siguen generalmente una política estricta de adherencia a la teología original del pentecostalismo histórico.

ENRICENSES

Secta de la Francia medieval. Se trata de los seguidores de un maestro maniqueo del siglo XII llamado Enrique. Algunos han intentado relacionarlos con los inicios del movimiento valdense. Atrajeron miembros de las clases altas en Languedoc y Provenza.

EPISCOPAL ESCOCESA, IGLESIA

Denominación nacional. A pesar de tratarse de una iglesia miembro de la Comunión Anglicana, la Iglesia Episcopal Escocesa tiene características propias en cuestiones de historia, teología y liturgia. A partir de 1689, los obispos que no juraron lealtad a Guillermo y María, reyes de Inglaterra y Escocia después de la «Revolución gloriosa» que derrocó a Jacobo II, quedaron excluidos de la Iglesia de Escocia (→ ESCOCIA, IGLESIA DE) que regresó a su condición de Iglesia Presbiteriana (→ PRESBITERIANA, IGLESIA). De esa tradición procede la Iglesia Episcopal Escocesa que sobrevivió grandes restricciones que les impusieron hasta 1792. La denominación es comparable a la → IGLESIA ALTA dentro del anglicanismo.

EPISCOPAL, IGLESIA

Véase ANGLICANA, IGLESIA.

EPISCOPAL REFORMADA, IGLESIA

Denominación evangélica. Un sector de la → IGLESIA BAJA dentro de la Iglesia Episcopal (Anglicana) de Estados Unidos reaccionó contra lo que consideraba excesivo ritualismo y penetración liberal dentro de esa iglesia y se constituyó en denominación aparte. El movimiento fue encabezado por el obispo C.D. Cummings. Entre sus instituciones está el Seminario Teológico de Filadelfia (antiguo Seminario Episcopal Reformado).

ESCANDINAVOS, RELIGIÓN DE LOS ANTIGUOS
Véase GERMÁNICOS, RELIGIÓN DE LOS ANTIGUOS PUEBLOS.

ESENIOS
Secta judía. Los esenios vivían en régimen monástico y tenían sus bienes en común. Estaban radicados en la zona oeste del mar Muerto. Eran judíos ortodoxos y vivían una vida estricta, para la que se preparaban mediante un noviciado.

Es probable que los orígenes de la secta se encuentren en el siglo II a.c. César Vidal Manzanares y otros historiadores les consideran, junto a saduceos y fariseos, como uno de los tres grandes movimientos religiosos judíos de la época de Jesús. Información acerca de ellos se encuentra en las obras de Plinio, Filón y Flavio Josefo.

Algunos estudiosos han afirmado que veneraban al sol y algunos les atribuyen creencias en la → METENSICOSIS, pero todo eso es muy discutible.

Muchos estudios los identifican con los miembros de la comunidad de → QUMRÁN. Fueron exterminados en las guerras de los judíos contra Roma.

ESOTERISMO
Enseñanzas ocultas. Una serie de religiones y sectas presentan elementos ocultistas de cierta importancia que las diferencian de otros tipos de religiosidad. Es beneficioso separar lo que es puramente «religioso» de lo esencialmente «esotérico». El esoterismo incluiría para algunos la totalidad de prácticas esotéricas. Se señalan como esotéricos la → ALQUIMIA, el → DRUIDISMO, el → HERMETISMO, los → ROSACRUCRUCES, el → ESPIRITISMO, etc.

ESPAÑA Y PORTUGAL, RELIGIONES ANTIGUAS DE
Creencias primitivas. En la antigua España o Hispania puede documentarse un sincretismo religioso entre dioses indígenas, romanos o de las religiones de misterio (→ MISTERIO, RELIGIONES DE). Una gran cantidad de pueblos habitaron la península Ibérica, entre ellos los celtas. Las creencias célticas de los españoles

111

del norte del país han sido documentadas. La magia y la astrología estuvieron grandemente extendidas por Galicia y Lusitania (Portugal), pero existió también sincretismo entre la astrología indígena y la de tipo oriental, sobre todo el → MANIQUEÍSMO. Entre los más remotos habitantes se adoraban numerosas deidades y hay evidencias de cierta variedad en cuanto a formas de religión. Marcelino Menéndez y Pelayo consideraba como posible que entre los primitivos iberos algunos fueron → MONOTEÍSTAS, → DUALISTAS y → ZOROASTRIANOS. Esto se debía a las diversas conexiones extranjeras de las más remotas tribus que habitaron la península procedentes de otras regiones del mundo. Menéndez y Pelayo expresa también la posibilidad de influencias como las de la religión de los sabeos (→ SABEOS, RELIGIÓN DE LOS).

Un dato más seguro es el de que se extendieron por la península las creencias de los fenicios (y los cartagineses), los griegos, los romanos, etc. La influencia grecorromana fue decisiva en los procesos sincréticos. Sin embargo, los romanos no pretendieron extender sus creencias entre los indígenas, pero estos fueron identificando sus dioses con los del panteón romano. Mucho antes de que se produjera ese fenómeno, con la llegada de los fenicios a fines del segundo milenio a.C., se originó un proceso de semitización que pasó del sur a Lusitania y otras regiones. Los amuletos fenicios eran usados con profusión. Los antiguos dioses de Lusitania (Portugal) se asimilaron, aunque no todos, a otros del panteón romano, que tenían características y funciones similares o parecidas. La existencia de un dios lusitano de nombre «Endovélico» o «Endovellico», con un carácter infernal, reflejado en el jabalí y los erotes con antorchas, del cual se conservan imágenes, está bastante bien atestiguada.

Las creencias de los antiguos judíos llegarían a España aun antes del nacimiento de Cristo.

En cuanto al cristianismo, su llegada en el primer siglo inició el proceso que cambiaría totalmente la composición religiosa de las sociedades española y portuguesa. El arrianismo y una serie de «herejías» (por usar el vocabulario de los antiguos católicos) complicarían la situación.

La llegada del Islamismo en el siglo VII contribuiría a diversificar el panorama religioso. Pero a partir de 1492 se expulsaría tanto a judíos como a islámicos que permanecieran en la profesión pública de sus creencias, aunque la observancia secreta de las religiosidades judía y musulmana tuvo una larga vida en regiones españolas.

ESPAÑOLA REFORMADA EPISCOPAL, IGLESIA

(También se le conoce por sus iniciales «I.E.R.E.»)
Denominación cristiana. Iglesia miembro de la Comunión Anglicana. Esta iglesia fue fundada en 1880 bajo la inspiración de Juan Bautista Cabrera, su primer obispo, quien fue consagrado por la Iglesia de Irlanda (→ ANGLICANA, IGLESIA). La I.E.R.E. procedía de la Iglesia Reformada Española, que pretendía aglutinar a todos los grupos protestantes en España fundados con motivo de la Segunda Reforma y de las leyes de tolerancia religiosa de 1868. El origen de esta iglesia pudiera remontarse al sector favorable al gobierno episcopal en la Iglesia Reformada Española.

El otro sector de esa iglesia se constituyó en Iglesia Evangélica Española (→ EVANGÉLICA ESPAÑOLA, IGLESIA). La liturgia de la I.E.R.E. contiene elementos mozárabes, pero está basada en la liturgia anglicana.

ESPIRITISMO

Creencias antiguas y modernas. El espiritismo ha existido, con diversos nombres, a través de los siglos. El movimiento espiritista que conocemos ahora fue introducido en Europa Occidental a mediados del siglo XIX, especialmente en Alemania, Gran Bretaña y Francia. Muchos insisten en que su origen moderno es norteamericano y lo vinculan con las hermanas Fox en el estado de Nueva York (1848).

Los espiritistas creen en la comunicación con los espíritus mediante un médium (receptor de mensajes). Lo anterior está basado en que los espíritus tienen interés en los humanos y desean comunicarse con ellos.

La rama francesa del espiritismo está representada especialmente por Hipólito León Denizard Rival, conocido como Allan

Kardec (1804-1869), creyente en los espíritus como almas incorpóreas y en la transmigración de las almas. Kardec es autor de varios libros, sobre todo su difundida obra *El libro de los espíritus*. Las iglesias cristianas históricas se han opuesto tradicionalmente al espiritismo y sus variantes.

ESPIRITUALISMO
Término que identifica al espiritismo en los países de habla inglesa, sobre todo en Estados Unidos.

ESTABLECIDA, IGLESIA
Una iglesia reconocida oficialmente por el Estado y sostenida por el mismo mediante fondos públicos. El caso típico es la → IGLESIA DE INGLATERRA.

ETIOPÍA, IGLESIA DE
Antigua iglesia cristiana. Los etíopes abrazaron el cristianismo en el siglo IV. Según la tradición, Frumencio y Edesio de Tiro, llevados cautivos a Abisina, evangelizaron el país. Atanasio de Alejandría consagró obispo a Frumencio en 340. La iglesia etíope se mantuvo en contacto con la Iglesia Copta de Egipto (→ COPTA, IGLESIA), pero hubo intentos por relacionarse con la sede romana, y los jesuitas ingresaron en el país en el siglo XVI. Uno de los emperadores, Susenios, se hizo católico y proclamó el catolicismo como iglesia oficial. Su sucesor restableció la antigua iglesia y expulsó la orden jesuita.

Hasta después de terminada la Segunda Guerra Mundial los etíopes eran gobernados, como iglesia, por un copto enviado por la sede de Alejandría, pero en 1951 consagraron a un patriarca o «abuna» etíope. En 1959, la iglesia se independizó.

El monaquismo prevalece entre los etíopes, se observa el sábado como día de reposo, se practica la circuncisión, los alimentos se dividen en «puros» e «impuros», y se le tributa un culto especial al arca del pacto que, según la tradición, reposa en el país.

Debe tenerse en cuenta la existencia de judíos en el país desde la era antigua y de una tradición que identifica la dinastía etíope, derrocada en 1974, con el rey Salomón y la reina de Sabá.

ETRUSCOS, RELIGIÓN DE LOS

Creencias de la antigüedad en Etruria. Mucha de la información acerca de la religión de los etruscos de la Toscana (anteriores a la fundación de Roma) estaba contenida en obras desaparecidas del historiador y emperador romano Claudio (primer siglo).

Su principal divinidad era Tinia, dios de la tempestad, pero los dioses etruscos fueron equiparados a dioses y diosas griegos.

En la literatura romana hay referencias a la adivinación entre los etruscos, quienes utilizaban al efecto el hígado de las víctimas en los sacrificios, así como la caída de un rayo. Sus sacerdotes intentaban descubrir la voluntad de los dioses mediante las aves y los signos celestes. También se les atribuyen las mascarillas mortuorias utilizadas en otras regiones de Italia.

Investigaciones recientes han aportado nueva luz sobre esa religión. Sus templos favoritos eran las tumbas y cada familia poseía una en la que supuestamente residían los espíritus de los antepasados.

EUTIQUIANISMO

Véase MONOFISISMO.

EVADISMO

Secta francesa. Bajo la inspiración de un líder religioso conocido como Ganneau, quien se autoproclamó como dios, este pequeño grupo no logró un número apreciable de seguidores, pero atrajo brevemente a algunos bohemios y artistas. Su énfasis radicaba en exaltar a María como la Diosa Madre y esposa del Hombre-Dios en la Tierra. También exaltaba el sexo y la sensualidad.

EVANGÉLICA DOMINICANA, IGLESIA

Denominación evangélica. En 1919, el misionero y erudito norteamericano Samuel Guy Inman, secretario del Comité de Cooperación en Latinoamérica, promovió el inicio de labores misioneras en República Dominicana. Pronto se creó la Junta para la Obra Cristiana en Santo Domingo con apoyo de los metodistas, hermanos unidos y sobre todo de los presbiterianos. Estas denominaciones americanas, por medio de la Junta, propiciaron la creación de la Iglesia Evangélica Dominicana, de carácter ecuménico. La ayuda para el trabajo ha procedido de Puerto Rico, Estados Unidos y de las propias iglesias dominicanas, las cuales han operado varias escuelas y la Librería Dominicana, que también ha servido como una de las principales editoriales de ese país.

EVANGÉLICA ESPAÑOLA, IGLESIA
(También se le conoce como «I.E.E.»)

Denominación protestante. Iglesia organizada como resultado de la unificación de varios grupos protestantes españoles en la segunda mitad del siglo XIX. El grupo original era la Iglesia Reformada Española de la que saldría la I.E.E. y también la Iglesia Española Reformada Episcopal (I.E.R.E.). Entre sus precursores deben mencionarse Francesc de Paula Ruet y Manuel Matamoros. Otros pioneros fueron Antonio Villaespinosa y Enrique Capó.

Al separarse la I.E.R.E. de la Iglesia Reformada Española permanecieron en esta última las congregaciones protestantes no inclinadas al gobierno episcopal, como las luteranas, metodistas, congregacionales y presbiterianas (→ LUTERANA, IGLESIA; METODISTA, IGLESIA; CONGREGACIONAL, IGLESIA; PRESBITERIANA, IGLESIA). En la nueva iglesia ha prevalecido el ecumenismo y los elementos extraídos del presbiterianismo.

La Iglesia se organizó definitivamente en 1886 como Iglesia Evangélica Española, que en su primera época recibió el título de Reformada y más tarde de Cristiana.

EVANGÉLICA, IGLESIA
Movimiento religioso internacional. El nombre de Iglesia Evangélica ha sido utilizado por infinidad de organizaciones. Martín

116

Lutero se refirió a las iglesias de la Reforma en Alemania como «Iglesia Evangélica» (actual nombre de la iglesia unificada de luteranos y reformados en ese país). Muchas denominaciones y numerosas iglesias independientes han llevado ese nombre, entre ellas la Iglesia Evangélica Alemana, la Iglesia Evangélica y Reformada, la Iglesia Evangélica de confesión luterana, la Iglesia Evangélica Pentecostal, etc. También la palabra «evangélica» o «evangélico» es frecuente en el nombre de denominaciones, como la Convención Evangélica «Los Pinos Nuevos» (Cuba), por citar ejemplo.

Generalmente las iglesias evangélicas hacen énfasis en la justificación por fe. Entre los grupos más conservadores las «buenas nuevas» de salvación y el nuevo nacimiento son prédica constante. En algunos países como Estados Unidos, la palabra «evangélico» implica cierto grado de conservadurismo u ortodoxia tradicional dentro del protestantismo.

EVANGÉLICA Y REFORMADA, IGLESIA

Denominación protestante. Esta iglesia se unificó con otros grupos para dar lugar a la formación de la Iglesia Unida de Cristo en 1958, integrada mayormente por la antigua Iglesia Congregacional (→ CONGREGACIONAL, IGLESIA).

La Iglesia Evangélica y Reformada fue en su tiempo uno de los principales grupos de teología reformada en Norteamérica.

EVANGÉLICOS

Miembros del movimiento o las iglesias evangélicas. En muchos países se denomina evangélicos a todos los protestantes. En otros, a los protestantes más conservadores. Muchos fundamentalistas se identifican como evangélicos, pero muchos evangélicos prefieren limitarse a esa designación y no se identifican como fundamentalistas.

EVANGÉLICOS CONSERVADORES

Sector de la comunidad protestante. En algunos países se identifican como evangélicos conservadores a protestantes que de otra manera se considerarían como vinculados al → FUNDAMEN-TALISMO por sus creencias, pero que no se sienten satisfechos con algunos énfasis de ese sector, entre ellos el de separarse frecuentemente de otros cristianos y algunas conexiones políticas con partidos de derecha.

Tal vez la mayoría de los evangélicos estadounidenses puedan considerarse como evangélicos conservadores a pesar del frecuente uso de la palabra fundamentalismo para referirse a ellos.

EVANGELIO CUADRANGULAR

Movimiento evangélico fundado en 1915 por el predicador inglés George Jeffrey. Profesan una teología fundamentalista basada en la proclamación de Jesús, el Rey que salva, bautiza y sana y de la Segunda Venida de Cristo. Sus seguidores adoptaron el nombre de «Bible Pattern Fellowship». No debe confundirse con la Iglesia del Evangelio Cuadrangular fundada por Aimee Semple McPherson.

EVANGELIO CUADRANGULAR, IGLESIA DEL

Denominación evangélica. Esta iglesia de teología pentecostal fue fundada por la célebre evangelista Aimee Semple McPherson y se ha extendido por Estados Unidos (sobre todo en la costa Occidental y California) y numerosos países. Su origen tiene relación con el Angelus Temple, una congregación local dedicada por la señora McPherson en 1923. Para ellos Jesucristo salva, sana, bautiza con el Espíritu Santo y viene otra vez como Rey. De ahí su énfasis en esos cuatro puntos.

La iglesia es gobernada internacionalmente por una junta de directores, una especie de gabinete para asuntos misioneros y con consejo ejecutivo. La autoridad final está en manos de la convención de la iglesia, la cual puede modificar las regulaciones legales que la gobiernan. Nueve distritos son regidos por supervisores designados por la denominación, quienes deben ser ratificados por los pastores de sus distritos cada cuatro años.

La Iglesia administra más de cien escuelas bíblicas alrededor del mundo, la más conocida es el Colegio Bíblico «Life» en California.

EXORCISMO
Práctica religiosa. El exorcismo no es una secta ni un movimiento, sino una práctica de algunas iglesias, como la católica, y de movimientos religiosos intereclesiásticos como el carismático.

EXTRASENSORIAL, PERCEPCIÓN
Creencias que los que la practican consideran científicas. Se denomina por ese nombre, o con las siglas en inglés (ESP) a la habilidad de poder percibir un acontecimiento o idea por medios aparte de los cinco sentidos. Entre las prácticas «extrasensoriales» algunos estudiosos mencionan la telepatía (*transferencia de pensamientos de una mente a otra*), la clarividencia (*ver a la distancia*) y la adivinación.

Los que adoptan una actitud religiosa hacia este fenómeno hablan hasta de predecir el futuro.

santería

presbiterianos

aztecas

mahometanism[o]

ucianismo

ermanos moravos

zoroastrismo

vodú

nimistas

anglicanos

metodistas

adventist[as]

davidianos

nueva er[a]

bautistas

...es

iglesia de Jesucris... de los santos de los últimos...

coptos

Testig[os] de Jehová

bega...

[h]induismo

pe... ...tales

ufologí[a]

gedeones

culto a Changó

[a]damitas

totemi[s]mo

niños de Dios

adiaforistas

carismático...

[m]acedonian[os]

— de FALASHAS

jacobitas

racionalistas

...

valdenses

a FUSO KYO —

bogomil...

yesidas

...

berberisca...

yoga

ortodoxos

[f]ariseos

evangélicos

abelianos

laudianos

bohemi[os]

[z]otelistas

tembladores

acacianos

[da]nzantes

judaísmo

mormones

caballería espiritu[al]

FALASHAS
Véase JUDÍOS ETÍOPES.

FÁLICO, CULTO
(En griego *phallós*. También se le conoce como «falismo».)
Creencias de la antigüedad. Se conoce que en los tiempos más remotos se practicaba la adoración al órgano masculino, el cual simbolizaba la fuerza productiva de la naturaleza y la fertilidad.

Las excavaciones realizadas en el noroeste de la India y otras regiones han podido documentar detalles de los ritos que se utilizaban. Es probablemente allí donde el culto fálico estaba mejor organizado, como lo hace evidente el culto a Siva, saturado de elementos fálicos.

FAMILISTAS
(También se les conoce como «Familia de Amor».)
Secta cristiana de énfasis místicos. Según sus partidarios, la perfección religiosa consiste en el amor de los unos para los otros y en el predominio de la caridad sobre la fe.

Heinrick Niclaes la fundó en Holanda en el siglo XVI y fue muy perseguida en Inglaterra. Está por probarse su posible influencia sobre los cuáqueros y otros religiosos británicos, pero algunos elementos del movimiento todavía pueden notarse en grupos modernos.

FAQUIR
(Que significa *pobres*. También se traduce como «fakir».)
Mendicantes religiosos en los países árabes o ascetas seminudistas en la India. En ese último país se encuentran entre hindúes, jainistas y musulmanes. La palabra «faquir» se utiliza en varios contextos en referencia a pordioseros que practican la mendicidad por cuestiones de tipo religioso.

FARISEOS
(Que significa *separados*.)

Movimiento dentro del → JUDAÍSMO que había alcanzado un gran desarrollo en época de Jesús. Se encuentran datos sobre los fariseos en la literatura rabínica, en la Biblia y en los escritos de Flavio Josefo. Los historiadores entienden que se originó después de la revuelta de los macabeos opuestos a la política helenizante de los seléucidas en la Palestina del siglo II a.C. Poseían su propia *halajá* o interpretación de la Torá. Entre sus creencias más conocidas estaban la resurrección de los muertos, la divina providencia, el libre albedrío y los ángeles. También defendían la ley moral. Contribuyeron en forma apreciable al desarrollo del judaísmo posterior. Al contrario de los → SADUCEOS, no había sacerdotes entre los fariseos. Se oponían a la influencia extranjera sobre Palestina y se caracterizaban por su observancia rígida de la Ley.

FATHER DIVINE, MISIÓN DE PAZ DEL

Especie de secta religiosa de origen norteamericano que se desarrolló alrededor de la persona del líder religioso afroamericano conocido como «Father Divine». George Baker, después conocido como J. Morgan Divine y a la larga como «Father Divine», se proclamó una encarnación de Dios en la tierra. Anunció como lema el de «Father Divine es Dios y nunca morirá...»

Los miembros del culto adoran en forma emocional y sus ceremonias más conspicuas son una especie de grandes banquetes. Se enseña la abstinencia de bebidas alcohólicas y del tabaco.

«Divine» fue grandemente criticado por sus riquezas y la forma lujosa en que vivía. La muerte del líder causó la decadencia de la secta que tuvo bastante influencia en islotes negros del nordeste estadounidense, sobre todo en Harlem, Nueva York. Su esposa «Mother Divine» se convirtió en su sucesora.

FEBRONIANISMO

Creencia de que la Iglesia solo es infalible a través de los Concilios Ecuménicos o generales. El nombre «febronianismo» viene de «Justinius Febronius», seudónimo del escritor J.N. von Hontheim, sacerdote del siglo XVIII que era partidario de una iglesia situada bajo el control del pueblo o del Estado. No abogaba por el control efectivo de la realeza en asuntos eclesiásticos aunque en algunos aspectos es algo similar al → GALICANISMO. El movimiento de los Viejos Católicos continuó las doctrinas del febronianismo después de la celebración del Concilio Vaticano I de 1869-1870 y la proclamación de la infalibilidad papal. (→ VIEJOS CATÓLICOS, IGLESIA DE LOS.)

FECUNDIDAD, RELIGIONES DE LA
Véanse CANANEOS, RELIGIÓN DE LOS; DIOSA-MADRE; FERTILIDAD, RELIGIONES DE LA.

FELAJAS
Véase JUDÍOS ETÍOPES.

FELASHAS
Véase JUDÍOS ETÍOPES.

FENICIOS, RELIGIÓN DE LOS
Creencias de la antigüedad. Religiosidad similar, en términos generales, a la de los cartagineses y con vínculos con la religión de los cananeos. Los fenicios (semitas asentados en el norte de Palestina y parte de Asia Menor, y por lo tanto mencionados en la Biblia) colonizaron varias regiones y fundaron Cartago. Sus dioses llevaban el título general de «baal» o «señor» y eran numerosos. En Tiro se llamaba Melkart y Baal-Ammón, adorado en las colonias africanas de los fenicios.

El culto fenicio, cananeo y cartaginés incluía la prostitución sagrada y los sacrificios humanos. Los cartagineses daban gran importancia a Tanit, diosa de la fecundidad, una versión de la Astarté de los fenicios. Los cartagineses situaban a los muertos en nichos excavados en la roca. Sus dioses podían dividirse en principales y secundarios (→ CANANEOS, RELIGIÓN DE LOS).

FERTILIDAD, RELIGIONES DE LA
Creencias de la antigüedad. Elementos de glorificación a la fe-

cundidad o fertilidad se encuentran en varias religiones antiguas (entre ellas: → FÁLICO, CULTO; HINDUISMO; PROSTITUCIÓN SAGRADA; etc.).

FETICHISMO
(Del portugués *feitco* y este del latín *factitius*.)
Veneración de objetos naturales o artificiales a los que se les atribuyen poderes sobrenaturales. Los fetiches pueden ser árboles, estatuas o utensilios. El nombre lo utilizaron por primera vez los portugueses en África Occidental.

FILADELFOS
Secta cristiana. La mística y visionaria inglesa Jane Leade fundó una especie de secta teosófica con este nombre, alrededor de 1695. Su nombre tiene relación con la iglesia de Filadelfia del libro de Apocalipsis. En algunos grupos de tipo masónico se hallan referencias a sus ideas.

FILIPINA INDEPENDIENTE, IGLESIA
(También se le conoce como «Iglesia Aglipayana».)
Iglesia nacionalista de las Filipinas. Un sector de católicos filipinos se organizó como iglesia aparte en 1902, algún tiempo después de la Asamblea de Paniqui en que el padre Gregorio Aglipay estableció (con apoyo de varios clérigos nacionales) un gobierno provisional para la Iglesia Católica Romana (→ CATÓLICA, APOSTÓLICA Y ROMANA, IGLESIA) en las Filipinas en espera del nombramiento de nuevos obispos por parte del Papa.

Aglipay, antiguo vicario general castrense y Gobernador Eclesiástico de la diócesis de Nueva Segovia, así como el único sacerdote con rango de miembro del congreso revolucionario filipino (era un estrecho colaborador del líder Emilio Aguinaldo), se convirtió en Obispo Máximo de la nueva iglesia y recibió una especie de consagración de manos de cuatro presbíteros católicos que le apoyaban. Debido a su actitud de resistencia e independencia de la jerarquía, el padre Aglipay fue excomulgado por la Iglesia Católica Romana. Con el tiempo, varios obispos aglipa-

125

yanos fueron consagrados por la Iglesia Episcopal Americana. Esta consagración fue apoyada por el obispo Isabelo Reyes, pero rechazada por el obispo Pedro Ramos.

La Iglesia Filipina Independiente ha agrupado un amplio sector minoritario, pero significativo, de la población filipina. Sin embargo, sus doctrinas han incluido en algún momento elementos de → CATOLICISMO romano, anglicanismo (→ ANGLICANA, IGLESIA), → PROTESTANTISMO, etc., y esto hace difícil una definición más específica.

FINDHORN, FUNDACIÓN

Secta de la Nueva Era. El movimiento se originó en Escocia (1972) y sus primeros líderes fueron Peter y Eileen Caddy y Dorothy McLean. Combinan el panteísmo y el espiritismo con el paganismo clásico. Han promovido intensamente la horticultura. Entre sus énfasis se encuentra la creencia en la autenticidad de hadas y seres mitológicos.

FLAGELANTES

Práctica religiosa medieval. Durante la Edad Media numerosos creyentes iban descalzos por la calle y se infligían azotes sobre sus espaldas desnudas como penitencia.

El origen de esa práctica pudiera estar en Bolonia alrededor de 1260 y tiene relación con las profecías de Joaquín de Flores sobre un inminente fin del mundo. Debe tenerse en cuenta que la creencia en los azotes como signo de arrepentimiento degeneró en una autotortura conducente al fanatismo.

Se les atribuye la promoción de matanzas de judíos y cierto grado de histerismo.

FRANCMASONERÍA

Véase MASONERÍA.

FUEGO, CULTO DEL

Creencias primitivas. Elementos religiosos del fuego pueden encontrarse en religiones antiguas de Mesopotamia, Egipto e India, así como en otras regiones. En numerosas religiones, el fuego ha sido símbolo de lo divino, de la luz, del alma, etc., y algunos dioses han sido en realidad personificaciones divinas del principio del fuego. Ejemplos de estos son el Vulcano de los romanos, el Helios de los griegos, el Agni de los arios, el Ra de los egipcios, etc. El escandinavo Wotan es un fuego que resplandece y Loki, el que arde.

Como el aire, la tierra y el agua, se trata de un elemento polisémico en la historia de las religiones. En la mitología de los griegos, Prometeo le robó el fuego (poder) a Zeus y se lo entregó a los hombres.

En las religiones de corte monoteísta, el fuego purifica y castiga, y simboliza la resurrección y la vida. En el → ZOROASTRISMO se le adora como símbolo de la verdad.

FUEGO DEL INFIERNO, CLUB DEL
Secta satánica. Club de jóvenes que considera al Duque de Wharton (siglo XVIII) como su fundador, celebra misas negras y se encuentra en la ilegalidad. Según sus miembros, el diablo preside las sesiones del club desde una silla vacía.

FUNDAMENTALISMO
Movimiento de tipo teológico en el protestantismo de Estados Unidos y otros países. La oposición al liberalismo y el modernismo fue tomando forma desde principios del siglo XX. En la Conferencia Bíblica de Niágara (1895) se propusieron cinco puntos o doctrinas fundamentales a las que se ha hecho referencia en forma reiterada. La lista de «fundamentos» o «doctrinas fundamentales» ha sido más larga o más corta según la organización, grupo o período histórico. Estos «fundamentos» que siempre incluyen la concepción virginal de Cristo, la divinidad y resurrección de Jesús, su sacrificio expiatorio, su Segunda Venida en gloria y la autoridad e inerrancia de las Escrituras son acentuadas por los fundamentalistas.

En 1910 se publicó el primer tomo de una serie conocida como *The Fundamentals* y para 1918 se hablaba de personas «fundamentales». Para 1920 comenzó a usarse la palabra «fundamentalismo» en escritos de la publicación bautista *Watchman-Examiner*. Varias fraternidades fundamentalistas se crearon en diversas denominaciones y sectores fundamentalistas salieron de algunas denominaciones históricas.

Con el tiempo el fundamentalismo no se ha limitado a protestantes históricos. A denominaciones de nuevo cuño y movimientos que, como el pentecostal/carismático, no formaban parte de la primera generación de fundamentalistas, muchos sociólogos los han asociado con el fundamentalismo. El uso de esa palabra se ha extendido, tal vez arbitrariamente, para referirse a cualquier énfasis conservador o de regreso al pasado, como por ejemplo, en el caso del movimiento musulmán.

Muchos predicadores y líderes con doctrinas que pueden ser consideradas «fundamentalistas» o conservadoras prefieren identificarse como ortodoxos o evangélicos por algunas connotaciones negativas de la palabra fundamentalista.

FUSO KYO

Secta sintoísta del Japón. Forma supuestamente ortodoxa del sintoísmo organizada por Shishino Nakaba en 1873. Su culto tiene relación con el Fuji Yama.

santería

aztecas

presbiterianos

mahometanismo

ucianismo

rmanos moravos zoroastrismo vodú

nimistas

anglicanos

metodistas

adventistas

davidianos

nueva era

bautistas

Iglesia de Jesucristo de los santos de los últimos

coptos

Testigos de Jehová

bega

G

duismo

entecostales

ufologí

gedeone

culto a Changó

amitas totemismo

adiaforistas

niños de Dios

carismático

— de GALICANISMO a GURÚ —

racionalistas

taboritas

bogomil

valdenses

wesleyanos

yesidas

berberisc

yoga

ortodoxos

abelianos

ariseos

evangélicos

bohemio

laudianos

tembladores

otelistas

nzantes

judaísmo

acacianos

mormones

caballería espiritua

GALICANISMO

Movimiento o tendencia dentro de la Iglesia Católica, Apostólica y Romana (→ CATÓLICA, APOSTÓLICA Y ROMANA, IGLESIA). Pese a sus antecedentes medievales alcanza gran auge en el siglo XVII, sobre todo con los «Cuatro Artículos Galicanos» de 1682, una declaración de los obispos franceses a instancias del rey Luis XIV. Para los «galicanos», la iglesia nacional debía estar por encima de la sede romana en aspectos fundamentales. Reconocían la autoridad papal, aunque trataban de conservar la independencia y organización de la iglesia francesa. En otros países «galicanismo» llegó a significar independencia de la iglesia nacional. Algunos grupos religiosos desvinculados de Roma aún usan ese nombre.

Hay tres afirmaciones fundamentales en el galicanismo histórico: soberanía real en asuntos temporales; autoridad de la corona y el episcopado francés en caso de injerencia excesiva por parte del papa; y la autoridad de los concilios generales de la iglesia por encima del pontífice romano. Observamos esas características en diversos gobiernos y episcopados en períodos determinados de la historia.

No debe confundirse el «galicanismo» de los franceses con el anglicanismo, ya que la Iglesia de Inglaterra (anglicana) se apartó de la jurisdicción romana en el siglo XVI. Es importante notar que la palabra anglicano no designa un movimiento sino toda una iglesia.

GEDEÓN, BANDO EVANGÉLICO

(También se le conoce como «Soldados de la Cruz».)

Movimiento evangélico fundado en Cuba en 1930 por Ernesto W. Sellers, norteamericano de origen metodista.

Se observa en este grupo cierto grado de influencia pentecostal en la adoración, y del adventismo en la observancia del sábado. Sus militantes usan vestimentas blancas y viven en comunidad, mientras los simples seguidores residen con el resto de la población. Se destacan en la distribución y venta de literatura religiosa. Algunos de sus líderes ostentan el rango de obispos y la máxima figura, el de apóstol. Están establecidos en la zona del Caribe y tienen misiones en Europa y otras regiones. Sus sedes están en Cuba y Miami, Florida, Estados Unidos.

GEDEONES INTERNACIONALES

Movimiento evangélico interdenominacional. Constituyen una asociación de profesionales y negociantes cristianos fundada en 1898 por John Nicholson y Samuel Hill en EE. UU. Al año siguiente se les unió W.J. Knight y adoptaron el nombre de «Gedeones» por el personaje del Antiguo Testamento.

Comenzaron como una agrupación de viajeros cristianos, e iniciaron la distribución masiva de la Biblia a partir de 1908. Su propósito es que la gente crea en Jesucristo mediante la distribución gratuita de las Escrituras. Sus Biblias están en infinidad de hoteles y en manos de enfermeras, soldados, estudiantes, prisioneros, etc.

Publican mensualmente la revista *El gedeón*. Desde 1947 trabajan en toda la América Latina.

GENTILES, RELIGIONES DE LOS

Cualquier religión ajena a la de los hebreos. Es un término que en ocasiones se usa en el ambiente cristiano para referirse a los pueblos no evangelizados.

En el lenguaje de los mormones (→ MORMONA, IGLESIA), un «gentil» es la persona que no pertenece al mormonismo.

GEORGE ADAMSKI, FUNDACIÓN

Secta religiosa. Fue fundada en 1965 por Alice Wells en honor de su padre George Adamski, que afirmaba haber conversado con extraterrestres.

GERMÁNICOS, RELIGIÓN DE LOS ANTIGUOS PUEBLOS

Creencias primitivas de germanos y escandinavos. Gran parte de esta información procede de los escritos de autores clásicos como Julio César y Tácito, con obras que explican la mitología de los escandinavos o nórdicos, tales como las *Sagas* y las *Eddas* y algunas tradiciones populares.

Julio César identifica como dioses germanos al Sol, la Luna y a Vulcano. Tácito reconoció la tríada de Mercurio, Marte y Hércules, y menciona una deidad femenina que identificaba como Isis.

Los estudios más recientes señalan a Odín como el dios principal de los escandinavos. Los germanos lo llamaban Wotan o Woden. Visitaba el Valhala u hogar de los guerreros. Entre otros dioses están Tur, la guerra; Bragi, el poeta; Hodur, el ciego; Wali, el guerrero, y especialmente Thor, el trueno. Para los escandinavos antiguos, el nombre plural de los dioses era «Asen» y vivían en «Asgard» (*el cielo escandinavo*) junto a Odín. En la mitología germánica se enfatiza el ocaso de los dioses y la destrucción de la Tierra. El mundo quedaría vacío hasta el surgimiento de un nuevo sol y la resurrección de los dioses.

Es difícil determinar qué creencias son de origen nórdico o escandinavo, y cuáles de origen germánico.

GILGAMESH, EPOPEYA DE

Creencias de la antigüedad. Gilgamesh, héroe de relatos asiriobabilónicos, se convirtió en elemento importante de la cultura y los sistemas religiosos de esos pueblos. Otros lo relacionan con los relatos del libro de Génesis, afirmando que su autor conocía de Gilgamesh.

Según la tradición, Gilgamesh procuró vivir para siempre e intentó utilizar los conocimientos de Utnapistim, una especie de Noé babilónico. En los relatos muere tanto Gilgamesh como su amigo Enkidu. La *Epopeya de Gilgamelsh*, uno de los documentos de mayor valor escritos en el lenguaje de los acadios, ofrece mucha información sobre las creencias de los pueblos de la Mesopotamia y sus alrededores y Gilgamesh forma parte de su manera de entender los orígenes y el destino de la humanidad.

GLASITAS

Véase SANDEMANIANOS.

GNOSTICISMO

Movimiento religioso de los primeros siglos de la era cristiana considerado herético por la Iglesia Católica Antigua (→ CATÓLICA ANTIGUA, IGLESIA), aunque no existe consenso acerca de sus orígenes. Sus raíces vienen del helenismo grecorromano. Insistían en la salvación mediante una sabiduría secreta o *gnosis*. Proclamaban el conocimiento superior basado especialmente en principios filosóficos, misterios de iniciación, ciertas doctrinas cristianas y elementos de magia. Su carácter ecléctico le permitió penetrar las comunidades cristianas de los primeros siglos.

El gnosticismo se caracteriza por un dualismo ontológico, la lucha entre el Dios trascendente y un demiurgo. La creación del mundo material es el resultado de la caída de la «Sofía». Un redentor enviado por Dios trae la salvación mediante la *gnosis* secreta.

Algunos estudiosos hablan de tres tipos importantes de gnosticismo: mitológico, filosófico-religioso y mágico vulgar. Otros señalan particularmente su mixtura con la fe cristiana, así como con ciertas creencias orientales y judías, y su presunción de alcanzar un conocimiento intuitivo y misterioso acerca de los asuntos divinos. Debe hablarse, sin embargo, de «sistemas gnósticos» más que de gnosticismo, debido a la variedad de ideas e interpretaciones respecto a ciertos principios más o menos básicos.

En las últimas décadas se ha organizado un alto número de «iglesias gnósticas» en varios países latinoamericanos. La proliferación de sectas ha sido una constante en la historia del gnosticismo y de los sistemas gnósticos.

GREGORIANA NACIONAL, IGLESIA
Véase ARMENIA, IGLESIA DE.

GRIEGA ORTODOXA, IGLESIA
Véase ORTODOXA, IGLESIA.

GRIEGOS ANTIGUOS, RELIGIÓN DE LOS
Religión de la antigüedad clásica. En el período clásico, sobre

todo en los siglos VI a IV a.C., se difundió la cultura helenística y también la religión de los griegos, basada en el politeísmo. El panteón de los dioses incluía doce dioses olímpicos o principales, y una serie de dioses de segunda categoría. Los dioses olímpicos estaban presididos por Zeus, acompañado por Hera, Atenea, Apolo, Ares, Artemis, Afrodita, Hermes, Hestia y Hefesto. Otros dioses eran Eros, Selene, Zanatos, etc. Así como una serie de personajes heroicos, semidioses, etc. Se trataba de dioses sobrehumanos y poderosos, pero no omnipotentes. Tenían en común la inmortalidad y son presentados antropomórficamente. Su carácter revela defectos y virtudes como en los humanos.

La religión de los griegos incluía lugares de peregrinación y otros santuarios, pero el sacerdocio no estaba institucionalizado. Se celebraban festivales en Olimpia, Delfos, Nemea y Corinto. Cada dios tenía sus sacrificios y se ofrecían vacas y ovejas, así como otros animales. Se rezaban oraciones y se hacían ofrendas como las primicias de los frutos. El año estaba dividido en una serie de días de ayuno y de fiesta. Sustentaban creencias en la vida después de la muerte, ya sea en el Hades o sitio de los espíritus de los muertos, más o menos indiferente, o los Campos Elíseos, equivalente en cierta forma al cielo de los cristianos, donde se disfrutaba de felicidad.

Existe una relación especial entre la religiosidad griega y la filosofía de ese pueblo, la cual criticaba y purificaba las creencias populares. Para el estudio de la religiosidad griega antigua debe utilizarse el recurso de la literatura, sobre todo la *Ilíada*, la *Odisea* y los trabajos de Hesíodo, ya que sin disponer de escrituras sagradas, los griegos contribuyeron con una gran literatura muy relacionada con el fenómeno religioso.

El estudio de la religión de los griegos antiguos, denominada generalmente mitología griega, se aparta de la religión tradicional y muchos la miran más bien como un patrimonio cultural, tanto en su versión griega original como en su versión o adaptación romana. (→ ROMANOS ANTIGUOS, RELIGIÓN DE LOS.)

GURDJIEFF, FUNDACIÓN
Secta secularizante. Organización fundada en Rusia por Georgei

Ivanovitch Gurdjieff a principio del siglo XX. Su mensaje se basa en la importancia de conocerse uno mismo y de superar las imperfecciones. No tienen escrituras sagradas.

GURÚ, SEGUIDORES DE UN

Creencias de origen oriental. Forma inadecuada de referirse a un grupo religioso que está bajo la influencia de creencias o prácticas orientales, pero que se ha generalizado en ciertos ambientes occidentales. En algunos contextos ciertas personas se consideran seguidores de un gurú y esto puede confundirse con una forma particular de religiosidad.

El gurú es una figura central en el hinduismo y significa «maestro». En realidad, los gurús eran ermitaños solitarios o itinerantes, cuya vida pudiera recordar la de los santos en algunas tradiciones cristianas. El gurú es un personaje de carácter fundamental en el → SIKHISMO, muy popular en India.

H

— de HALCIONITAS a HUTTERITAS —

HALCIONITAS
Movimiento religioso norteamericano. Grupo de creyentes que intentaron a mediados del siglo XIX unificar o acercar a las diferentes iglesias en Estados Unidos.

HANBALITAS
Escuela del Islam. Su fundador, Ahmad Ibn Hanbal, defendió la eternidad del Corán. Sus seguidores se establecieron en Arabia Saudí, Mesopotamia, Siria y otros lugares. Es una de las llamadas «escuelas ortodoxas» del → ISLAMISMO.

HANEFITAS
(También se les conoce como «hanifitas».)
Escuela del Islam iniciada en Irak por el persa Abu Hanifah. Es la mayor en la comunidad musulmana. Es el principal grupo en Pakistán y el Bajo Egipto, además cuenta con muchos seguidores en Turquía y otros lugares.

HARE KRISHNA
(También se le conoce como «Asociación de la Conciencia de Krishna».)
Secta religiosa. Su fundación se debió a Caitanya Mahaprabu en India, en el siglo XVI, pero llegó a América en 1965 por intermedio de Bhaktivedante Swami Prabhupada, autor del libro *Srimad Bhagavatam*.

Las creencias de la secta se basan en una interpretación literal del *Bhagavad Gita* y otros escritos religiosos del hinduismo. La humanidad se divide según la secta en *adeptos* y *karmis*, es decir, los que no pertenecen al grupo.

La secta posee restaurantes vegetarianos y promueve la vida en común sobre todo en fincas que posee en varios lugares de Estados Unidos.

HASÍDICOS
Véase ASIDISMO.

HECHICERÍA

Forma de → MAGIA. Emplea ritos, palabras y fórmulas para influir en las personas. Se caracteriza por el alto grado de superstición que le rodea. Los hechizos son fórmulas de palabras relacionadas con ritos. El hechicero o la hechicera está a cargo de iniciar y culminar el proceso y son los que conocen los hechizos o fórmulas los que influyen sobre los individuos. (→ BRUJE-RÍA.)

HENOTEÍSMO

(Del griego *henos* que significa uno y *theos* que significa *dios*.) Forma religiosa de los tiempos primitivos. En el henoteísmo cada uno de los dioses tiene carácter de principal, pero se reconoce la existencia de otros dioses.

Max Muller acuñó la palabra *henoteísmo*. Téngase en cuenta que en el monoteísmo solo se acepta un dios, pero religiones monoteístas como la judía tuvieron infiltración de elementos que, aunque aparentemente monoteístas (porque se concentraban por lo general en la adoración de un solo dios), se inclinaban en realidad al henoteísmo. Esto se desprende de la lectura de algunos pasajes del Antiguo Testamento.

Varios estudiosos entienden que el henoteísmo existió en las etapas preliminares de religiones como la hebrea, de los egipcios antiguos (→ EGIPCIOS ANTIGUOS, RELIGIONES DE LOS) y de otras manifestaciones en la antigüedad remota.

HEREJÍA

Grupos religiosos a través de la historia. Esta palabra procede del latín e indica una escuela o una secta. Con el tiempo llegó a indicar una doctrina o grupo rechazado por el sector ortodoxo.

Infinidad de organizaciones y doctrinas son consideradas herejías o heterodoxias. Se han publicado numerosos catálogos de sectas y estudios con la seriedad de *Historia de los Hetederoxos Españoles*, de Marcelino Menéndez y Pelayo, que enumera y describe (no con demasiada objetividad, pero en forma rigurosa) las «herejías» españolas a través de los siglos.

HERMANOS

Designación de numerosos movimientos, sectas y grupos religiosos a través del tiempo. Durante la Reforma del siglo XVI, muchos de los primeros → ANABAPTISTAS lo usaron en Suiza, Alemania, Moravia, Holanda, Polonia y otros lugares; pero su uso inicial respecto a organizaciones se ubica aun antes del monasticismo y las órdenes religiosas.

La mayoría de las iglesias identificadas actualmente con ese nombre se consideran protestantes o evangélicas.

HERMANOS ANGÉLICOS
Véase ANGÉLICOS, HERMANOS.

HERMANOS APOSTÓLICOS
Véase APOSTÓLICOS, HERMANOS.

HERMANOS BOHEMIOS
Véase BOHEMIOS, HERMANOS.

HERMANOS CHECOS, IGLESIA EVANGÉLICA DE LOS
Véase HUSITAS.

HERMANOS DE LA VIDA COMÚN
Véase VIDA COMÚN, HERMANOS DE LA.

HERMANOS DE NUESTRO PADRE JESÚS
Véase NUESTRO PADRE JESÚS, HERMANOS DE.

HERMANOS DEL LIBRE ESPÍRITU
Véase LIBRE ESPÍRITU, HERMANOS DEL.

HERMANOS EN CRISTO
Véase CRISTO, HERMANOS EN.

HERMANOS EXCLUSIVOS

Movimiento evangélico. Uno de los grupos que salieron de los Hermanos de Plymouth (conocidos en Iberoamérica y España sobre todo como «Hermanos Libres» o «Hermanos»). Los «exclusivos» hacen énfasis en el pasaje bíblico «No os juntéis en yugo desigual con los infieles». Constituyen el ala más estricta surgida de los Hermanos de Plymouth.

HERMANOS, IGLESIA DE LOS

Denominación evangélica, fundada en Alemania en 1708. Muchos de la Iglesia de los Hermanos pasaron a América en 1719 luego de un breve tránsito por Holanda. Se les conoce por su énfasis en la triple inmersión bautismal, el lavamiento de pies, su entusiasmo, la doctrina de las Iglesias de Santidad (→ SANTIDAD, IGLESIAS DE) y el estudio bíblico. Se les considera una de las más importantes iglesias pacifistas de Estados Unidos.

Su sede está en Elgin, Illinois, y cuentan con una feligresía apreciable numéricamente. Sostienen misiones en Honduras, Ecuador y Puerto Rico.

HERMANOS LIBRES O HERMANOS DE PLYMOUTH

(También se les conoce como «plimutistas», «darbistas», «Salas Evangélicas» [por el nombre que dan a sus lugares de reunión], «Iglesias Cristianas Evangélicas», etc.)

Movimiento evangélico. Surgió como oposición a algunas condiciones prevalecientes en el protestantismo inglés en Dublín, Irlanda; pero su primera iglesia se organizó en Plymouth, Inglaterra, en 1831. Entre sus fundadores se encontraban J.N. Darby, Lord Congleton, A.N. Groves, Edward Cronin y otros.

Los antiguos hermanos se propusieron derribar las barreras entre los diferentes grupos cristianos y decidieron que no se requería ser ministro ordenado o presbítero para celebrar la Cena del Señor. Sus congregaciones son gobernadas por «ancianos», al estilo presbiteriano. Cualquier hermano aprobado por ellos puede predicar u oficiar.

Aunque J.N. Darby contribuyó al desarrollo de su teología dispensacionalista, no se impone una escuela de interpretación particular. Hay entre ellos los «abiertos» y los «exclusivos», según su posición respecto a una serie de asuntos como la participación en la Cena. Los «abiertos» prefieren el bautismo por inmersión en todos los casos.

En América Latina se les conoce como «Hermanos Libres». Los hermanos de Plymouth son, por tradición, el principal núcleo evangélico en España y Argentina. Sostienen misioneros en infinidad de naciones.

HERMANOS MORAVOS
Véase MORAVOS, HERMANOS.

HERMANOS UNIDOS
Véase UNIDOS, HERMANOS.

HERMETISMO
Conjunto de doctrinas ocultas. Se trata de una gnosis pagana basada en los libros que se le atribuyen a Hermes Trismegito, el nombre griego del dios egipcio Thot, quien supuestamente procuró que los hombres alcanzaran el conocimiento y los caminos que conducen a una experiencia mística. Los partidarios del → NEOPLATONISMO consideraban a su dios Hermes, el «tres veces muy grande», como fundador de la alquimia.

El hermetismo original pudiera haber sido el egipcianizante o helenístico, escrito en lengua griega por sacerdotes egipcios o griegos en el antiguo Egipto. Se divide en popular y en «sabio», y consiste en textos mágicos, astrológicos, alquímicos y médicos. Tienen escuelas optimistas y monistas. Existen también un hermetismo árabe y otro europeo. El primero fue desarrollado por los sabeos, los → CHIITAS, los partidarios del → SUFISMO y algunos filósofos. Para ellos, Hermes reveló doctrinas esotéricas y proclaman un dios inefable, así como la unidad del Universo.

HERNÁNDEZ, CULTO DEL DR. JOSÉ GREGORIO
Secta religiosa venezolana. En realidad la veneración al Dr. José Gregorio Hernández se produce también entre algunos fieles ca-

142

tólicos, quienes le consideran como filántropo y benefactor de los pobres; en otras palabras, le veneran como a otro santo. También se le invoca entre ciertos magos y personas dedicadas a curaciones mágicas.

La Iglesia Católica Apostólica y Romana no ha canonizado al médico Hernández.

HESIQUIASMO

(Del griego *hesykhia*, que significa *estado de vida en el que el monje se libera de todo menos del pensamiento en Dios.*)

Movimiento místico. Esta escuela combinaba ciertas creencias cristianas con el misticismo y con una serie de meditaciones acerca de centros sutiles (especialmente el ombligo). Se caracteriza por oraciones, pensamiento y disciplina respiratoria.

Evagrio Póntico (siglo IV) puede haberlo iniciado.

HIJOS DEL FUEGO

Grupo ocultista. Sus seguidores, radicados en México, Estados Unidos y Francia, adoran a Lucifer y a una serie de dioses. Se dedican a evocar a los difuntos. Sus ritos incluyen sacrificios de gallos. Se identifican con el número 666, un tatuaje bajo el pecho izquierdo y aceptan el liderazgo de un Gran Sacerdote.

HINAYANA

Véase THERAVADA.

HINDUISMO

Mezcla de creencias de los habitantes de India desde tiempos remotos. Entre ellas están la transmigración, la ubicación de las personas en castas sociales durante toda su vida (según su conducta en vidas anteriores); la meta definitiva de la liberación de una cadena de nacimientos y del mundo fenoménico; reverencia a la clase sacerdotal o «brahmin»; culto y veneración de la vaca.

«Sanata Dharma», como la llaman, se considera la religión eterna de los hindúes, basada en principios eternos derivados de la doctrina de los escritos sagrados conocidos como *Vedas* o «sabiduría divina». Entre los *Vedas* están los *Brahmanas* y las *Upa-nishads*, así como una serie de epopeyas. Pero no existe un sistema basado en credos ni en jerarquías eclesiásticas acepta-das por todos.

El culto consiste en una amalgama de ceremonias y ritos diri-gidos por los brahmanes y celebrados en el contexto del sistema de castas. Es a partir de la confrontación con el → BUDISMO, sur-gido en su territorio, que aparecen líderes importantes y compi-ladores de los que se poseen datos apreciables, como los casos de Nabhaji, Kumarila, Sankara, Ramanuja, Madhva, Ramananda y otros.

Los hindúes rinden culto a una serie de divinidades; su reli-gión es politeísta, pero la mayoría de las deidades mencionadas en los himnos védicos no son objeto de veneración frecuente en la actualidad. Brahma o «lo Absoluto» es el espíritu universal su-premo. No recibe un culto directo como otros dioses, pero es ob-jeto de meditación de sabios y videntes. Tienen una tríada divina o *trimurti* integrada por Brahma, espíritu supremo y creador; Vishnú, el conservador; y Siva el destructor. Muchas deidades son simplemente locales y se les atribuyen poderes milagrosos.

Existe también un hinduismo filosófico cuya metafísica es compleja.

Además de varios sistemas filosóficos, el hinduismo consiste de varias sectas que casi siempre se toleran. Prevalece cierto gra-do de → SINCRETISMO, pero no existe un dios adorado por todos.

Uno de los más grandes intérpretes del hinduismo para el mundo occidental lo fue el ex presidente Servipalli Radha-krishnan, gran historiador de religiones.

A nivel popular, la Sociedad Teosófica y sus líderes se encar-garon de difundir ideas y prácticas del hinduismo en Occidente.

HIPERBÓREO

Énfasis ocultista en la llamada «segunda raza madre» o en una especie de edad de oro. Se consideraba como hiperbóreo, entre los griegos, el lugar mítico situado más allá del viento del norte. Para muchos eran los habitantes de Islandia. Lo hiperbóreo pa-rece representar un lugar ideal donde las criaturas disfrutan de longevidad y prevalece la prosperidad; todo en un ambiente que responde en gran parte a lo mágico. También se habla de los hiperbóreos como el pueblo de Apolo que puede llegar a vivir un milenio completo.

HOLISMO

Escuela de la Nueva Era. Promoción de métodos alternativos de sanidad, entre ellos el masaje metafísico, la piramidología, la acupuntura, la meditación, etc. No deben confundirse con usos puramente seculares de algunos métodos.

HOLLY ROLLERS

Movimiento religioso. En realidad este nombre se le dio a los cristianos que, a partir del siglo XIX, caían al suelo durante experiencias religiosas (→ PENTECOSTALES, IGLESIAS; SANTIDAD, IGLESIAS DE).

HOMOIANOS

Sector arriano. Seguidores de Acacio de Cesarea, algunos de ellos se integraron en la secta de los → ACACIANOS. Por un tiempo obtuvieron grandes victorias, pues prevalecieron en los concilios de Rímini-Seleucia y de Constantinopla (359-360 d.C.). Para ellos el Hijo era semejante (*homoios*) al Padre.

HOMOIUSIANOS

Sector antiarriano. Los cristianos que aceptaron la fórmula propuestra sobre todo por Basilio de Ancira en 358 estableciendo que el Hijo es semejante en sustancia (*homoiousios*) al Padre, pero desconfiaban de la doctrina de la consustancialidad adoptada en el Concilio de Nicea de 325 d.C. A veces se les llama «semiarrianos». Muchos de ellos aceptaron a la postre lo establecido en Nicea.

HOMOUSIANOS

Partidarios del Concilio de Nicea. Sector que se mantuvo firmemente al lado del credo niceno de 325 d.C. Para ellos, el Hijo es consustancial (*homoousios*) al Padre.

HORÓSCOPO

Práctica común que pretende descubrir y revelar la influencia de las estrellas y los signos del Zodíaco (Virgo, Capricornio, Piscis, etc.) sobre la vida de las personas.

Se hace énfasis en aspectos predictivos, pero en un sentido muy especial no tienen el apoyo de la astrología interpretada más estrictamente. (→ ASTROLOGÍA.)

HUGONOTES

Calvinistas franceses. Este apodo dado a los calvinistas franceses (→ CALVINISMO) tiene un origen incierto y pudiera ser una mala traducción de la palabra alemana que significa «confederados». Ya en la década de 1540, el protestantismo se había extendido por Francia y había adoptado una teología calvinista. Varios miembros de la nobleza y el prestigioso almirante Gaspar d'Coligny se unieron a la Iglesia Reformada de Francia.

La Matanza de San Bartolomé (París, 1572) diezmó las huestes de hugonotes, pero en 1598 uno de ellos, convertido al catolicismo para ocupar la corona (Enrique IV), proclamó el Edicto de Nantes en que se garantizaba no solo la tolerancia religiosa, sino la igualdad civil y la posesión de plazas fuertes para asegurar sus intereses.

Luis XIV revocó ese edicto en 1685, con lo que provocó un enorme éxodo, persecución religiosa y confiscación de propiedades a los que permanecieron en el país, así como conversiones forzosas al catolicismo. Entre los que permanecieron, los llamados «camisardos» se rebelaron en los Cévennes y permanecieron activos hasta 1706. Luis XVI les otorgó cierta tolerancia, pero no fue sino hasta principios de la Revolución Francesa (cuando regresaron muchos emigrados) que se reorganizó la Iglesia Reformada. Los descendientes de los hugonotes disfrutan actualmente de igualdad política en Francia y sus familiares viven en numerosos países, donde por lo general disfrutan de gran prosperidad. Pocas minorías religiosas alcanzaron tan alto nivel intelectual, económico y político como los hugonotes.

HUMANISMO

Movimientos en la historia del pensamiento y la cultura. El término «humanismo» lo acuñó J. Niethammer, en el siglo XIX, aunque ya se hablaba de «humanistas» en el XVI y de estudios «humanísticos» desde el XVIII. Todo esto destaca, en primer lugar, el estudio de las lenguas y de los autores clásicos. Por otra parte, ha influido las disciplinas conocidas como «humanidades». Alguna forma de humanismo hace prevalecer en todo al hombre, situado en contraste, y por encima de Dios o lo divino.

Sin ubicarse exactamente en una u otra corriente, figuras ilustres de la erudición como Jacobo Burckhardt concibieron el humanismo como descubrimiento del hombre como hombre en el Renacimiento.

Esta era sirvió para crear una especie de humanismo religioso y se produjo el renacimiento de los estudios clásicos, los que contrastaban con los estrictos límites de la ortodoxia religiosa en la Edad Media. Muchos de esos «humanistas» de los siglos XV, XVI, etc., eran profundamente religiosos, pero se inclinaban a cierta tolerancia, a la libertad de investigación y al deseo de profundizar en todas las materias relacionadas al fenómeno religioso. Entre ellos pudieran incluirse figuras como Desiderio Erasmo, Felipe Melanchton y Tomás Moro. Incluso Juan Calvino tuvo una formación humanista y marcadas tendencias que lo incluyen entre los intelectuales así considerados. Pero muchos otros «humanistas» eran simplemente indiferentes o escépticos en materia de religión.

En épocas más recientes, independientemente de los «humanistas cristianos», es decir, creyentes que estudian las humanidades y aman la investigación, ha tomado forma un humanismo secularizante en el que predomina cierto desprecio por todo lo religioso. Algunos de estos «humanistas» se han organizado contra la influencia religiosa en la sociedad.

Debe también reconocerse la diferencia en otro sentido. Ser «humanista» no indica necesariamente el carácter «humanitario» de una persona. Tampoco puede reducirse el cristianismo a una simple forma de humanismo.

HUSITAS

Movimiento evangélico medieval. Los husitas surgieron de la reforma evangélica promovida en el país checo, en el siglo XV, por el teólogo Juan Hus (1373-1415), bajo la influencia de John Wyclif de Inglaterra. Hus predicó la justificación por la fe, la reforma de la Iglesia, y se enfrentó al control de Bohemia por el Imperio Alemán.

Después de la ejecución de Hus, por decisión del Concilio de Constanza, el reformador se convirtió para el pueblo checo en héroe nacional. Entonces se produjeron las llamadas «guerras husitas». Una parte de sus partidarios decidió mantenerse dentro de la iglesia oficial (→ CATÓLICA, APOSTÓLICA Y ROMANA, IGLESIA) a condición de recibir el pan y el vino durante la comunión y otras concesiones menores. Se conocen históricamente como «utraquistas».

Otro sector prefirió crear comunidades independientes que sufrieron persecución. Y ya en el siglo XVI se unieron a la Reforma Protestante.

Después de la derrota evangélica de la batalla de la Montaña Blanca (1620), regresó el período de persecución. Muchos se expatriaron, entre ellos el obispo J.A. Comenius, gran figura de la intelectualidad europea de su tiempo, y se reorganizaron en el extranjero.

Sin embargo, con el tiempo se volvieron a organizar en la misma Checoslovaquia. Una de sus ramas, muy influyente, es la Iglesia Evangélica de los Hermanos Checos, de teología reformada. También existe allí un grupo conocido como Iglesia Checoslovaca (→ CHECOSLOVACA, IGLESIA), cuya teología no es muy diferente a la ortodoxa, pero cuyo seminario lleva el nombre de Hus.

Entre los protestantes «husitas» contemporáneos se encuentra Tomás Masaryk, fundador de la República de Checoslovaquia, y el teólogo Josep Hromadka.

HUTTERITAS, HERMANOS

Denominación evangélica. Fue organizada por Jakob Hutter en Moravia, en 1528. Es uno de los grupos → ANABAPTISTAS originales; de teología evangélica, particularmente pacifista. Introdujeron en el ala moderada del movimiento el énfasis en la vida comunitaria.

Con el tiempo se trasladaron a Ucrania, Canadá y Dakota del Sur, en busca de libertad y de facilidades para desarrollar su estilo de vida.

I

— de IBADITAS a ISMAILITAS —

IBADITAS
(También se les conoce como «ibhadis».)

Secta musulmana. Fundada por Abdallah ibn Ibad en el siglo VIII, fue la única rama que sobrevivió al movimiento → KHARID-JITA. Los ibaditas creen que el Corán fue creado. Por tanto, es una posición contraria a la corriente principal del → ISLAMISMO, que afirma que esas escrituras son la palabra de Dios que no necesita ser creada.

Sus principales centros están en el África del Este, Zanzíbar, Libia, Túnez y algunas regiones del interior de Argelia.

IDEALISMO
Doctrina filosófica. Según el obispo anglicano Berkeley, considerado como «idealista», el idealismo es la doctrina según la cual los seres se reducen a las ideas que tenemos de ellos, excepto en el caso de quienes existen en sí mismos (como Dios y el espíritu).

El idealismo se opone al → REALISMO.

IGLESIA ALTA
Véanse ANGLICANA, IGLESIA; ANGLOCATÓLICOS.

IGLESIA BAJA
Véase ANGLICANA, IGLESIA.

IGLESIA DE DIOS, CONFERENCIA GENERAL
(No debe confundirse con «Iglesias de Dios, Conferencia General».)

Denominación cristiana. Este movimiento se originó con la llegada a Estados Unidos de un grupo de inmigrantes británicos a principios del siglo XIX. Varios grupos surgieron del mismo, el más importante de ellos es esta «Iglesia de Dios, Conferencia General». Se trata de un grupo evangélico con énfasis en la Segunda Venida de Cristo, sobre la cual aceptan una posición premilenial. Ha sido identificada con cierta forma de adventismo por su escatología (al menos algún aspecto) y por enseñar que los creyentes duermen hasta la Resurrección.

152

Su principal publicación es el *Heraldo de la Restitución*. Tienen misiones en India, México, Filipinas, Nigeria, Ghana, Gran Bretaña y el Perú.

IGLESIA DE ESCOCIA
Véase PRESBITERIANA, IGLESIA.

IGLESIA DE INGLATERRA
Véanse ANGLICANA, IGLESIA; ANGLOCATÓLICOS.

IGLESIA DE IRLANDA
Véase ANGLICANA, IGLESIA.

IGLESIA DE JESUCRISTO DE LOS SANTOS DE LOS ÚLTIMOS DÍAS
Véase MORMONA, IGLESIA.

IGLESIA DE LA INDIA, BIRMANIA Y CEILÁN (SRI LANKA)
Iglesia anglicana en esos países. (→ ANGLICANA, IGLESIA.)

IGLESIAS DE LOS VIEJOS CATÓLICOS
Véase VIEJOS CATÓLICOS, IGLESIA DE LOS.

IGLESIA DE SIÓN
Véase SIÓN, IGLESIA DE.

IGLESIA DE UNIFICACIÓN
Véase UNIFICACIÓN, IGLESIA DE.

IGLESIA DEL ESTE
Véase NESTORIANOS.

153

IGLESIA DEL NAZARENO
Véase NAZARENO, IGLESIA DEL.

IGLESIA DEL NORTE DE LA INDIA
Véase NORTE DE LA INDIA, IGLESIA DEL.

IGLESIA DEL SUR DE LA INDIA
Véase INDIA DEL SUR, IGLESIA DE LA.

IGLESIA GRIEGA
Véase ORTODOXA, IGLESIA.

IGLESIA JACOBITA SIRIA
Véase ORTODOXA SIRIA, IGLESIA.

IGLESIA LIBRE DE ESCOCIA
Véase LIBRE DE ESCOCIA, IGLESIA.

IGLESIA LIBRE DE INGLATERRA
Véase LIBRE DE INGLATERRA, IGLESIA.

IGLESIA LIBRE UNIDA DE ESCOCIA
Véase LIBRE UNIDA DE ESCOCIA, IGLESIA.

IGLESIA MENOR
Véase UNITARISMO.

IGLESIA METODISTA UNIDA
Véase METODISTA UNIDA, IGLESIA.

IGLESIA OCCIDENTAL
Véase OCCIDENTAL, IGLESIA.

IGLESIA ORTODOXA
Véase ORTODOXA, IGLESIA.

IGLESIA ORTODOXA SIRIA
Véase ORTODOXA SIRIA, IGLESIA.

IGLESIA UNIDA DE CRISTO (ESTADOS UNIDOS)
Véase CONGREGACIONAL, IGLESIA.

IGLESIAS DE DIOS, CONFERENCIA GENERAL
(No debe confundirse con «Iglesia de Dios, Conferencia General».) Denominación evangélica. John Winebrenner (1797-1860), un evangelista de procedencia reformada, fundó una iglesia independiente en Harrisburg, Pensilvania, de donde procede este movimiento, organizado nacionalmente en 1845. Su teología es arminiana y se gobierna mediante ancianos o presbíteros, así como a través de conferencias. Su sistema de gobierno es presbiteriano. Su institución principal es el Colegio Findlay y su Seminario Teológico Winebrenner radica en Findlay, Ohio. Se ha extendido por la India, Haití, Bangladesh, entre los indios norteamericanos y en otros lugares.

IGLESIAS LIBRES
Véase LIBRES, IGLESIAS.

IGLESIAS NO CONFORMISTAS
Véase NO CONFORMISTAS, IGLESIAS.

IGLESIAS ORIENTALES
Véase ORIENTALES, IGLESIAS.

IGLESIAS REFORMADAS
Véanse PRESBITERIANA, IGLESIA; REFORMADA, IGLESIA; CRISTIANA REFORMADA, IGLESIA.

ILUSTRACIÓN

Movimiento europeo con énfasis en la capacidad del hombre. La Ilustración redujo la influencia de la religión sobre la vida intelectual. Se trataba del surgimiento del hombre como factor central. La Ilustración puso a un lado la revelación sobrenatural y la doctrina cristiana sobre el pecado. Favorecía una religión natural y puede notarse su huella en movimientos como el → DEÍS-MO. Al poner su confianza absoluta en la razón se intentó socavar la confianza en las instituciones y doctrinas religiosas.

Su punto más alto se alcanzó durante el siglo XVIII. Entre las figuras que tienen relación con su desarrollo pueden mencionarse a René Descartes, John Locke, Isaac Newton, Charles Louis Joseph de Secondat Montesquiu, David Hume, Adam Smith, Paul H. Dietrich, barón de Holbach, Juan Jacobo Rousseau, D. Diderot, Francois-Marie Arout (Voltaire), A.R.J. Turgot, Gaspar Melchor de Jovellanos, etc.

La Ilustración en Europa coincidió con el desarrollo de una teología nacional en Escocia y otros países protestantes.

IMAMITAS

Sector musulmán. Puede llamarse así a todos los → CHIITAS, pero sobre todo a los que hacen un mayor énfasis en la aceptación del Imam o Imán como figura religiosa principal, y profesan firmes creencias acerca de los doce Imanes históricos aceptados por los chiitas.

INDIA DEL SUR, IGLESIA DE LA

Iglesia unificada. Tres iglesias se unieron en 1947 en el sur de la India, lo que resultó en ser la primera unión de congregaciones de gobierno episcopal e iglesias con otro tipo de gobierno. Se trataba de varias diócesis de la Iglesia Anglicana (→ ANGLICANA, IGLESIA) entre ellas la de Madrás, la Iglesia Unida de la India del Sur (unión de presbiterianos y congregacionalistas producida en 1908) y la provincia de la India del Sur de la Iglesia Metodista (→ METODISTA, IGLESIA). Al principio se aceptaron todas las ordenaciones, pero los nuevos ministros son ahora ordenados por un obispo para satisfacer al sector de origen anglicano. La iglesia posee sus propias fórmulas litúrgicas, y sobre todo la liturgia eucarística de la India del Sur; acentúa su condición de iglesia india y ha luchado por la autonomía financiera. Mantiene misiones en otros lugares y ha servido como modelo para la unión de denominaciones cristianas en otras regiones.

INDIOS NORTEAMERICANOS, CREENCIAS DE LOS

Creencias precolombinas de los indígenas norteamericanos. El estudio de estas creencias tiene relación directa con el → ANIMISMO y el → TOTEMISMO.

Los pueblos cazadores de Norteamérica creían en seres espirituales organizados con carácter jerárquico. Por lo general, al ser supremo se le llama «Gran Espíritu». Su nombre se identifica con el concepto de poder sagrado o fuerza presente en los objetos. Ese poder es llamado *manitú* entre los algonquinos, *orenda* entre los iroqueses y *wakan* entre los sioux. Se explica la creación del mundo y de los humanos en relación con el ser supremo o con un héroe civilizador (un demiurgo subordinado). En el sur y sudoeste norteamericano la religión estaba centrada en la vida vegetal, mientras que en regiones de cazadores se asocia con los animales. Algunas tribus observaban en forma individual el → TOTEMISMO y cada persona tenía su espíritu guardián, generalmente un animal. Lo más próximo a la experiencia espiritual de otras religiones era el intento de obtener una «visión».

En las Grandes Llanuras esa búsqueda se repetía a menudo durante la existencia de la persona. Las relaciones de producción y el medio determinaban en gran parte el estilo de las ceremonias religiosas, que en algunos casos incluían ofrendas consistentes en humo de tabaco y en bailes rituales. Los cazadores propiciaban con frecuencia a los espíritus del mundo animal. Una serie de ceremonias de purificación se requerían a los que daban muerte a otras personas o les cortaban la cabellera a los enemigos, lo cual era frecuente. En los ritos se trataba de imitar los sonidos de los animales. Con ciertos rituales se intentaba renovar la fertilidad de la tierra. En dichos ritos podían producirse autotorturas y ayunos.

Los indios norteamericanos creían que la muerte era indicio

de haber perdido el alma libre. Las almas, después de la muerte, regresaban a otros cuerpos o se convertían en fantasmas. Algunas marchaban en dirección al país de los muertos. Costumbres funerarias de las tribus incluían la exposición, la inhumación y la cremación; el cadáver llevaba un ajuar especial para los funerales. Los que aspiraban a la condición de chamanes o de líderes religiosos debían pasar por torturas que culminaban con una danza del sol, acto principal entre algunos grupos.

INFRALAPSARIOS

(También se les conoce como «infralapsistas». Del latín *infra* que significa *debajo*, y *lapsus* que significa *caída*.)

Posición teológica. En el calvinismo, los que sostienen que Dios eligió a los humanos para salvación o condenación antes de crear el mundo son llamados «infralapsistas» o «infralapsarios» en contraste con los «supralapsistas» o «supralapsarios» o calvinistas más moderados.

Entre los católicos, para algunos teólogos y pensadores el infralapsismo indicaba que Dios creó el universo para su gloria, permitió la caída de los primeros padres y eligió a muchos para salvación o castigo. La doctrina católica insiste sin embargo en el libre albedrío y, por lo tanto, rechaza esas interpretaciones.

ISLAMISMO

(Del árabe, *islam*, que significa *obediencia, sumisión, resignación*.)

Religión universal. La prédica de Mahoma en el siglo VII dio lugar a este movimiento, una de las más grandes e influyentes religiones en la historia de la humanidad. Los «muslimes» (la palabra *muslim* quiere decir *sumiso a Dios*) o creyentes, es decir, los musulmanes, la han extendido en numerosos países mediante actividades de proselitismo o por inmigración.

Mahoma estuvo bajo la influencia de las antiguas religiones de Arabia, del → CRISTIANISMO (en la versión de iglesias orientales) y el → JUDAÍSMO. Su actividad en Medina y La Meca le convirtió en un personaje polémico y por algún tiempo tuvo que abandonar La Meca y radicarse en Medina (huida conocida como *La Hégira*).

Para los musulmanes su religión ha sido la misma siempre. Dios la había recordado a los hombres mediante profetas como Adán, Noé, Abraham, Moisés y Jesús y sobre todo mediante Mahoma, el último de los profetas, «el Apóstol de Dios». Una declaración constante es la de «No hay más Dios que Alá y Mahoma es su profeta». El Corán, o escrituras sagradas de los musulmanes, afirma que Jesús anunció la venida de Mahoma, pero las escrituras cristianas fueron falsificadas para ocultarlo.

Los musulmanes son monoteístas. También creen en ángeles y arcángeles y en una vida futura. Los monoteístas que vivan de acuerdo a sus convicciones: musulmanes, judíos, cristianos, sabeos, etc., serán admitidos al paraíso. Los muslimes son circuncidados, deben abstenerse de bebidas alcohólicas y de carne de cerdo, hacer varias oraciones al día y peregrinar al menos una vez en la vida a La Meca, a cuyo peregrinaje llaman *hadj*.

El derecho islámico se basa en El Corán y en la tradición y se conoce como *shari'a*. Los más estrictos exigen que la legislación de los países de mayoría musulmana se base en el derecho islámico.

Algunas sectas musulmanas han apelado a una especie de guerra santa para derrotar a sus enemigos o extender la influencia del Islam. Un caso conspicuo es el del Irán de los ayatolas en el siglo veinte y el de un famoso «mahdi» o supuesto mesías en Sudán en el siglo pasado.

El Islam se ha extendido por numerosas naciones de Occidente, pero su mayor crecimiento se ha producido en el África negra. Los bastiones tradicionales del Islam son los países árabes, el norte de India, Pakistán, África del Norte, Egipto, Irán, Irak, Turquía, Indonesia, etc. Hasta el siglo XV varios reinos de la península Ibérica estuvieron bajo control musulmán.

Entre las sectas musulmanas están los kharijitas (ortodoxos fanáticos), los mutazalitas (más liberales), y sobre todo las grandes divisiones entre → CHIITAS y → SUNNITAS. Los mahometanos están divididos desde el siglo VII en estas dos sectas principales: los «sunnitas» que niegan los derechos al califato de Alí, cuarto

159

sucesor de Mahoma, y los «chiitas» que lo apoyan y consideran que solo Mahoma es superior a él.

Otros importantes grupos son los → ISMAILITAS y los sufíes (→ SUFISMO).

ISMAILITAS

(También se les conoce como «ismaelitas».)

Secta islámica. Los ismailitas no aceptan que la revelación concluye con Mahoma. La secta surge en el siglo IX. Esperaban la llegada de un mesías o «mahdi» que establecería su reino sobre la tierra y vengaría a la raza de Alí, cuarto de los califas o sucesores de Mahoma. Su doctrina tiene un matiz gnóstico. Para ellos el alma del mundo continúa manifestando la verdad eterna por medio de los profetas. Su líder es el Aga Khan.

de JACOBITA SIRIA, IGLESIA a JUDÍOS NEGROS —

J

presbiterianos
santería
aztecas
mahometanismo
ucianismo
ermanos moravos
zoroastrismo
animistas
anglicanos
vodú
metodistas
adventistas
davidianos
nueva era
bautistas
ac...ses
Iglesia de Jesucristo de ...os santos de los últimos...
coptos
Testigos de Jehová
bega...
nduismo
pente...ostales
ufología
gedeones
culto a Changó
damitas
totemism...
adiaforistas
niños de Dios
...arismático
macedonianos
jacobitas
racionalistas
valdenses
...gomill...
yesidas
yoga
berberisca
...ariseos
evangélicos
abelianos
laudianos
bohemio...
iotelistas
tembladores
anzantes
judaísmo
acacianos
mormones
caballería espiritu...

JACOBITA SIRIA, IGLESIA
Véase ORTODOXA SIRIA, IGLESIA.

JACOBITAS
Movimiento religioso en Siria. Los jacobitas son los partidarios del → MONOFISISMO en Siria. Al no aceptar las decisiones del Concilio de Calcedonia (451 d.C.), el patriarca sirio se apartó de la comunión del resto de la iglesia oriental.

A pesar de las persecuciones, los jacobitas lograron mantenerse, en parte, por una serie de líderes y teólogos como Jacobo Baradeo. A partir del Segundo Concilio de Nicea (797 d.C.), se les llamó jacobitas por su líder.

La iglesia jacobita subsiste con una feligresía reducida. Su patriarca tiene el título de Antioquía, pero radica en otros lugares.

JAINISMO
Religión oriental. Una de las menos conocidas entre las orientales. Según varios eruditos, la religión jainista es la primera disidencia importante dentro del budismo.

Mahavira, su fundador, era un contemporáneo de Buda, Confucio, Lao-Tsé y quizás de Zoroastro. Vivió de 599 a 527 a.C., y se crió en la opulencia. Bajo su influencia el jainismo se convirtió en una religión histórica. Al igual que el → BUDISMO fue un movimiento de reforma; pero mientras este se extendió fuera de la India, el jainismo quedó confinado a ella.

Los jainistas son ateos y no aceptan la existencia de dioses, espíritus ni demonios, pero creen en seres sobrenaturales o «tirthankaras», hombres justos que han alcanzado la perfección. Como dualistas, sostienen que el universo ha estado dividido en dos categorías: los seres vivos o «jiva» y las cosas inanimadas o «ajiva». Hacen referencia, pues, a las almas y a la materia, dos principios diferentes, pero igualmente increados e indestructibles.

El fin definitivo del jainista es alcanzar el estado de «no composición» en el que las cadenas del karma (ley de causalidad y retribución) quedan rotas. Los jainistas hacen cinco votos que

162

equivale a renunciar a matar seres vivientes, a mentir, a ambicionar, a los placeres sexuales y a los vínculos mundanos.

Las escrituras jainistas consta sobre todo de los doce *Angas* (obras atribuidas a Mahoma) y además tienen una especie de enciclopedia jainista llamada *Lokaprakasa*.

No hacen proselitismo y tienen vínculos con el hinduismo. Entre sus sectas están los digambaras y los svetambaras. Los digambaras, o «que se visten de aire», entienden que el santo perfecto puede vivir sin vestirse, mientras que los svetambaras, o «que llevan vestiduras blancas», no destacan el nudismo.

JAMILIANOS
(También se les conoce como «Comunidad Internacional de Cristo».)

Secta religiosa. Seguidores del estadounidense Gene Savoy, que afirma que su único hijo, Jamil Sean Savoy, muerto en los Andes peruanos en 1962 a la edad de tres años, era Cristo y realizaba milagros mediante la absorción de energía solar.

JANSENISMO
Movimiento disidente dentro del catolicismo romano (→ CATÓLICA, APOSTÓLICA Y ROMANA, IGLESIA). Partidarios de Cornelio Jansenio (1585-1638), eminente teólogo y pensador católico, obispo de Ypres desde 1636 hasta su muerte.

Jansenio, como otros pensadores católicos, negaba la realidad del libre albedrío en el hombre, la posibilidad humana de rechazar la gracia y la universalidad de la salvación por medio de la muerte de Jesús. Publicó su obra *Augustinus* en 1640 y fue condenado por el Santo Oficio.

Este → «CALVINISMO» católico se extendió por Bélgica, Holanda y Francia en oposición a sus adversarios jesuitas. En París, los teólogos de Port Royal, entre ellos el filósofo Blas Pascal, defendieron las ideas de Jansenio, pero en 1653 Inocencio X declaró que cinco de sus proposiciones eran heréticas. Finalmente se organizó una iglesia jansenista dirigida por el obispo de Utrecht. Esta iglesia contribuyó a la formación del movimiento de los Viejos Católicos (→ Viejos Católicos, Iglesia de los) del siglo XIX.

JEZRAELITAS

Culto religioso. Seguidores de James White, autoproclamado heraldo del fin del mundo, en la segunda mitad del siglo XIX. En su opinión solo ciento cuarenta y cuatro mil personas se salvarán. Las enseñanzas de White se beneficiaron de las expectativas creadas por otros grupos como los adventistas originales.

JOSEFINISMO

Política hacia la religión. A partir de la emperatriz María Teresa (siglo XVIII), y sobre todo durante el gobierno de José I (1780-1790), el estado austríaco y la dinastía de los Habsburgo impuso mayores controles a la Iglesia Católica que incluyó la disolución de muchos monasterios, la abolición de la censura eclesiástica y la tolerancia a protestantes, judíos y otros grupos minoritarios. Los obispos tuvieron que jurar lealtad al gobierno y los sacerdotes pasaron a ser funcionarios estatales.

Para el gobierno, la obediencia de la iglesia al Estado se estimó como la gran consideración y el gran mérito de cualquier iglesia. Aun así se mantuvieron ciertos privilegios y la condición oficial del catolicismo romano. El sistema duró hasta 1850.

JUDAÍSMO

Religión monoteísta. Una de las grandes religiones de la historia. Conjunto de instituciones religiosas de Israel. Se trata de la raza, la fe, la cultura y la historia del pueblo judío.

El término judaísmo se deriva del nombre de una de las doce tribus de Israel, la de Judá. El judaísmo de la Biblia se extiende hasta el año 70 d.C. El rabínico se inicia a partir de ese año y la destrucción de Jerusalén por los romanos. En este período surgen las academias y los maestros como Gamaliel II de Yabné. La reflexión sobre la *Torá* o Ley, es decir, el Pentateuco, se convierte en centro de la vida religiosa al ser destruido el templo y desaparecer definitivamente el sacerdocio. Se codifica el *Talmud* y surge la literatura interpretativa como la «midrash» y la «mishná».

El judaísmo medieval heredó al babilónico y florece en varias disciplinas académicas instigado por el avance musulmán. El judaísmo moderno, es decir, el de los últimos cinco siglos, culmina con el regreso a Israel.

La doctrina judía es monoteísta y antitrinitaria. Su énfasis principal en el judaísmo normativo descansa en la *Torá*. El judaísmo estuvo dividido desde antes de la venida de Cristo. Entre esas divisiones estuvieron los fariseos, los saduceos y los → ESENIOS. Un sector nacionalista llevaba el nombre de celotes. En la Edad Media no pudieron absorber a los → CARAÍTAS, pero en fechas más recientes surgieron grupos liberales, conservadores y reformados que hacen concesiones al medio y los cambios históricos.

Los ortodoxos se mantienen lo más cerca posible del judaísmo de épocas anteriores. Estos últimos disfrutan de grandes privilegios en Israel. Además de la observancia de la Ley y de la práctica de la circuncisión, los judíos mantienen su esperanza mesiánica, es decir, que Dios establecerá su gobierno perfecto sobre la tierra por medio del Mesías.

En el proceso del desarrollo de su pensamiento, un enorme sector judío se ha identificado con el liberalismo e incluso con el secularismo más rampante. Un alto número de judíos contrae matrimonio con gentiles. En realidad, solo una minoría practica su religión. Los lugares de culto son llamados sinagogas, generalmente dirigidas por rabinos, maestros de religión.

JUDAÍSMO CONSERVADOR
Movimiento judío. Como movimiento histórico, el judaísmo conservador fue dirigido por Zacarías Frankel (1801-1875) e intentó limitar la influencia de las nuevas ideas de la era de la Ilustración que se infiltraban en la comunidad judía. Trataron de reconciliar sus tradiciones con las nuevas investigaciones y métodos históricos, pero siempre buscando mantener la identidad judía. El judaísmo conservador tenía pues como objetivo conservar la tradición, pero sin rechazar la modernidad. Por ejemplo, sus se-

guidores afirman que la Ley Mosaica sigue vigente, pero que los líderes rabínicos establecidos pueden introducir ciertos cambios. Entre las instituciones educativas que tienen vínculos con el movimiento están el Seminario Teológico Judío de América, en Nueva York; el Seminario Rabínico Latinoamericano de Buenos Aires; la Universidad del Judaísmo, en Los Ángeles; y el Beit Midrash de Jerusalén. El ala izquierda del movimiento dio origen al reconstruccionismo (→ JUDAÍSMO RECONSTRUCCIONISTA), pero los del ala derecha se opusieron a la decisión del judaísmo conservador de ordenar mujeres como rabinos, y formaron más tarde la Unión para el Judaísmo Tradicional.

JUDAÍSMO ESOTÉRICO
Interpretación esotérica del judaísmo. Se trata más bien del estudio de elementos de esoterismo en el desarrollo de la religión entre los judíos y especialmente en grupos como los → ESENIOS, los → CARAÍTAS, la cábala judía (→ KÁBBALA), la religiosidad sincrética en el judaísmo, el → GNOSTICISMO entre los judíos, el mandeísmo (→ MANDEÍSTA), etc.

JUDAÍSMO LIBERAL
Véase JUDAÍSMO REFORMADO.

JUDAÍSMO ORTODOXO
Movimiento judío. Judíos tradicionalistas que insisten en la interpretación literal de la *Torá* y aceptan un estilo de vida basado en las exigencias legales de la *Halajá*, o tradición rabínica. No aceptan la autoridad de los rabinos de otras creencias más liberales en cuanto a la recepción de conversos y en asuntos como el divorcio. Tampoco utilizan la música del órgano, se oponen a utilizar propaganda para el proselitismo y exigen que mujeres y hombres se sienten en lugares separados en la sinagoga. En Israel, la mayoría de los ortodoxos apoyan a los partidos religiosos, pero son una minoría entre los judíos israelíes.

En Estados Unidos tienen varios centros importantes donde

166

están establecidos, como en Los Ángeles, Cleveland, Chicago, el sur de la Florida y el nordeste del país. También tienen grandes comunidades en Toronto y Montreal (Canadá), Melbourne (Australia), Antwerp (Bélgica) y en la antigua Unión Soviética.

JUDAÍSMO RECONSTRUCCIONISTA

Movimiento judío. Judíos que han realizado tareas pioneras en la lucha por la igualdad de hombres y mujeres dentro del contexto judío. Bajo la dirección de Mardoqueo Menahem Kaplan, la Sociedad para el Avance del Judaísmo se fundó en 1922 con la intención de integrar los valores democráticos y científicos, así como la erudición en una «reconstrucción del judaísmo». Entre sus instituciones figura el Colegio Rabínico Reconstruccionista de Wyncote, Pensilvania, cuyo fundador fue R. Ira Eisenstein.

En el movimiento se considera como superada la era de la *Halajá*, o tradición rabínica. Para ellos, el → JUDAÍSMO es la civilización religiosa del pueblo judío y, por lo tanto, debe evolucionar y adaptar sus creencias y prácticas a las necesidades del mundo. Entre sus peculiaridades resalta su rechazo de la creencia en un Dios sobrenatural que interviene en los asuntos de los hombres.

Desde su fundación han incorporado a las muchachas a la ceremonia judía de iniciación o *bar mitzvá*. En 1968 decidieron ordenar a las mujeres en rabinos y han permitido que las damas puedan tomar la iniciativa en el divorcio religioso o *gittin*. Su institución más conocida es el Colegio Rabínico Reconstruccionista de Wyncote, Pensilvania.

Los reconstruccionistas apoyan firmemente al Estado de Israel.

JUDAÍSMO REFORMADO

Movimiento judío. Las diferencias entre el → JUDAÍSMO ORTODOXO y los reformados o reformistas, considerados como más liberales o progresistas, tienen relación con la autoridad de la *Halajá*, o tradición rabínica, en aspectos bíblicos y jurídicos. Aunque los reformistas aceptan la autoridad de la *Torá*, hacen

167

una distinción entre elementos eternos y formas legales o tradiciones producto de una era.

Los reformados pusieron a un lado su creencia en un Mesías personal. Generalmente, son más flexibles que otros judíos, sobre todo que los ortodoxos. Por ejemplo, aceptan que el → JUDAÍSMO se hereda no solo por parte de la madre sino por el padre. Fueron los primeros judíos en ordenar mujeres como rabinos.

El movimiento tiene sus raíces en una escuela progresiva judía y en una sinagoga organizadas por Israel Jacobson en Seesen. Jacobson se mudó después para Berlín y organizó servicios religiosos en hogares particulares. Los judíos de Hamburgo construyeron una sinagoga en 1818 y la llamaron «templo». En Estados Unidos se organizó la Sociedad Reformada de Israelitas en Charleston, Carolina del Sur, en el período 1825-1833. Con el tiempo el movimiento reformado norteamericano se convirtió en una denominación cuando Isaac Mayer Wise fundó una organización compuesta por sinagogas, la Unión de Congregaciones Hebreas Americanas en 1873, y también el Colegio Hebreo de la Unión en 1875.

JUDAIZANTES

Movimiento judeocristiano. Un buen número de gentiles, en iglesias como la de Galacia, se sometieron a ciertas prácticas de la ley judía. En términos de la iglesia primitiva, judaizantes eran los que consideraban esa observancia como necesaria o conveniente para la vida cristiana. En la Iglesia han aparecido tendencias judaizantes en diversas épocas.

JUDEO-CRISTIANISMO

Cristianos judíos de la antigüedad. Entre los primeros cristianos prevalecían los judíos. Independientemente de aceptar a Jesús como el Mesías o como el Hijo de Dios, muchos de ellos continuaron practicando el judaísmo. El Concilio de Jerusalén decidió que a los gentiles no se les obligara a guardar la Ley de Moisés; pero hasta la destrucción del templo (año 70) y aun después, las prácticas judías siguieron influyendo a un sector de hebreos cristianos.

Entre los principales grupos judeo-cristianos están los → EBIONITAS, considerados en círculos ortodoxos como herejes.

JUDÍOS ETÍOPES
(También se les conoce como «judíos negros», «felajas», «felashas» o «falashas».)
Comunidad judía etíope. Conversos etíopes al judaísmo desde la antigüedad. Los judíos etíopes o judíos negros han insistido sobre todo en su fe en el Antiguo Testamento, pero no utilizan el *Talmud*.

Un buen número de ellos se han convertido a la Iglesia Copta o al protestantismo; otros han emigrado a Israel y un sector ha permanecido en Etiopía.

JUDÍOS NEGROS
Véase JUDÍOS ETÍOPES.

K

santería
aztecas
presbiterianos
mahometanis
ucianismo
ermanos moravos
zoroastrismo
nimistas
anglicanos
vodú
metodistas
adventist
davidianos
nueva er
bautistas
Iglesia de Jesucristo de los santos de los último
coptos
Testigos de Jehová
bego
nduismo
pentecostales
ufolog
gedeones
culto a Changó
elamitas
totemismo
dalaforistas
niños de Dios
carismátic
— de KÁBALA a KUROZUMI-KYO —
racionalistas
taboritas
bogomi
valdenses
wesleyanos
yesidas
berberisc
yoga
ortodoxes
abelianos
fariseos
evangélicos
bohemi
laudianos
tembladores
iotelistas
anzantes
judaísmo
acaciana
mormones
caballería espíritu

KÁBALA

Véase KÁBBALA.

KÁBBALA

Doctrina esotérica y mística judía. Se indica el siglo XIII como punto de partida. Estas creencias influyeron en los judíos expulsados de España a fines del siglo XV.

Algunos especialistas han tratado de encontrar su fundamento en escritos bíblicos como los de los profetas Ezequiel y Daniel. Pudiera tener sus raíces en el *Sefer Yetzirá* o *Libro de la creación*, atribuido al rabino Akiba, y en otros escritos, como el *Sefer ha-Zohar* o *Libro del resplandor* atribuido a Sefer ha-Bahir (siglo XII), a Simón ben Jochai (siglo XIII) y a Moisés de León, judío de Granada del siglo XIV.

La kábbala contiene elementos considerados como teosóficos, mientras otros parecen tener un carácter gnóstico. Algunos apuntan hacia un origen ocultista pues tiene elementos extraídos probablemente de formas de magia y brujería. Según su interpretación, Dios está en un mundo superior e infinito y el hombre vive en uno inferior y finito.

El pensamiento cabalístico se divide en una corriente ocultista que incluye → ASTROLOGÍA, numerología y encantamiento, y en una corriente eminentemente especulativa.

KAIDIRI

Orden de → DERVICHES o mendicantes musulmanes. Su fundador fue Abd al-Kadir al-Jilani (siglo XII). Kadir escribió tratados místicos y plegarias, y tuvo fama de taumaturgo.

La orden es dirigida por un «guardián», quien es uno de los descendientes del fundador. Sus seguidores abundan en la India, África del Norte y el Lejano Oriente.

Los círculos musulmanes ortodoxos por lo general la aceptan.

KARAÍTAS

Véase CARAÍTAS.

KARDECISMO

Véase ESPIRITISMO.

KHARIDJITAS

(Palabra árabe que significa *disidentes*.)
Separatistas musulmanes. Sector opuesto al reconocimiento de Alí como Califa. Uno de los miembros del movimiento asesinó a Alí en 660. Se caracterizaban por su rigurosidad ética. Se han reducido considerablemente.

KHLYSTI

(Palabra rusa que significa *flagelantes*.)
Secta disidente rusa. Algunos los relacionan con los → BOGO-MILOS. Se identifican como «hombres de Dios». Sus líderes se creían encarnaciones de Cristo, y sus profetisas se proclamaban «Madres de Dios». Entre sus prácticas estaban la abstinencia sexual, las danzas, la música hipnótica y su negativa a servir en el ejército o a consumir café y té.
Fue una de las sectas más reprimidas en la historia de Rusia.

KIMBANGU, IGLESIA DE

Iglesia independiente o autóctona en África. Este movimiento, con énfasis en los carismas del Espíritu, en su carácter autóctono y en su disciplina estricta, lo fundó un precursor de la independencia africana, el evangelista bautista Simón Kimbangu (1889-1951) en el antiguo Congo Belga (también conocido como Zaire).
Se trata de una de las iglesias africanas (→ AFRICANAS, IGLESIAS AUTÓCTONAS) que se ha mantenido bastante cerca de la teología evangélica tradicional, aunque ha adoptado algunas prácticas culturales africanas en sus ritos. Pertenece al Concilio Mundial de Iglesias y otras entidades ecuménicas. Es una de las iglesias más influyentes del África subsahariana.

KIRPAL LIGHT SATSANG

Secta religiosa. Grupo con trasfondo de hinduismo dedicado a

173

seguir las enseñanzas de Sant Thakar Singh, quien fundó la secta en Kensington, California.

Creen en la unidad del hombre, la cual puede entenderse y alcanzarse siguiendo las orientaciones del fundador del grupo. Utilizan la desintoxicación de drogas para el proselitismo y la propaganda, favorecen el → YOGA y exigen a sus miembros una dieta vegetariana.

KU KLUX KLAN

Sociedad secreta norteamericana constituida en Nashville, Tennessee, en 1867, como «el Imperio Invisible del Sur». Su gran figura inicial fue el general confederado Nathan Bedford Forrest.

Aunque se proponía principalmente reducir la influencia negra en el sur y la preservación de la discriminación racial, son evidentes algunos aspectos religiosos significativos. El klan se proclama cristiano y utiliza la Biblia. Entre sus miembros existe la creencia de que Eva tuvo relaciones sexuales con Satanás, de donde nació Caín, de quien desciende la raza negra. Solo los arios descienden de Adán. Para ellos Jesús no fue judío sino ario. Prevalece en el «klan» un fuerte elemento xenofóbico.

Atrajeron en su tiempo a algunos elementos extremistas afiliados a iglesias fundamentalistas, pero no puede asociarse definitivamente al «klan» con el movimiento fundamentalista en aspectos orgánicos o teológicos. Antes rechazaban como miembros a católicos y judíos, aunque más recientemente ha aceptado a católicos en sus filas.

KUROZUMI-KYO

Secta sintoísta. Destacan a la diosa Amaterasu como la fuente de toda vida, quien creó y sustenta el universo. Su fundador fue Kurozumi Munetada (siglo XIX), uno de los santos o *kamis* del Japón. Entre sus prácticas se encuentran los baños de sol, la respiración profunda y la veneración al fundador.

santería
aztecas
presbiterianos
mahometanismo
ucianismo
ermanos moravos
zoroastrismo
nimistas
anglicanos
metodistas
vodú
adventist
davidianos
nueva er
oautistas
arienses
Iglesia de Jesuc o de los santos de los últimos
coptos
Testi os de Jehová
bego
nduismo
ntecostales
ufolog
gedeones
culto a Changó
damitas
tote smo
adiaforistas
niños de Dios
arismático
macedonia
— de LAMAÍSMO a
jacobit
racionalistas
valdens
LUTERANAS, IGLESIAS —
bogomi
yesidas
berberisc
yoga
ortodoxos
abelianos
ariseos
evangélicos
bohemi
laudianos
iotelistas
tembladores
anzantes
judaísmo
acaciano
mormones
caballería espiritu

LAMAÍSMO

Religión del Tíbet. El nombre procede del título que se daba a los monjes de alto rango. Con el tiempo «lama» se convirtió en el título que se aplicaba a los monjes del Tíbet.

El Dalai Lama es la máxima figura de la religión y hasta la invasión china de 1959 ocupaba la jefatura del gobierno tibetano. El segundo jefe es el Panchen Lama.

El lamaísmo es una rama del → BUDISMO que se desarrolló en el Tíbet, con alguna presencia en Mongolia, Manchuria, Georgia y Rusia. El budismo, establecido en Tíbet en el siglo VII, tuvo desde el principio un carácter monástico, pero decayó en el siglo X al resurgir la antigua religión animista (→ ANIMISMO) del Tíbet, el «bon». Con la reintroducción del budismo, llevada a cabo por el misionero Atisa en el siglo XI, se produjo una reforma religiosa que hizo resurgir la disciplina monástica.

El lamaísmo consiste en gran parte en un sincretismo. Sus críticos entienden que resaltan en ese proceso elementos de ocultismo posbudista y del → TANTRISMO. Según historiadores de la religión, los lamas se atribuían poderes mágicos y los recursos de la telepatía, la bilocación, el desplazamiento y la levitación. En la práctica actual se destacan los «molinos de oraciones». Las escrituras lamaístas son conocidas como *Vinaya*. También disponen de interpretaciones escritas y de derecho canónico. El Dalai Lama afirma ser una encarnación del bodhisattva (*ser destinado a la iluminación*) Chbenrezi, y el Panchen Lama una encarnación de Amitabha, un buda.

La nación la integran en buena parte los monjes. Entre sus monasterios está el de Drepung, el mayor del mundo. En la ciudad de Lhasa (*morada de los dioses*), lugar sagrado del lamaísmo, radica el templo principal o *jokang*.

LAUDIANOS

Seguidores del Arzobispo William Laud. En los estudios históricos se hace referencia a «laudianos», los eclesiásticos ingleses de la llamada «Iglesia Alta» (→ ANGLICANA, IGLESIA) que aceptaron el liderazgo de William Laud (1573-1645), Arzobispo de Canterbury.

Laud intentó reintroducir definitivamente en las iglesias anglicanas el persignarse, los crucifijos, altares con barandas, etc., así como un grado más alto de ritualismo. Su defensa del «derecho divino de los reyes» y del rey Carlos I (finalmente ejecutado por los partidarios puritanos de Oliverio Cromwell) le costó la vida. A pesar de que murió afirmando ser un buen protestante, Laud se convirtió en símbolo del partido prorromano en la Iglesia de Inglaterra.

LEFEBVRISMO
(También se le conoce como «Hermandad Sacerdotal de San Pío X».)

Movimiento cismático. Los «lefebvristas» son los seguidores del arzobispo cismático francés Marcel Lefebvre, antiguo arzobispo de Dakar, África. Lefebvre rechazó muchas de las decisiones del Concilio Vaticano II dirigiendo el derecho a defender la tradición de la Iglesia en confrontación directa con el papado. En 1969, fundó la Hermandad Sacerdotal de San Pío X que el Vaticano desautorizó. El movimiento continuó ordenando sacerdotes y consagrando obispos, lo cual causó la excomunión de Lefebvre. Su doctrina es la del Concilio de Trento.

LIBERALISMO
Corriente teológica dentro del cristianismo. El liberalismo teológico protestante coincide en aspectos fundamentales con el modernismo católico. A principios del siglo XIX empezó a denominarse liberalismo a la tendencia a profesar ideas liberales tanto en política como en teología, pero en este último campo se ha usado de muchas maneras diferentes. La palabra a veces indica cierta creencia en un humanismo secular cuyos orígenes se remontan al período histórico del Renacimiento en Europa. Otras veces señala la oposición a ciertas formas de prejuicio y a la capacidad de recibir nuevas ideas o reformas necesarias.

El protestantismo liberal, sin embargo, puede identificarse claramente gracias a sus tendencias antidogmáticas y a su intención de reconstruir la fe cristiana de acuerdo con los nuevos conocimientos científicos. El liberalismo se intensificó en el mundo teológico con la aparición de la teoría darwinista acerca del origen del hombre y gracias a los estudios críticos acerca de la Biblia y los orígenes del cristianismo.

Entre las principales figuras que contribuyeron al desarrollo inicial de la teología liberal pueden mencionarse F.D. Schleiermacher y Albrecht Ritschl. En Estados Unidos se asocia al liberalismo con predicadores del prestigio intelectual del pastor bautista Harry Emerson Fosdick.

El → FUNDAMENTALISMO fue una reacción contra la influencia creciente del liberalismo en los seminarios teológicos, la cual se produjo en Norteamérica en relación directa a los estudios avanzados de estudiantes en universidades europeas. La teología neoortodoxa de Karl Barth fue una reacción contra el modernismo, pero aceptando ciertas conclusiones de la crítica bíblica. (→ MODERNISMO.)

LIBERTINOS

Secta espiritualista. Grupo antinominiano (→ ANTINOMIANISMO) originado en Flandes (1525) que profesaba un credo panteísta. Su líder era un tal Coppin. Los partidarios del → CALVINISMO, que les dieron el nombre de «libertinos» (al igual que a otros enemigos de su líder Juan Calvino), los expulsaron de Ginebra en 1555.

LIBRE DE ESCOCIA, IGLESIA

Denominación protestante. Minoría de miembros de la antigua Iglesia Libre de Escocia que se negó a ingresar en una unión con otra iglesia presbiteriana para formar la Iglesia Unida Libre de Escocia en 1900. (→ PRESBITERIANA, IGLESIA.)

LIBRE DE INGLATERRA, IGLESIA

(También se le conoce como «Iglesia Episcopal Reformada».)

Denominación protestante. Un sector protestante de la iglesia de Inglaterra que decidió separarse de la iglesia establecida. No debe confundirse con la → IGLESIA BAJA de la Iglesia de Inglaterra, de donde procede originalmente. Su sistema de gobierno es episcopal. (→ ANGLICANA, IGLESIA; ANGLOCATÓLICOS.)

LIBRE ESPÍRITU, HERMANOS DEL
(También se les conoce como «amalricianos».)

Secta de la Edad Media. Amalrico de Bena apeló al papa al ser expulsado de la Universidad de París (1204). La enseñanza de la secta promovía la libertad en el espíritu. Además de ciertas características de tipo panteísta, se les acusaba de permitirse ciertas libertades en su vida amorosa o sexual.

Entre sus principales seguidores estuvieron Nicolás de Basilea y Margarita de Hainault. La Inquisición persiguió y ejecutó a muchos de ellos. Cierta influencia de este grupo se observa en el Meister Eckhart y a veces entre los → ANABAPTISTAS radicales.

LIBRE UNIDA DE ESCOCIA, IGLESIA
Denominación protestante. Grupo que continuó separado de la Iglesia de Escocia cuando la Iglesia Libre Unida se unió con la Iglesia de Escocia en 1929. Es de teología presbiteriana. (→ PRESBITERIANA, IGLESIA.)

LIBRES, IGLESIAS
Denominaciones inglesas y de algunos países europeos. Las iglesias no conformistas, antiguas iglesias disidentes, son conocidas como «iglesias libres» en Inglaterra y Gales. Entre ellas están los bautistas, metodistas, congregacionales, presbiterianos y hermanos. Esa terminología se utiliza en algunas naciones de Europa para referirse a iglesias cristianas que no son la católica, la luterana ni la reformada. Estas tres confesiones disfrutan de carácter oficial o semioficial en varias naciones, mientras que una serie de denominaciones se mantienen libres de cualquier control estatal. (→ NO CONFORMISTAS, IGLESIAS; BAUTISTAS, IGLESIAS; METODISTAS, IGLESIAS; CONGREGACIONAL, IGLESIA; PRESBITERIANAS, IGLESIAS; CATÓLICA, APOSTÓLICA Y ROMANA, IGLESIA; LUTERANA, IGLESIA; REFORMADAS, IGLESIAS; y las diferentes iglesias de los HERMANOS.)

LIGA PARA EL DESCUBRIMIENTO ESPIRITUAL
Culto exótico. Seguidores de Timothy Leary que utilizan la droga LSD como si fuera un sacramento. Es difícil considerar este movimiento como realmente religioso.

LOLARDOS
Movimiento evangélico inglés. El nombre, que estos cristianos recibieron de sus enemigos, pudiera significar «balbuceador» o «murmurador». Eran seguidores académicos de Juan Wycliffe, escritor y reformador evangélico del siglo XV, pero se les obligó a la retractación.

El primer grupo lo integraron estudiosos de Oxford dirigidos por Nicolás de Hereford, traductor bíblico. Más adelante, los lolardos se convirtieron en una especie de secta, con sus propios ministros y hasta con representación parlamentaria. En 1401, el Parlamento aprobó el estatuto *De heretico comburendo* (acerca de la quema de herejes) dirigido contra los lolardos, quienes, al ser juzgados y declarados culpables de herejía, debían entregarse al brazo secular para ser quemados.

La teología de los lolardos se resumía en las «Doce conclusiones». Condenaban la jerarquía eclesiástica, el celibato sacerdotal, la transustanciación, las oraciones por los muertos, las romerías, la guerra y, sobre todo, el poder temporal de la iglesia. Su énfasis recaía en la predicación y lectura de las Escrituras, todo en lengua vernácula.

Los lolardos se involucraron en rebeliones y conspiraciones contra la corona, acusada por ellos de sometimiento al clero romano. Sobrevivieron en forma limitada y clandestina, pero resurgieron durante la Reforma apoyando la política anticlerical del rey y cualquier movimiento favorable al protestantismo al que se unieron.

LUCIFERINA, INTERNACIONAL
Organización ocultista. Serie de movimientos, sectas o simplemente pequeños grupos con tendencias ocultistas, más o menos ubicados dentro de la Nueva Era. Han intentado unificarse mediante una organización que los represente internacionalmente.

Entre los grupos que han sido contactados se encuentran la Gran Logia del Dragón, el Orden Ario, las Legiones de Mitra, Los Hijos del Fuego, etc. En realidad, la «Internacional» no ha llegado a convertirse en una entidad grande, supranacional y conocida. Sin embargo, es un proyecto que asume diversas formas. Se les ha acusado de tener vínculos con el movimiento neonazi, pero todo está en el misterio. Lo más que se conoce es una convocatoria de la llamada «Orden Verde» en Bruselas (1975) convocando a los diversos grupos con la consigna «Uníos».

LUCIFERISMO

Sectas religiosas. Teoría de ocultistas y satanistas de varias épocas hasta el presente. Para muchos de ellos, Lucifer es un emisario al servicio de Dios, pero opuesto al Creador de este mundo, es decir, al Dios de la Biblia. Estas creencias persisten en varios grupos.

LUTERANAS, IGLESIAS

(También se les conoce como «Iglesia Evangélica», «Iglesia Evangélica de Confesión Luterana», etc.)

Iglesias nacionales o denominaciones evangélicas. Las iglesias evangélicas a las que se les ha identificado generalmente como luteranas son resultado de la Reforma del siglo XVI y de la labor del teólogo alemán Martín Lutero, una de las principales figuras en la historia del cristianismo.

El doctor Lutero, monje agustino y doctor en Sagrada Escritura, inició una reforma religiosa en Alemania, especialmente a partir de 1517 cuando clavó sus «Noventa y cinco tesis» en la puerta de la capilla de la Universidad de Wittenberg. Después de comparecer ante la Dieta de Worms y publicar infinidad de libros y folletos, Lutero logró formar iglesias nacionales en varios principados alemanes. Su rompimiento con la sede romana fue definitivo y su énfasis en el libre examen y la promoción de la lectura bíblica le convirtieron en el gran reformador de la Iglesia y en un pionero de la libertad intelectual como esta se entiende hoy. Lutero tradujo la Biblia a la lengua alemana, lo que lo convirtió en figura central de ese idioma.

La doctrina del luteranismo se encarna en el *Libro de Concordia* (1580), que consta de los credos ecuménicos de la Iglesia Antigua, de la Confesión de Augsburgo y su Apología, los Catecismos Breve y Grande de Lutero y la Fórmula de Concordia. El énfasis luterano radica en la justificación por fe, la gracia suficiente de Dios y la autoridad de la Biblia como única fuente de revelación divina (*Sola fide, sola gratia, sola scriptura*). Cada iglesia elige su sistema de gobierno, el cual puede estar relacionado en materia temporal con el Estado. Las iglesias luteranas aceptan dos sacramentos: bautismo y comunión. En relación con la presencia real de Cristo en este último sacramento, enseñó la «consustanciación», es decir, Cristo está presente únicamente por la fe en el pan y el vino durante el momento de la ceremonia, pero no al terminar la misma.

El luteranismo predomina en el norte y este de Alemania y en todos los países escandinavos. Es tal vez el movimiento religioso más influyente en varios estados del medio oeste norteamericano y se ha extendido por la mayor parte de las naciones, incluyendo la América Latina. Entre las organizaciones luteranas más conocidas con base en el continente americano están el conservador Sínodo de Missouri, la relativamente liberal Iglesia Evangélica Luterana de América, la Iglesia Apostólica Luterana, el Sínodo de Wisconsin, los Hermanos Luteranos, etc.

santería
aztecas
presbiterianos
mahometanis
cianismo
manos moravos
zoroastrismo
nimistas
anglicanos
vodú
metodistas
adventist
davidianos
bautistas
cuarienses
nueva er
Iglesia de Jesús de los santos los último
coptos
Test
de Jeh
begó
duismo
pentecostales
ufolog
gedeones
rito
changó
lamitas
totemism
...istas
niños de Dios
carismático
macedonianos
— de **MACEDONIANOS**
jacobit
racionalistas
valdenses
a **MUTAZILITAS** —
bogom
yesidas
berberisc
yoga
ortodoxos
ariseos
evangélicos
abeliano
laudianos
bohemi
otelistas
tembladores
nzantes
judaísmo
acaciano
mormones
caballería espíritu

MACEDONIANOS

Secta antigua. Seguidores de Macedonio, obispo de Constantinopla a mediados del siglo IV. La duración del episcopado de
Macedonio fue de seis años.

Solo reconocían dos personas en Dios y, por lo tanto, negaban la doctrina de la Trinidad. Sus puntos de vista fueron condenados por el Concilio de Constantinopla en 381 y la secta de sus
seguidores dejó de existir.

MACUMBA

Secta de origen bantú. Después del catolicismo (→ CATÓLICA,
APOSTÓLICA Y ROMANA, IGLESIA), se trata de la principal corriente religiosa del Brasil y sus creencias combinan elementos de religiosidad bantú, yoruba e indígena del Brasil, con relativamente
pocas exigencias morales y un énfasis prioritario en ritos que incluyen la posesión por los espíritus. Se caracteriza, pues, por sus
creencias mágicas y ocultistas (incluyendo espiritismo), y cierta
influencia del cristianismo en su versión católica romana a pesar
de que esa iglesia ha combatido la macumba desde la era colonial.

Su origen puede trazarse a Río de Janeiro, Espíritu Santo y
Minas en el Brasil, pero su práctica se ha extendido por América
del Sur y otros lugares.

MAGIA

Actividad ritual. El nombre «magia» proviene de «mago» con el
que se designaba a ciertos sacerdotes de la antigua Persia y cuyo
significado original pudiera haber sido el de «sabiduría». En realidad pudiera tratarse, en muchos casos, de métodos para controlar o manipular la naturaleza y el medio. La antigüedad de
estas prácticas es muy remota y parece haber estado presente en
casi todas las culturas de una manera o de la otra. Muchos la
consideran una de las ramas del → OCULTISMO.

La llamada «magia negra» se utiliza para perjudicar a otras
personas y su uso es frecuente entre los grupos satánicos. Muchas brujas afirman practicar la «magia blanca», a la que algunos
consideran «buena» y que no incluye, como en el caso de la «ma-

gia negra», ciertos elementos más definidos de superstición, como el uso de ritos, invocaciones, sustancias y otros elementos destinados a la obtención de resultados sobrenaturales o de cierto dramatismo. También se habla de una «magia neutral». Por otra parte, algunos estudiosos afirman que en esta forma de magia prevalece la operación «mecánica» sobre la invocación de espíritus o de poderes sobrenaturales, pero se trata de una materia en la cual mucho queda pendiente de definición.

En prácticas de este tipo prevalece cierto simbolismo, tal y como el representado por los colores, ciertos animales y aves, etc. La magia no puede separarse totalmente de ciertos ritos religiosos donde el simbolismo ayuda a la evocación de actitudes y sentimientos.

MAHAYANA

(Palabra sánscrita que significa *gran vehículo*.)

Tradición budista. Esta forma de → BUDISMO se opone al «hinayana» o «pequeño vehículo», otra escuela dentro del budismo. El budismo mahayana incluye elementos de → POLITEÍSMO, → METAFÍSICA idealista, altruismo ético y la salvación por medio de la fe en un buda. Entre los seguidores de esta tradición algunos no le otorgan a Buda Gautama la condición de salvador divino, aunque su rechazo de la divinidad de ese personaje no es tan claro como el del budismo Theravada que rechaza cualquier intento de deificación de su maestro. La tradición mahayana se originó en la India en el primer siglo de la Era Cristiana y se le atribuye a Asvaghosa. Su introducción en Cambodia y Siam se produjo en el siglo VII, pero fue reemplazado por el budismo hinayana de Ceilán. La escuela se popularizó grandemente en China en el siglo IV. También ejerce influencia en Corea y Japón. En el Tíbet adopta formas del → LAMAÍSMO como evolución del «vehículo» tántrico.

MALABAR

Rito o ritos cristianos del sur de la India. Algunas iglesias cristianas permitieron a los indios conversos al cristianismo el uso de varios ritos afincados en viejas tradiciones del país. En el caso de

185

la Iglesia Católica (→ CATÓLICA APOSTÓLICA Y ROMANA, IGLE-
SIA), el Papa los prohibió en el siglo XVIII. (→ CRISTIANOS DE
SANTO TOMÁS.)

MANDEÍSTAS

(También se les conoce como «mandeanos», «nasoreos», «cristianos de San Juan» y «sabianos».)
Secta gnóstica. Supuestos seguidores de Juan el Bautista.
Practican el bautismo por inmersión total en agua corriente. El
sincretismo del grupo hace posible descartar su vinculación con
el Juan Bautista de la Biblia. Se trata probablemente de un personaje legendario con ese nombre.
Con el tiempo, su teología ha llegado a incluir ideas extraídas
del → JUDAÍSMO y el → CRISTIANISMO, así como de sectas persas
y babilónicas y del → GNOSTICISMO. Adoran al «Rey de la Luz» y
sus emanaciones, una de ellas es el Salvador Encarnado.
Como el lenguaje que utiliza lo revela, su gnosticismo es evidente. Algunos consideran que es la única secta gnóstica de los
primeros siglos que ha sobrevivido.
Pequeñas comunidades mandeanas sobreviven en Irak y
Khuzistán.

MANIQUEÍSMO

Religión dualista del Oriente. Su fundador lo fue Manes o Mane-
tos, del siglo III. Esta religión combinaba elementos de → CRIS-
TIANISMO, religiones babilónicas (→ BABILONIOS, RELIGIONES DE
LOS) y → MITRAÍSMO. En el maniqueísmo se encuentran elementos mezclados de ritos, organización, teología y metafísica de
esas y otras religiones.
Los maniqueos se caracterizan por enseñar acerca de dos raíces o principios básicos: la luz y las tinieblas. El reino de la Luz
se vio invadido por Satanás, procedente de la región de las Tinieblas. El Hombre primordial, engendrado por el dios de la Luz,
fue vencido y el Eterno tuvo que rescatarlo por intermedio de un
Enviado. Por otra parte, la especie humana es descendiente de
Adán, supuestamente engendrado por Satanás, y por Eva, la sensualidad seductora encarnada.

Los Mensajeros de la Luz, como Noé, Abraham, Zoroastro, Buda, Jesús (sobre la forma en que lo identifican los maniqueos existen serias dudas; pudiera ser que no se refieran al Jesús del primer siglo) y Manes (el mayor Enviado, el Paráclito o Consolador), han tratado de hacer más accesible a la humanidad el beneficio de la Luz y el sendero de la virtud.

Los maniqueos se dividían en «Perfectos o Justos», iniciados en los misterios sagrados, separados de la vida mundana, practicantes de una dieta vegetariana y de la castidad, y los «Oyentes», quienes hacían una vida más o menos parecida a la del resto de la humanidad, pero sujetos a algunas restricciones de tipo moral. Los «Oyentes» debían sostener a los «Perfectos».

El maniqueísmo fue destruido gradualmente por el Imperio Bizantino. También fueron perseguidos por la Iglesia Romana. Entre sus partidarios estuvo San Agustín, un «Oyente» que después se convirtió al cristianismo.

Las ideas de los maniqueos resurgieron entre → CÁTAROS, → ALBIGENSES, → BOGOMILOS y algunos sectores dentro del movimiento → VALDENSE.

MANSON, FAMILIA

Movimiento ocultista. Creyentes en Charles Manson a quienes se atribuye asesinatos rituales y torturas. Anuncian un futuro Armagedón en el cual los de raza negra matarán a los de raza blanca, con excepción de «la familia» o elegidos de la fe. Según sus críticos, sacrifican animales y practican ritos sexuales.

MARCIONISMO

Movimiento herético. Marción, líder cristiano en el Ponto (Asia Menor), excomulgado alrededor del año 144 d.C., organizó a sus partidarios en una especie de iglesia o movimiento enfrentando al cristianismo ortodoxo. Lo más importante en la vida de Marción pudo haber sido su canon de las Escrituras, que consistía en diez epístolas paulinas y el Evangelio según San Lucas (excluyendo relatos sobre el nacimiento de Cristo). Algunos le han acusado de «gnóstico».

Según Marción, el dios del Antiguo Testamento, el «demiurgo», era un ser inferior que creó el mundo material. No era necesariamente malvado, pero no era equivalente al Dios y Padre de Jesús, quien vino a revelar al Dios verdadero. En el marcionismo se produce una discontinuidad entre los dos testamentos, así como entre Israel y la iglesia cristiana, y entre el Dios del Antiguo y el Nuevo Testamento. Debido al crecimiento temporal del marcionismo, las iglesias aceleraron el proceso de definición del canon de la Biblia.

MARÍA LIONZA, CULTO A
Secta religiosa venezolana. Religiosidad sincrética que tiene su origen en las montañas de Sorte, Yaracuy, en el interior de Venezuela. Combina elementos de religiosidad africana e indígena, con otros del catolicismo romano (→ CATÓLICA, APOSTÓLICA Y ROMANA, IGLESIA). Originalmente se basaba en la veneración de las fuerzas naturales y los espíritus.

María Lionza es una princesa indígena que, según la leyenda, fue raptada por una serpiente que controlaba una laguna. La virgen raptada se convirtió en dueña no solo de la laguna, sino también de los ríos, los animales y la selva. Se considera como una deidad acuática que recuerda a Yara, diosa acuática de los indígenas arawak. En el sincretismo popular, María Lionza asume el papel de la virgen de Coromoto, patrona nacional de Venezuela.

MARONITAS
Perteneciente o relativo a un grupo de católicos del rito de los → UNIATOS dentro del catolicismo romano (→ CATÓLICA, APOSTÓLICA Y ROMANA, IGLESIA). Son cristianos seguidores de la tradición de San Marón, eremita del siglo V.

Los maronitas originalmente fueron → MONOTELISTAS y crearon su propio episcopado en el siglo VII, pero de su asociación con los cruzados se vincularon con Roma a partir del siglo XIII. El misionero jesuita Juan Eliano tuvo una gran relación con el proceso de acercamiento con Roma. A partir de 1736 los maronitas aceptaron comulgar bajo una sola especie y se han integrado plenamente en la tradición católico romana.

Algunos historiadores señalan esa fecha como la de su ingreso claro y definitivo en la obediencia romana. Los maronitas constituyen la principal iglesia del Líbano y poseen cierta influencia en las naciones cercanas. Gracias a una fuerte y numerosa inmigración han llegado a contar con comunidades importantes en Norteamérica y Sudamérica. Los maronitas, que cuentan con el Colegio Maronita, fundado en Roma en el siglo XVI, conservan el derecho a tener su propio patriarca que el Papa confirma, pero en la diáspora aceptan la jurisdicción del obispo de rito latino que les corresponda. En el Líbano cuentan con su propia jerarquía. Algunos de sus sacerdotes están casados, aunque predomina numéricamente la práctica del celibato. El monte Líbano es su sede eclesiástica principal.

MARRANOS

Criptojudíos de España y Portugal (→ CRIPTOJUDÍOS). A partir de las persecuciones de 1391 y la legislación antijudía (medidas respaldadas mediante discusiones sobre religión y sermones obligatorios predicados por frailes en sinagogas judías), el número de «conversos» al cristianismo aumentó entre los judíos en la península Ibérica y las Islas Baleares. Los judíos «conversos» que no renunciaron en la práctica diaria al judaísmo, sino que trataron de mantener en secreto algunas de sus creencias y ritos, recibieron el nombre de marranos, que quiere decir «cerdos». La Inquisición se especializó en tratar de descubrirles y castigarles.

El número de «marranos» aumentó con la expulsión de judíos de España en 1492 y con la conversión forzosa de la comunidad judía de Portugal en 1497. La situación en Portugal se convirtió en insoportable a partir de 1540. Muchos «marranos» portugueses huyeron a España en 1580 bajo la promesa de que sus supuestos «delitos» religiosos cometidos en Portugal no les serían contados. Debemos recordar que en esa época ambos países estaban bajo un mismo monarca.

Finalmente, las persecuciones en España volvieron a incrementarse. Muchos «marranos» pasaron a las colonias españolas y portuguesas de América. También muchos descendientes de «marranos» continuaron practicando al menos algunos ritos judíos y otros han regresado al judaísmo o se han integrado completamente al catolicismo romano (→ CATÓLICA, APOSTÓLICA Y ROMANA, IGLESIA).

MARTINISMO

Movimiento esotérico con características sincréticas. Se trata en realidad de una serie de Órdenes que generalmente se conocen por su «martinismo», por el pensamiento del llamado «filósofo desconocido» Louis Claude de Saint-Martín (1743-1804). Sus características son la combinación de → ESOTERISMO y cristianismo. Se mencionan también vínculos con la masonería.

Un grupo que lleva este nombre es la Orden Martinista fundada por Papus (1887). Otras similares o parecidas son la Orden de los Elegidos (1760) y la Orden de Caballeros Bienhechores (1778), etc.

MASONERÍA

Organización fraternal con ceremonias secretas. Los orígenes de la masonería o francmasonería han sido presentados de diversas maneras. Algunos de sus partidarios más entusiastas se remontan a la antigüedad e incluyen entre sus hermanos en la fraternidad masónica a los constructores del templo de Jerusalén. Otros los han considerado como la continuación de los Caballeros Templarios de la Edad Media, orden disuelta por orden del Papa.

Históricamente, la masonería surgió como una hermandad de ayuda mutua o gremio de albañiles (*masons*) en Inglaterra en los siglos XII o XIII. Algunos francmasones se unían en una logia para trabajos simbólicos relacionados con el oficio de albañil, como lo aclaran documentos de la orden a partir de 1283. Se hacen distinciones entre los obreros (*free masons*) y los peones (*rough masons*). Por lo tanto los *free masons* o masones originales serían constructores que edificaban independientemente de la servidumbre feudal, de la burguesía urbana o de la iglesia medieval y que se organizaron gremialmente. Sin embargo, con el tiempo la masonería atrajo personas de todas las profesiones.

Puede considerarse como masones a algunos de los más

grandes personajes de los Tiempos Modernos. Su participación en la independencia de Estados Unidos y la América Latina fue extraordinaria. En el siglo XVIII se contaban entre los partidarios del cambio y de la → ILUSTRACIÓN en diversos países de Europa. Para esa fecha se habían extendido también al continente americano.

El protestantismo británico tuvo relaciones bastante cordiales con los masones en los siglos XVIII-XIX. Se distingue entre masones anticlericales y masones abiertamente religiosos.

En algunas naciones han tenido estrechos vínculos con los protestantes, como fue el caso de ciertos países latinoamericanos cuando el protestantismo era restringido por la gran influencia del catolicismo. En otros sitios, varias denominaciones se han opuesto a que sus miembros mantengan vínculos estrechos con la masonería. Es imposible establecer una política uniforme por la gran variedad de los enfoques.

En la masonería desempeña un gran papel todo lo relacionado con el templo de Jerusalén, el simbolismo de las herramientas de la construcción (escuadra y compás) y los tres grados de Aprendiz, Compañero y Maestro. Una división por la que pasan los masones son los grados de la masonería simbólica y la filosófica, el más alto de ellos es el grado 33.

En la América Latina trabajan diversos ritos masónicos, de ellos son muy conocidos los de York y Escocés.

Los masones se agrupan generalmente en logias locales y en Grandes Logias que abarcan el trabajo masónico en países o regiones. La logia local la preside un «Venerable Maestro» y la Gran Logia es presidida por un «Gran Maestro». Otros funcionarios ostentan títulos como los de «mayordomo», «vigilante», «orador», etc.

Clasificar a la masonería como religión es arriesgado; sin embargo, los elementos religiosos de su sistema se distinguen fácilmente. La utilización de lenguaje bíblico y la creencia en el ser supremo (El Gran Arquitecto del Universo) ha despertado, a la vez, simpatía por parte de algunos cristianos y preocupación por parte de muchos otros que han sabido identificar muchos elementos contrarios a la ortodoxia en ciertas manifestaciones de la actividad masónica en diferentes países. Algunos, por ejemplo, han visto en la masonería una especie de religión secreta. La Iglesia de Roma impuso por largo tiempo una excomunión sobre sus miembros. Sin embargo, numerosos católicos, e incluso prelados de la iglesia, han tenido relaciones con la masonería o han pertenecido a ella como miembros importantes.

MATERIALISMO

Doctrina filosófica opuesta al espiritualismo. Según el materialismo, la realidad se reduce a la materia, en el sentido en que esta se opone al espíritu. El materialismo niega tanto la existencia de Dios como la de los valores espirituales y del espíritu.

MAYAS, CREENCIAS DE LOS

Creencias precolombinas. Los mayas del sur de México, Guatemala, Belice, etc., dejaron escritos y relatos como el *Chicham Balam* y el *Popol-Vuh*. Habían elaborado una religión oficial basada en centros donde celebraban ceremonias y ciudades con templos. A partir del año 900 d.C., ese oficialismo religioso se fue convirtiendo en religiosidad popular. Su religión era un contrato entre los humanos y los dioses, quienes ayudaban a los hombres a realizar su trabajo y le facilitaban los alimentos.

En el *Popol-Vuh*, texto sagrado para los mayas, se encuentra el relato de la cosmogonía, leyendas e historia de las tribus quichés. Los dioses que los hicieron tuvieron que luchar contra los señores «del mundo de abajo». Los dioses dieron forma a los primeros cuatro hombres, a los que sacaron de harina de maíz, al igual que hicieron con las primeras cuatro mujeres.

La mayoría de los dioses mayas personificaban a las fuerzas de la naturaleza. Un dios universal creó todas las cosas y se le conocía como Hunab-Ku, creador del universo. Su esposa se llamaba Ix Axal Uch. Itzamná, su hijo, era el progenitor de las ciencias y las artes, e inventor del calendario, la escritura jeroglífica y las tablas de la cronología maya. Itzamná era considerado como el primer dios. Chac era el dios de la lluvia. Se destacaba Kukulkán, equivalente a la «serpiente emplumada» o Quetzalcóatl de los aztecas y toltecas. Otro dios importante era Yum Kax, dios del maíz y de la agricultura.

Se trataba de una religión dualista en muchos aspectos, caracterizada por la preocupación por la lucha entre el bien y el mal. Los dioses benévolos se oponían a deidades como Ah Puch, dios de la muerte. Se notaba también cómo los dioses podían pertenecer al mismo tiempo a grupos diametralmente opuestos. El dios del Sol era del cielo, pero por la noche pasaba por el «mundo de abajo» y se convertía en uno de los nueve dioses de la noche y del «mundo de abajo».

Los templos estaban en el centro de sus ciudades. El culto estaba a cargo de los sacerdotes, llamados antiguamente «nacom», quienes constituían una casta dedicada a la mortificación física, incluso cortarse la lengua. Ofrecían sacrificios humanos que consistían en sacar el corazón de la víctima, sujeta esta sobre el altar por los brazos y las piernas.

Los indígenas de regiones enteras de Guatemala y México (entre ellas Chiapas) conservan muchas de estas creencias, incluso entre aquellos que han sido evangelizados por el catolicismo.

MAZDEÍSMO
Véase ZOROASTRISMO.

MEDITACIÓN TRASCENDENTAL
Secta de inspiración hinduista. En realidad parece ser una técnica de meditación, pero incluye elementos religiosos como ofrecimiento de comidas, oraciones en honor del gurú, etc. Fue fundada por el gurú Maharishi que proclamó una forma de regeneración espiritual que impactó a numerosos actores y cantantes de las décadas de 1960 y 1970.

MELQUITAS
Sector del cristianismo oriental. Partidarios de las doctrinas del Concilio de Calcedonia de 451. Se trata del sector que rechazó las ideas de los partidarios del → MONOFISISMO y dio su adhesión al credo apoyado por el emperador bizantino. El nombre se deri-

193

va de la forma griega de un adjetivo sirio que significa «realistas, seguidores del emperador». Por lo tanto, se identifica así a los cristianos de Siria y Egipto que rechazaron tanto el monofisismo como el nestorianismo (→ NESTORIANO), y se acogieron a los decretos doctrinales de Calcedonia y Éfeso. Por lo tanto, mantuvieron su comunión con la sede eclesiástica de Constantinopla y con la política religiosa del Imperio Bizantino.

También se identifica así a los católicos de lengua árabe que observan el rito bizantino en Siria, Egipto y Palestina, sujetos al Patriarca de Antioquía.

MENONITAS

Movimiento evangélico. La más grande de las ramas de los → ANABAPTISTAS del siglo XVI que han sobrevivido hasta nuestro tiempo. Un gran sector anabaptista lo reorganizó Menno Simons, antiguo sacerdote católico, que siguió la tradición moderada de los anabautistas suizos originales. Sus doctrinas básicas son las mismas de los anabautistas y hacen énfasis en la disciplina de la iglesia, el bautismo de creyentes (por derramamiento) y la no resistencia.

Sus principales grupos actuales son la Iglesia Menonita de Estados Unidos, la Conferencia Menonita General y los Hermanos Menonitas (que bautizan por inmersión). Algunos de ellos practican el lavamiento de pies. Han sido luchadores por la paz y por los menesterosos y han abierto escuelas y dispensarios médicos en varios países.

La Conferencia Mundial Menonita se reúne cada quinquenio. El movimiento tiene numerosos miembros en América del Norte y varios países de Europa, así como misiones en numerosos países, incluyendo varias repúblicas latinoamericanas y Puerto Rico.

MESALIANOS

(También se les conoce como «euquitas».)

Secta herética. El nombre viene de una palabra aramea que significa «gente que ora». Este movimiento, originario de Mesopotamia en el siglo IV, se extendió a Siria, Egipto y Asia Menor.

Los mesalianos obviaban la vida sacramental y vivían en cualquier lugar, sobre todo por las calles. Sus doctrinas eran confusas pues parecían proclamarse ortodoxos, pero afirmaban que todo hombre, hasta Cristo, está sujeto a la posesión de los demonios. Los Concilios los condenaron y se les acusó de inmoralidad. Desaparecieron gradualmente. Se señala que de ellos pueden proceder los → BOGOMILOS.

MESIÁNICOS

Judíos cristianos. Nombre que identifica a varios grupos de judíos que han aceptado a Jesús como Mesías, pero conservan su identidad étnica y algunas prácticas judías que consideran compatibles con el Nuevo Testamento. Generalmente profesan una teología básicamente evangélica. Los grupos judíos tradicionales no los aceptan.

MESOAMERICANO, SINCRETISMO

Creencias populares de México y América Central. Como en otras religiosidades populares de Iberoamérica, muchas creencias indígenas han sobrevivido en Mesoamérica (sur de México, Guatemala, El Salvador, y partes de Costa Rica, Honduras y Nicaragua) sobre todo entre los campesinos y los indígenas. La religión de los indígenas de hoy tiene gran cantidad de sincretismo con el catolicismo romano (→ CATÓLICA, APOSTÓLICA Y ROMANA, IGLESIA), pues sustituyeron el nombre de muchos dioses antiguos de los indígenas con nombres de santos, la virgen María y el mismo Jesucristo.

El más importante de todos los sincretismos es el de la virgen de Guadalupe y Tonantzin. El culto a Tonantzin, que quiere decir «Nuestra Madre», era fundamental entre los nahuas y estaba asociada a la diosa de los mantenimientos. Se le adoraba regularmente en el cerro de Tepeyacac, lugar donde se levanta el santuario a la virgen de Guadalupe, patrona de México.

METAFÍSICA

Creencias de origen filosófico. La palabra metafísica proviene de la forma en que se clasificaron las obras de Aristóteles por un erudito del siglo I, Andrónico de Rodas. Metafísica quiere decir «los que están detrás de la física».

En la práctica se habla de metafísica cuando tratamos acerca de un saber que pretende penetrar en lo situado más allá o detrás del ser físico. También puede significar el saber de las cosas trascendentales, de Dios y del alma, por la razón natural, a diferencia del conocimiento que de esas cuestiones se obtiene por la fe. Sin embargo, algunos han disimulado su ubicación en el → ESOTERISMO utilizando esta palabra y refiriéndose entonces a una combinación de religión y filosofía, pero sobre todo vinculada al esoterismo. Algunos hasta hablan de «iglesias metafísicas», «creencias metafísicas», «metafísica divina», «estudios metafísicos», «fuerzas metafísicas», etc. Tales usos de la metafísica son discutibles.

METASÍQUICA

Ciencia que estudia fenómenos debidos a fuerzas desconocidas. Muchos consideran esta disciplina como ajena al → ESOTERISMO, aunque algunos la utilicen en relación al mismo e incluso le han atribuido presupuestos espiritistas.

Varias situaciones se explican en la metasíquica en base a causas sobrenaturales, a la teoría de la relatividad, al racionalismo, a la energía, etc., sin acudir necesariamente a explicaciones de tipo esotérico. Aun así hay que distinguir claramente de qué tipo de metasíquica se está hablando.

Ciertos estudiosos de la metasíquica aceptan la realidad de algunos fenómenos del → ESPIRITISMO, el → YOGA, etc., lo cual pudiera conducir a algún grado de confusión. También es menester distinguir metasíquica y → PARASICOLOGÍA.

METENSICOSIS

(Del griego *meta en psiche,* que significa *después del alma.*)

Reencarnación o transmigración. Reencarnación es encarnación en un nuevo cuerpo. La transmigración puede entenderse como paso del ser a otros estados de la existencia o a otro cuerpo. Transmigración de elementos síquicos, conscientes o inconscientes a otros seres vivos.

Tanto la reencarnación como la transmigración tienen su origen en una concepción cíclica de la vida y del tiempo por parte de ciertos pueblos y religiones primitivos. Implica un proceso de purificación del alma a través de la transformación. Estos elementos no forman parte de las tradiciones judía, cristiana e islámica, aunque ciertos grupos marginales las sustentan y también aparecen en algunas formulaciones del gnosticismo. En el → HINDUISMO y el → BUDISMO pueden encontrarse algunos de estos elementos y, por lo tanto, se difundieron por Asia y otras regiones. Son numerosos los grupos de la → NUEVA ERA y orientalistas que los incluyen en su forma de explicar la existencia.

METODISTA CONGREGACIONAL, IGLESIA
Denominación evangélica. Una de las más pequeñas organizaciones metodistas. Esta iglesia se organizó en Georgia en 1852 como desprendimiento de la Iglesia Metodista Episcopal del Sur. El motivo de la división es que no aceptaban ciertos aspectos del gobierno episcopal y el sistema itinerante. Aunque han retenido el sistema de conferencias, las iglesias locales tienen autoridad para elegir sus propios pastores.

METODISTA DEL SUR, IGLESIA
Denominación evangélica. Se trata de un desprendimiento de la Iglesia Metodista Episcopal del Sur, cuya doctrina mantienen, pero haciendo énfasis en el conservadurismo teológico. Los metodistas del sur, una pequeña organización, no tienen obispos, pero se gobiernan mediante conferencias. Las iglesias locales controlan su propiedad.

METODISTA EPISCOPAL (DEL NORTE Y DEL SUR), IGLESIA
Antigua denominación protestante. Con este nombre existieron dos denominaciones en Norteamérica: la Iglesia Metodista Episcopal del Norte y la Metodista Episcopal del Sur, resultado de la división entre Norte y Sur en el siglo XIX. La Iglesia Metodista

197

Episcopal original era en realidad el metodismo norteamericano, identificado como episcopal por tener obispos, lo cual lo diferenciaba del metodismo británico.

La reunificación de los metodistas episcopales (sin relación con los episcopales o anglicanos) se produjo en 1939 para dar lugar a la Iglesia Metodista que pasó a ser Iglesia Metodista Unida en 1968 al unirse con otros grupos. Un grupo menor, la Iglesia Metodista Protestante, participó de la unificación de 1939.

METODISTA EPISCOPAL AFRICANA, IGLESIA

Denominación protestante. Fue la primera iglesia negra en organizarse a nivel nacional en Estados Unidos. Aunque tenía sus raíces en congregaciones de metodistas negros existentes desde 1787, su organización como iglesia a nivel nacional ocurrió en 1816. Richard Allen fue su fundador y primer obispo. Confinada originalmente al norte, se extendió por el sur después de la Guerra Civil.

En la comunidad afroamericana a esta iglesia solo la superan numéricamente los bautistas.

METODISTA EPISCOPAL AFRICANA SION, IGLESIA

Denominación protestante. Los orígenes de esta iglesia pudieran remontarse a 1796 en cuanto a congregación local. La primera en denominarse Sion se construyó en 1800, pero su primera conferencia nacional se produjo en 1821. Como la anterior, se formó en el Norte y se extendió después por el Sur. Su primer obispo fue James Varick.

La otra Iglesia Metodista Episcopal Africana le duplica en feligresía, pero la Iglesia Metodista Episcopal Africana Sion es también una denominación afroamericana de gran importancia en Estados Unidos.

METODISTA EPISCOPAL CRISTIANA, IGLESIA

Denominación protestante. Una de las denominaciones metodistas afroamericanas. En este caso su fundación se produjo en el mismo Sur en 1870 mediante un arreglo entre los sectores blanco y negro de la Iglesia Metodista Episcopal del Sur.

METODISTA, IGLESIA

(Conocida originalmente en Inglaterra como «Conexión Wesleyana».) Denominación protestante. Esta iglesia tiene su origen en el «Club de los Santos» de Juan y Carlos Wesley en la Universidad de Oxford. Su vida devocional y estudio bíblico se caracterizaban por un estilo disciplinado y metódico, por lo que se les dio el nombre de «metodistas».

Juan Wesley (1703-1792), ministro anglicano, se desempeñó brevemente como misionero en Georgia, una de las colonias inglesas de América del Norte. Durante el viaje a América inició su relación con los hermanos moravos (→ MORAVOS, HERMANOS) y esto contribuyó a que Wesley experimentara una conversión religiosa en 1738, la cual se produjo en la calle de Aldersgate. Después de esa experiencia, Wesley y sus seguidores procedieron a llevar a cabo una campaña de evangelización en la que el propio Wesley fue el principal predicador junto a George Whitefield.

Estas actividades tuvieron como uno de sus resultados la formación de una «sociedad metodista». Los partidarios de Wesley organizaron en 1784 la «Conexión Wesleyana», pero no formaron una iglesia aparte de la Anglicana hasta después de la muerte de su fundador en 1792.

Wesley prefería la teología del → ARMINIANISMO, mientras que Whitefield se inclinaba al → CALVINISMO. Esto produjo una separación cordial de ambos predicadores. Otra prédica wesleyana era la perfección cristiana, el énfasis en la santidad.

En el sistema metodista el ministerio se divide en «itinerante» y «local». Los ministros itinerantes son clérigos que sirven como pastores donde les envía la Conferencia Anual, presidida, en Estados Unidos y otros países, por un obispo (los metodistas tienen tres órdenes de ministerio como los anglicanos: obispos, presbíteros y diáconos). Los ministros o pastores locales son predicadores laicos que pueden, en caso de ser necesario, atender una congregación, pero sin el compromiso formal de ir necesariamente donde se les envíe. Los metodistas ingleses no tienen obispos, pero su sistema es igualmente «conexional», es decir, que cada iglesia está vinculada a un distrito y también a la Conferencia Anual. Los ministros itinerantes son llamados «miembros a plena conexión con la Conferencia».

Después de la Independencia de Estados Unidos, los metodistas llegaron a ser la más numerosa denominación protestante, aunque después fueron superados por los bautistas. Han hecho énfasis en la educación y las misiones y se extienden actualmente por la mayoría de los países. Su contribución a la cultura norteamericana e inglesa es apreciable. En América Latina, el metodismo, con fuertes raíces históricas desde el siglo XIX y con un espíritu invariablemente ecuménico, ha fundado infinidad de escuelas y sus iglesias funcionan en la mayoría de las naciones.

Existen varias denominaciones metodistas sin vínculos con la Iglesia Metodista de Gran Bretaña y la Iglesia Metodista Unida de Estados Unidos, las principales denominaciones históricas del metodismo. La mayoría de las iglesias metodistas, incluyendo las dos grandes denominaciones anglosajonas mencionadas, integran el Concilio Metodista Mundial.

METODISTA LIBRE, IGLESIA
Denominación evangélica. Este movimiento se caracteriza por su conservadurismo teológico. Se fundó en 1860 y su primer líder fue B.T. Roberts. En la opinión de sus organizadores, el metodismo se había apartado de las normas wesleyanas. Cooperan con los otros metodistas en la promoción del Seminario Asbury, pero tienen sus propias instituciones docentes y se han extendido por numerosos países, proclamando, entre otras, la doctrina de la santidad, es decir, la perfección predicada por Wesley.

Se han unido con otros grupos de santidad, pero mantienen su sistema episcopal de gobierno.

METODISTA PENTECOSTAL, IGLESIA
Denominación chilena. A partir de 1902, la Iglesia Metodista de Valparaíso, Chile, dirigida por el pastor estadounidense Willis C. Hoover inició la prédica del énfasis en la santidad. En 1909, tanto esta iglesia como otras dos congregaciones metodistas en

Santiago y Montiel (comuna de San Miguel) experimentaron un avivamiento de tipo pentecostal. En 1909-1910 se inició el proceso que condujo a la constitución de la Iglesia Metodista Pentecostal de Chile (originalmente llamada Iglesia Metodista Nacional) con Hoover como su primer Superintendente (obispo).

La Conferencia Anual de la Iglesia Metodista de Chile condenó ese paso. En 1929, la iglesia obtuvo personería jurídica como Corporación Iglesia Metodista Pentecostal de Chile, aunque algunos señalan como nombre el de «Asociación de los Apoderados de las Iglesias Metodistas Pentecostales de Chile.

La denominación es poderosa e incluye todo el país, con misiones y filiales en otras naciones. Combina la experiencia pentecostal con elementos del sistema de gobierno y la tradición metodista. Es una de las grandes denominaciones de América Latina con un carácter autóctono. De ella han surgido otras denominaciones, como la Iglesia Evangélica Pentecostal.

METODISTA PRIMITIVA, IGLESIA
Denominación evangélica. Grupo que puso tienda aparte en el metodismo inglés en 1807 bajo el liderazgo de Hugh Bourne y William Clowes, expulsados de la Iglesia Wesleyana (metodistas ingleses). En 1812 adoptaron el nombre de Sociedad de Metodistas Primitivos, por su proclamación de formas originales de metodismo.

Tienen iglesias en Estados Unidos, Guatemala, España y otros lugares. Es un movimiento muy pequeño.

METODISTA UNIDA, IGLESIA
Denominación protestante. Nombre de varias iglesias metodistas en Estados Unidos y el Reino Unido. Es la mayor de las iglesias metodistas de Estados Unidos. La Iglesia Metodista Unida se formó en 1939 por la unión de la Iglesia Metodista (→ METODISTA EPISCOPAL [DEL NORTE Y DEL SUR], IGLESIA) y la Iglesia Evangélica de los Hermanos Unidos (no debe confundirse con otras iglesias con nombre parecido).

Lo que se dice en el artículo sobre Iglesias Metodistas se aplica en gran parte a esta denominación, que ha recogido en su seno a la mayoría de los metodistas históricos de Estados Unidos. (→ METODISTA, IGLESIA.)

METODISTA WESLEYANA, IGLESIA

Nombre que se ha utilizado en varias etapas para identificar a los metodistas de Gran Bretaña, quienes en su momento constituían la Iglesia Wesleyana. No debe confundirse con la Iglesia Wesleyana de Estados Unidos (→ WESLEYANA, IGLESIA).

METODISTAS CALVINISTAS

Iglesia histórica de Gales. Metodistas en el país de Gales que siguieron la dirección de George Whitefield después que este se separó cordialmente de Juan Wesley. Su diferencia con los demás metodistas tenía relación con el → CALVINISMO, que profesaban en contrapelo del → ARMINIANISMO de Wesley.

Su primera asociación se reunió en 1742, es decir, es anterior a la primera conferencia anual de Wesley (1744). Entre sus primeros líderes estuvieron Howell Harris y Thomas Charles. Es la única denominación puramente galesa y predomina numéricamente en varios distritos del país de Gales.

Otros grupos creados por Whitefield, como la «Conexión» de la condesa de Huntingdon, han sido identificados como metodistas calvinistas. La iglesia galesa se identifica actualmente como Iglesia Presbiteriana, aunque sin renunciar a sus vínculos históricos con el movimiento metodista original.

Su sistema de gobierno combina elementos congregacionales y presbiterianos.

MINIM

Herejes en el contexto judío. La palabra «minim» se utiliza tanto en el *Talmud* como en la *Midrash* para referirse a gnósticos, sectarios y herejes. El término pudiera derivarse del nombre de Mani, fundador del maniqueísmo o de una forma peculiar de abreviar «creyente en Jesús el Nazareno» en hebreo.

Según Moisés Maimónides, hay varias clases de «minim» o herejes: los que no participarán en el mundo venidero, los que niegan la existencia de Dios y su providencia, los que creen en varios dioses, los que le atribuyen a Dios forma y figura, los que creen en la eternidad de la materia y los que adoran estrellas y planetas como intermediarios entre los humanos y Dios.

MISKITOS Y SUMUS, CREENCIAS DE LOS
Creencias aborígenes. Antes de la evangelización de los miskitos, el sistema religioso de las tribus hacía énfasis en una deidad suprema llamada *Wan-Aisa* o «Nuestro Padre» por los miskitos, y *Ma-papak* o *Ma-papñki* («Nuestro Padre» o «Padre Sol») por los sumus.

Miskitos y sumus creían en varios seres sobrenaturales que vivieron como hombres sobre la Tierra: el sol, el trueno, la luna, el arco iris, los planetas, las estrellas, etc. El trueno es confundido con Dios entre los miskitos y sumus más primitivos. En algunas leyendas, el trueno creó al mundo y lo gobierna mediante las estaciones del año. Para otros, el trueno vivía en la Tierra y fue el primer hombre.

En la época colonial, los intentos de misioneros católicos por evangelizar a los aborígenes de la costa Mosquitia fueron inútiles. Algunos avances relativos alcanzaron algunos protestantes ingleses a partir de 1603, pero sin conducir a una evangelización masiva. Sin embargo, los moravos (→ MORAVOS, HERMANOS) o Unitas Fratrum han hecho grandes avances en la costa desde 1849.

Las creencias aborígenes han ido perdiendo fuerza ante la evangelización del territorio.

MISTERIO, RELIGIONES DE
Creencias de la antigüedad. El nombre «religiones de misterio» se deriva de símbolos y ritos secretos que se revelaban en forma exclusiva a los iniciados, a los que no se les exigía abandonar la práctica de religiones tradicionales ya que el elemento sincrético prevalecía en casi todos los grupos. Se trataba de religiones de salvación basadas en misterios y mitos. La mayoría de estos cultos eran religiones de fertilidad con una mitología de muerte y

resurrección que figuraba en el ciclo anual de la naturaleza. Los principales misterios griegos eran los de Eleusis y los órficos.

La iniciación en estas religiones permitía la posesión de una especie de salvación personal para esta vida o el más allá anticipando la inmortalidad. Incluía una purificación preliminar y la comunicación de los conocimientos por parte del hierofante o sacerdote, así como dramas sacros y banquetes de tipo sacramental.

Entre las principales religiones de misterio estaba el culto a Cibeles o «La Gran Madre» procedente de Frigia, la cual tuvo gran relieve en Roma en el siglo III. Esta religión incluía la castración de sus sacerdotes. El culto a Dionisos, de carácter extático, procedía de Tracia y floreció en Roma en el siglo II a.C. También era importante el culto a Isis, la diosa egipcia, religión que se extendió por casi todo el Imperio Romano.

El → MITRAÍSMO o religión de Mitra es más difícil de estudiar y causó graves problemas al cristianismo, pues competía con él en la búsqueda de adeptos. Mitra era el antiguo dios de la luz entre los persas, pero incluía elementos de zoroastrismo. Las religiones de misterio se extendieron considerablemente y disfrutaron de una enorme popularidad.

Varios eruditos se han especializado en señalar el parecido de algunos de estos grupos con prácticas litúrgicas o rituales del cristianismo, así como con ciertas creencias tradicionales del cristianismo acerca de la redención, la vida futura, el culto a la virgen y el niño, etc.

MISTERIO, SOCIEDADES DE
(También identificadas con el «misterismo».)

Tipo de religiosidad mistérica. Las características de estas sociedades secretas son la admisión esotérica, los ritos de iniciación, las fiestas, el clero jerarquizado, la disciplina del arcano, etc.

Entre las sociedades de misterios sobre las que hay información están las de Eleusis (→ ELEUSIS, RELIGIÓN DE), nuevas formas de → MITRAÍSMO, del culto a Isis, etc. Las sociedades de misterio están relacionadas en aspectos fundamentales con las antiguas religiones de misterio (→ MISTERIO, RELIGIONES DE). El misterismo es entonces el conjunto de creencias y prácticas que tienen relación con ciertos misterios. Un caso típico es el segundo nacimiento de un dios, de un hombre, etc. En cierta forma se relacionan con formas específicas de salvación que no coinciden con la ortodoxia cristiana. Pero en las sociedades de misterio puede existir interés en elementos muy diversos que se relacionan con las antiguas religiones de misterio tales como muerte iniciática, dramas litúrgicos públicos o reservados, revelaciones orales, juramentos de silencio, etc. (→ MISTERIOLOGÍA.)

MISTERIOLOGÍA
Estudio de los misterios. No debe confundirse el estudio de los misterios, aunque se haga bajo influencia esotérica, con el estudio mismo de las religiones, ni con una religiosidad en particular.

MISTICISMO
Doctrina religiosa. Se trata de la insistencia en la experiencia de la unión íntima con Dios o la propensión sicológica a la búsqueda de esa unión.

No debe confundirse con una religiosidad en particular ya que ha habido elementos de misticismo en numerosas religiones e iglesias.

Algunas influencias esotéricas en ciertas formas de misticismo pueden detectarse fácilmente. Un ejemplo es el → MISTICISMO ASTRAL.

MISTICISMO ASTRAL
Teoría del parentesco de las almas con los astros. Los inclinados a esta peculiar forma de misticismo conceden inteligencia a los astros y se preocupan por el recorrido de los mismos en el cosmos. En otras palabras, pueden hasta considerarlos como dioses y adorarlos mediante rituales, sacrificios, etc. Se trata de un énfasis en la sabiduría como contemplación de los astros que ha dado lugar a varias creencias y ritos.

Huellas de este tipo de doctrina se encontraba en la religiosidad de los antiguos → CALDEOS, entre los → GNÓSTICOS y en Posidonio (siglo I a.C.). Algunos hasta lo encuentran en ciertas formas de → PLATONISMO.

MITRAÍSMO

Religión de misterio. Culto a Mitra, que penetró en Roma en 67 a.c., y que disfrutó de gran popularidad en el mundo romano. Mitra era un dios indoiraní anterior al año 1000 a.c. De acuerdo con sus creyentes, nació con forma humana en una gruta, llevó a cabo grandes proezas y milagros, y mató a un toro sagrado cuya sangre fertilizó la tierra.

En el mitraísmo prevalecía un dualismo básico entre la luz y las sombras, el bien y el mal. No admitía a las mujeres y atraía en gran número a los soldados. Otra importante característica era el toro cósmico, mito y rito de la vida nueva y la fecundidad. Sus santuarios tenían forma de cueva y estaban presididas por una estatua del dios dando muerte al toro cósmico.

La iniciación de los creyentes incluía siete grados y su bautismo se hacía con sangre de cordero o toro. Entre sus creencias, además de la redención del mundo por el sacrificio del toro (llevado a cabo por Mitra), la ascensión del dios a los cielos, su condición de intercesor, etc., estaba la vida eterna y una especie de resurrección de los muertos, por lo que se ha señalado su parecido con el cristianismo, al cual se fueron convirtiendo gran parte de sus miembros.

MITA

Movimiento religioso puertorriqueño. La Iglesia de Mita surge como resultado del trabajo de una predicadora pentecostal puertorriqueña, Juana García, conocida como «Mita» o como «diosa Mita» por sus seguidores. «Mita» se consideraba la encarnación del Espíritu Santo o de la plenitud del Espíritu.

A partir de 1942 su iglesia se extendió por toda la isla. Mita hacía énfasis en una vida de separación del mundo. Su sucesión recayó en «Aarón», cabeza de los apóstoles en una nueva dispen-

sación del espíritu, aunque se han producido divisiones en el
movimiento por cuestiones de liderazgo.

A pesar de su origen pentecostal, esta organización no la
aceptan otros pentecostales puertorriqueños debido a las pretensiones mesiánicas de la fundadora y al énfasis en su persona
y la de su sucesor. De ahí que muchos sociólogos clasifiquen a
esta iglesia como una secta religiosa y no como una denominación evangélica o pentecostal. Por ejemplo, el mausoleo en que
descansan los restos de Mita se ha convertido en una especie de
santuario.

Una característica importante del movimiento fue el número
de establecimientos comerciales que puso a funcionar bajo auspicios de la secta, la cual se expandió por República Dominicana
y comunidades hispanas de Norteamérica.

MITNAGGEDIM
Judíos opuestos al → ASIDISMO. Con motivo de una serie de ex-
comuniones emitidas por rabinos y sinagogas contra los asídi-
cos, se publicó en 1772 un folleto enumerando las objeciones
que se hacían a ese movimiento.

MITOLOGÍA
(Del griego *mythos*, que significa *palabra, relato, designio,
mensaje*.)
Conjunto de mitos de un pueblo o civilización. Generalmente
se utiliza el término para referirse a las creencias de la civilización grecorromana, pero también se utiliza para referirse al conjunto literario de las creencias relacionadas con las diversas
divinidades y seres sobrenaturales.

Existe la «mitología comparada» o ciencia de los mitos.

Si se estudia desde un punto de vista eminentemente cultural
y secular, se trataría de un concepto y género literario utilizado
en la filosofía, la lingüística y sobre todo la historia de las religiones. La religión de los griegos, su famosa mitología, parte inte-
gral de la cultura occidental, puede servir como un ejemplo de
mitología.

Las escuelas mitológicas son numerosas ya que el mito puede considerarse como el relato fabuloso de las migraciones humanas, del naturalismo, de la divinización de los humanos, de fenómenos naturales, etc. Cuando el estudio de los mitos es de carácter científico, puede hablarse de una ciencia llamada mitografía. Otros hablan de mitanálisis.

Según Mircea Eliade, el mito es real si se presenta como revelación, sagrado si relata obras divinas o santas, eterno si se desarrolla en el tiempo de los comienzos, ejemplar si sirve de modelo de conducta, repetible si se debe rememorar.

Los que se oponen a la interpretación literal o más conservadora de las Escrituras Cristianas consideran los relatos sobre Adán y Eva, del libro de Génesis, como mito literario, aunque pudieran aceptar su significado como explicación simbólica de los orígenes de la humanidad.

Los estudiosos más seculares de la mitología la plantean como resultado de la operación de una imaginación ingenua sobre hechos de la experiencia, pero el mito tiene una gran importancia en el mundo de las religiones. Otro asunto a considerar es que lo que algunos consideran «mito» pudiera tratarse de una realidad expresada por una revelación divina.

MODALISMO

Herejía antigua. Los orígenes del modalismo se encuentran en Asia Menor y se extendió hasta África del Norte y Roma. Entre sus promotores estuvieron Noeto y Práxeas en el siglo III d.C. El principal teólogo de esta escuela fue Sabelio (→ SABELIANISMO). Según la doctrina, las tres personas de la santísima Trinidad son únicamente manifestaciones o modalidades de Dios. (→ PATRI-PASIANISMO; MONARQUIANISMO.)

MODERNISMO

(Del latín *modernus*, que se deriva de *modo*.)

Corriente teológica dentro del catolicismo (→ CATÓLICA, APOSTÓLICA Y ROMANA, IGLESIA). También se denomina así a ciertas tendencias del → LIBERALISMO en el movimiento protestante. Es difícil entender el movimiento sin tener en cuenta el desarrollo del liberalismo dentro de los círculos protestantes. El modernismo católico, como el liberalismo protestante, acepta la «alta crítica» bíblica y rechaza la aceptación incondicional de ciertos dogmas tradicionales. El modernismo católico se remonta a fines del siglo XIX. Las doctrinas modernistas fueron condenadas por Pío X en 1907.

Uno de los problemas iniciales fueron las dudas de los modernistas acerca del origen divino del → CRISTIANISMO, pero el movimiento acepta la existencia y obra de la iglesia como un hecho real. El modernismo no elimina la liturgia ni el ritual, así como tampoco la jerarquía eclesiástica, pero trata de llevar a cabo una síntesis entre los dogmas y la ciencia, a la vez que se aleja del escolasticismo.

Entre los primeros modernistas se incluyen a A.F. Loisy, F. Von Hügel, A. Fogazzaro, L. Laberthoniere y G.H. Tyrrell. Infinidad de pensadores y teólogos católicos más recientes de la estatura intelectual de Hans Küng pueden ser considerados como partícipes de algunas de estas ideas que debilitaron la posición dogmática tradicional de la Iglesia de Roma y contribuyeron indirectamente a la convocatoria del reformista Concilio Vaticano II.

Muchas teologías del presente no hubieran sido posibles sin la contribución de los modernistas. La política del Pontífice Juan Pablo II ha sido tratar de contener los avances del movimiento. Para entender algunos de los puntos principales del modernismo, → LIBERALISMO.

El «Juramento antimodernista», una profesión de fe católica contra el modernismo, se suprimió en 1967.

MONARQUIANISMO
Movimiento teológico. Los que apoyaban un punto de vista unipersonal y no trinitario de la naturaleza de Dios con el fin de preservar su unidad. «Monarquianos dinamistas» eran los que entendían que Jesús era un hombre que se convirtió en Hijo de Dios durante su bautismo y «monarquianos modalistas» los que afirmaban que tenía en sí la divinidad completa. Para ellos, la encarnación de Dios el Padre era un esfuerzo por mantener la divi-

nidad del Hijo y la unidad de Dios. Estos últimos profesaban el
→ SABELIANISMO.
Tertuliano (siglo III) acuñó el término «monarquiano».

MONISMO
Creencia en un solo ser. (→ IDEALISMO; PANTEÍSMO.)

MONOFISISMO
(Del griego *monos* que significa *uno*, y *fusis* que significa *naturaleza*.)
El monofisismo consistió en una controversia que dividió la Iglesia Cristiana, sobre todo en la parte oriental del Imperio Romano.
En cierto sentido el monofisismo fue una reacción contra el → NESTORIANISMO. La oposición a las dos naturalezas de Cristo recibió el nombre de «monofisismo». En su interpretación, solo existe una naturaleza en Cristo. Así creían proteger la unidad de la persona de Cristo. Los monofisitas entendían que atribuirle dos naturalezas a Cristo negaba la posibilidad del hombre de llegar a ser uno con Dios.
La disputa se inició con el Concilio de Calcedonia (451), que proclamó a Jesús como «verdadero Dios y verdadero hombre», aclarando que Cristo era uno en persona y sustancia y no dividido en dos personas. Nuevas interpretaciones condujeron al monofisismo, que obtuvo gran apoyo entre ciertos teólogos, pero sobre todo en las masas. Entre las iglesias que recibieron la influencia monofisita estaban la cóptica (→ COPTA, IGLESIA) y un amplio sector de la de Antioquía.

MONOTEÍSMO
(Del griego *monos* que significa *uno*, y *theos* que significa *dios*.)
Creencia en un solo Dios personal. Entre las religiones monoteístas se encuentran el → JUDAÍSMO, el → CRISTIANISMO y el → ISLAMISMO. EL monoteísmo contrasta con el → POLITEÍSMO o creencia en varios dioses; con el → MATERIALISMO que niega la existencia de un ser superior distinto de la materia; el → HENO-

TEÍSMO, que admite un Dios principal y varios dioses secundarios; el → DEÍSMO, para quienes Dios no interviene en los asuntos de este mundo; y el → PANTEÍSMO o → MONISMO, según el cual Dios y el universo son una misma cosa.

De acuerdo con los datos tradicionales, el monoteísmo, como lo conocemos hoy, se remonta a los patriarcas del Israel antiguo (Abraham y otros) y al antiguo Egipto de la era de Akenatón, faraón que se desempeñó también como reformador religioso y sustituyó el culto de Amón por el de Atón («el disco solar») como único dios oficial.

MONOTELISMO

(*Solo* y *agente* en griego.)

Movimiento teológico. Los monotelistas sostenían la creencia en una sola voluntad en Cristo. Fue un intento por reconciliar a ciertos elementos en la iglesia y lograr el apoyo de los monofisitas sin apartarse de ciertos conceptos del Concilio de Calcedonia (451) sobre las dos naturalezas de Cristo. A tal efecto, Sergio, patriarca de Constantinopla, siguiendo las instrucciones del emperador bizantino Heraclio, propuso una fórmula estableciendo la tesis de que el Verbo hecho carne, Jesús, lo hizo todo mediante la acción de una sola energía divino-humana. Después se eliminó lo de «energía» y se afirmó la existencia de una sola voluntad en el Cristo, divino y humano al mismo tiempo. Para ellos si Cristo tenía, como afirmaba la ortodoxia, dos naturalezas, existían dos voluntades, pero la humana actuaba siempre de acuerdo con la divina.

El monotelismo fue condenado en el Concilio de Constantinopla (680) que estableció el diotelismo, es decir, la creencia en dos voluntades.

MONTANISMO

Movimiento cristiano de la antigüedad. Seguidores de Montano, líder cristiano del siglo II en la región de Frigia en el Asia Menor, quien proclamó el inminente advenimiento de la Nueva Jerusalén.

Montano se opuso a cierto relajamiento de las estrictas normas que caracterizaron al cristianismo original. Montano y dos mujeres de su iglesia afirmaban tener el don de profecía. La mayor dificultad para otros cristianos fue que algunos de sus seguidores le consideraban el «Consolador» que Jesús prometió. Entre sus partidarios estuvo el famoso teólogo Tertuliano, quien se unió a los montanistas durante los últimos años de su vida.

El rigorismo ético de los montanistas provocó reacciones negativas entre otros grupos.

MOPSES, ASOCIACIÓN

Secta ocultista. Adoradores de un perro, Mopses, una versión del macho cabrío.

Sus ritos de iniciación son sumamente extravagantes, incluyendo ojos vendados y besos al Gran Maestre del grupo.

MORAVA, IGLESIA

Véase MORAVOS, HERMANOS.

MORAVOS, HERMANOS

Denominación evangélica. Grupos de creyentes surgidos originalmente de la reforma de los → HUSITAS en el país checo. Se trasladaron a Alemania después de la derrota evangélica en la batalla de la Montaña Blanca (1620). En 1722 empezó su reorganización en Sajonia con el apoyo del conde Nicolás Von Zinzendorf, ilustre protestante alemán. Zinzendorf fue consagrado obispo en 1737 por un obispo de la rama polaca del movimiento husita. Desde esa época empezaron a enviar misioneros a distintos países: zonas indígenas en Norteamérica, Groenlandia, Labrador, América del Sur, India, etc., y alcanzaron varias regiones del globo. Al principio colaboraron con las iglesias Luterana de Alemania y Anglicana de Inglaterra. Influyeron decisivamente en Juan Wesley y los inicios del metodismo. Uno de sus mayores logros fue la conversión de los indios miskitos de Nicaragua en el siglo XIX.

Su teología es protestante, su culto es sencillo, bautizan a los niños y su ministerio está compuesto de obispos, presbíteros y diáconos (con rango ministerial). Su administración es presbiteriana.

MORISCOS

Musulmanes convertidos al cristianismo. El nombre se aplicaba a los islámicos que se vieron obligados a convertirse al cristianismo en España.

En el largo de proceso de la relación entre cristianos y moros en España se produjeron conversiones del → ISLAMISMO al catolicismo (→ CATÓLICA, APOSTÓLICA Y ROMANA, IGLESIA). Pero a partir de las leyes que les obligaban a convertirse o abandonar el territorio, su número aumentó en forma considerable. Sin embargo, muchos siguieron practicando ritos y costumbres musulmanas, por lo cual fueron investigados por la Inquisición.

Los moriscos trataron de lograr alguna compatibilidad entre las creencias que sustentaban internamente, como musulmanes, con aspectos del → CRISTIANISMO, sobre todo los mencionados en el *Corán*. Conservaron aquellas prácticas religiosas compatibles con su situación; algunos lograron hasta visitar La Meca.

Según datos extraídos de los procesos de la Inquisición, parece que celebraban, según sus posibilidades, el viernes, día en el que cambiaban la ropa de casa y vestían sus mejores ropas. En cuanto a las ceremonias cristianas en que se veían obligados a participar, entendían que, como no lo hacían sinceramente, estas no tenían valor alguno; en otras palabras, que quedaban anuladas por la falta de intención. Uno de los problemas mayores tenía que ver con la carne de cerdo, que les estaba vedada en la legislación del → ISLAMISMO.

Entre sus descendientes, el número de simpatizantes del → ISLAMISMO fue disminuyendo con el tiempo, entre otras razones, por vivir en un ambiente hostil a sus creencias.

MORMONA, IGLESIA

(También se le conoce como «Iglesia de Jesucristo de los Santos de los Últimos Días» o «Iglesia Reorganizada de Jesucristo de los Santos de los Últimos Días».)

Movimiento religioso de origen norteamericano. La iglesia surgió en Fayette, Nueva York en 1830. Su fundador fue Joseph Smith, quien se proclamó profeta.

Después de fundar varias comunidades en busca del establecimiento de una Nueva Jerusalén, los mormones se radicaron en Salt Lake City, Utah (1847), bajo el liderazgo de Brigham Young, ya que Smith murió a manos de enemigos de la secta.

En la interpretación mormona, la iglesia cristiana fue apóstata hasta 1830. Los mormones no aceptan doctrinas cristianas tradicionales como la Trinidad, sino que enseñan la existencia de infinidad de dioses que fueron una vez hombres. Los humanos pueden transformarse en dioses y alcanzar la divinidad en la vida venidera. La encarnación de Cristo no es única para ellos, ya que otros dioses, después de una existencia como espíritus, se establecieron en algún planeta para recibir cuerpos antes de alcanzar la deidad. Por un tiempo los mormones practicaron la poligamia.

Los mormones utilizan a los miembros varones para la obra misionera, a la cual tienen que prestar servicio en la juventud. Su ministerio incluye desde un Colegio de Apóstoles hasta sacerdotes y diáconos. Hasta recientemente los miembros de raza negra no podían entrar al sacerdocio.

Uno de los apóstoles de la iglesia es su presidente y es una especie de «profeta viviente» que puede cambiar doctrinas y prácticas.

Se han extendido por casi todo el mundo, incluyendo la América Latina y disponen de cuantiosos recursos financieros. Han levantado enormes templos en varias ciudades del globo y su principal institución educativa es la Universidad Brigham Young en Salt Lake City, ciudad donde radica la sede de la iglesia.

MUGGLETONIANOS

Secta inglesa. Seguidores de Lodowick Muggleton (siglo XVII), «iluminado» inglés. Muggleton y John Reeve se autoproclamaron como los dos testigos mencionados en el libro de Apocalipsis.

Su secta se extinguió en el siglo XIX.

MURGITAS
(Palabra árabe que significa *pospuesto*.)
Secta musulmana. Especie de quietistas (→ QUIETISMO) musulmanes de los primeros tiempos del Islam. En su interpretación, los crímenes más serios son pasados por alto mediante el ejercicio de la fe, y por lo tanto su castigo no es eterno. En vista de esto, hacen mayor énfasis en la fe que en las obras. Los murgitas son una reacción a los «kharidjitas».

MUSULMANA, HERMANDAD
Asociación islámica. Se trata de un poderoso movimiento fundado en Egipto por Hasán el Benna en 1933. Ha intentado restablecer plenamente las leyes islámicas en la sociedad árabe. Algunos han mostrado una actitud ultranacionalista. Según la Hermandad Musulmana y otros grupos similares, el *Corán* debe ser observado estrictamente y controlar la cultura de cada país.

MUSULMANES
Véanse ISLAMISMO; KHARIDJITAS.

MUSULMANES NEGROS
Movimiento religioso. Los musulmanes negros se inician con Timothy Drew, el «Noble Drew Alí», que defendía la idea de que los negros norteamericanos descendían de los moros. Después de la muerte de Drew, Wallace D. Fard, líder negro de Detroit, Michigan, se autoproclamó como su reencarnación y enseñó una «Religión de los Hombres Negros del Asia y el África», con base en las Escrituras Cristianas y en el Corán. Su sucesor, «Elijah Muhammad» predicó el evangelio de la revolución negra y la Nación Negra del Islam. Con el tiempo, Malcom X, uno de sus seguidores, se convirtió en uno de los principales líderes de la raza negra en Estados Unidos.

Los musulmanes negros cuentan con muchas instituciones y propiedades que permiten desarrollar un amplio programa de reclutamiento y propaganda. Combinan las creencias del Islam con la cultura negra norteamericana, pero no han sido reconocidos por importantes grupos musulmanes de otras regiones. Entre otros logros han alcanzado mejorar algunas comunidades afroamericanas.

Muchos de sus partidarios proceden de iglesias cristianas negras y constituyen, por lo tanto, un desafío al cristianismo en Estados Unidos.

MUTAZILITAS
(Palabra árabe que significa *apartarse*.)

Secta musulmana. Escuela de pensamiento que surgió de las guerras civiles entre grupos musulmanes. Los mutazilitas tomaron una posición intermedia. Por un tiempo hicieron énfasis en cierta forma de librepensamiento, pero terminaron siendo acusados de rigorismo ético y se unieron a los → CHIITAS.

N

— de NACIÓN DEL ISLAM a NUEVOS CRISTIANOS —

NACIÓN DEL ISLAM

Movimiento religioso. Secta de antiguos musulmanes negros que se identifican como Nación del Islam y tienen como su principal líder al ministro Luis Farrakhan, quien se ha convertido en figura importante de la comunidad negra en Estados Unidos. Generalmente sus partidarios han proclamado la supremacía negra. La nación del Islam tiene vínculos históricos con la Misión Musulmana Americana.

Como en el caso de los → MUSULMANES NEGROS tradicionales, los islámicos, a nivel internacional, solo mantienen vínculos informales con este grupo, entre otras razones por no considerarlos necesariamente como musulmanes en el sentido más estricto de la palabra. Un problema que separa estos grupos de otros musulmanes es su énfasis racial, inexistente en el → ISLAMISMO tradicional.

NAZARENO, IGLESIA DEL

Denominación evangélica. A principios de siglo se produjo en Estados Unidos la fusión de alrededor de quince grupos surgidos del movimiento de las Iglesias de Santidad (→ SANTIDAD, IGLESIAS DE) basado en la teología del → ARMINIANISMO. El nombre original de la fusión era Iglesia Pentecostal del Nazareno, pero el término «pentecostal» fue abandonado (1919) para evitar confusiones con los pentecostales que enfatizan el hablar en lenguas.

Los nazarenos han concentrado tradicionalmente su atención en la experiencia de la plena santificación por obra de la gracia luego de la conversión, y promueven un estilo de vida muy estricto. La Iglesia del Nazareno es, pues, de teología → ARMINIANA-WESLEYANA, pero su sistema de gobierno combina elementos de autonomía congregacional y un sistema representativo que incluye la existencia de superintendentes.

La Iglesia del Nazareno se ha extendido en infinidad de países del mundo y se encuentra en casi todos los países del continente americano. Los nazarenos operan numerosas instituciones educativas y programas asistenciales. Su más conocida publicación es *El Heraldo de Santidad*.

NAZARENOS
Creencias judeo-cristianas. Además de esta iglesia, claramente reconocida como movimiento evangélico surgido en este siglo, varios grupos son denominados «nazarenos», incluso los cristianos primitivos. En el siglo IV puede identificarse una secta judeo-cristiana siria, todavía obediente a la Ley Mosaica, pero que confesaba su fe en Cristo como Hijo de Dios. (→ NAZARENO, IGLESIA DEL.)

NEGROS, MUSULMANES
Véase MUSULMANES NEGROS.

NEGROS, RELIGIÓN DE LOS
Creencias de grupo étnico. En la historia de la religión en Norteamérica se señala la existencia de una religiosidad propia de los negros estadounidenses, en su gran mayoría bautistas y metodistas, pero con elementos propios en la música, la liturgia y el estilo congregacional.

NEOFITI
Criptojudíos de Italia. A partir del siglo XIII y hasta el XVI muchos judíos que se bautizaban como católicos eran identificados como «neofiti» (neófitos), designación que generalmente se utiliza para identificar a personas que acaban de convertirse al → CRISTIANISMO, pero que en ciertas regiones italianas era utilizada para identificar a judíos que continuaban practicando discreta o secretamente algunos ritos de su religión original.

Se les persiguió sobre todo en Italia del Sur donde eran numerosos. Su centro estaba situado en Trani.

NEOLÍTICO, RELIGIONES DEL
Dícese de los datos sobre antiquísimas formas de religión. La fecha que algunos científicos ofrecen al período neolítico es 10000 a.C. Independientemente de opiniones en cuanto a fechas, los arqueólogos, antropólogos y estudiosos de historia de las religiones han aceptado ideas y prácticas de tipo religioso

que giran en torno a la muerte y la sepultura. El estudio de cementerios y tumbas revela la existencia de figurillas, dones y ofrendas. Las esculturas femeninas y esculturas fálicas, así como estatuas de la Diosa-Madre y de divinidades de la fertilidad con cabezas de serpientes y dragones, y las efigies de toro, parecen tener un gran sentido religioso. Por otra parte pueden identificarse datos concretos acerca de templos y sacerdotes. Según esos mismos estudiosos, se trata de una religión de labradores que contrasta con las religiones del Paleolítico que son religiones de cazadores (→ PALEOLÍTICO, RELIGIONES DEL).

NEOORTODOXIA

Escuela teológica protestante. Posición intermedia entre el liberalismo y el fundamentalismo.

Se trata de una reacción erudita al liberalismo y el racionalismo del siglo XIX y principios del XX. Karl Barth (1886-1968), el gran teólogo suizo, se planteó la necesidad de recuperar los temas importantes acerca de la salvación, la gracia, el encuentro con Dios en la revelación, la cristología, etc, con una perspectiva bíblica. Su teología penetró las principales iglesias protestantes, un sector del catolicismo romano e influyó sobre ciertos evangélicos conservadores. Sin embargo, no convenció ni a los liberales más radicales ni a los evangélicos más conservadores.

NEOPAGANISMO

Tendencia contemporánea. Corrientes de pensamiento que pretenden el regreso a formas e ideas basadas en el paganismo anterior a la aparición de la religión cristiana.

El interés en las creencias egipcias, de los pueblos nórdicos y de los druidas se manifiesta en varias sectas de la → NUEVA ERA.

NEOPITAGÓRICOS

Seguidores filosóficos de ideas esotéricas. El pensamiento neopitagórico indica una tendencia esotérica en un sector más reciente de → PITAGÓRICOS. Ciertas inclinaciones pitagóricas de algunas sectas modernas son simplemente intentos de alcanzar un saber esotérico.

Algunos neopitagóricos promueven un estilo de vida en el que además de creencias en la transmigración de las almas, numerología, etc., se promueven restricciones del tipo de alimentos a ingerirse.

NEOPLATONISMO

Movimiento filosófico-religioso. En realidad, el momento de gran apogeo del neoplatonismo se produjo en la antigüedad, pues tuvo gran auge en los siglos III y IV de la era cristiana. No debe confundirse con el → PLATONISMO original, pues se trata más bien de una síntesis de elementos platónicos y pitagóricos. Ha habido variedades de neoplatonismo que se han considerado como «cristianas», «judías» y, por supuesto, paganas.

Los estudiosos de mayor rigor consideran el neoplatonismo como una renovación del platonismo en la escuela de Alejandría del siglo III. Se trata de una convergencia del pensamiento oriental (de egipcios, persas y judíos sobre todo) con el pensamiento de Platón. Plotino y sus tres hipóstasis (el alma, la inteligencia y el Uno) dieron un nuevo significado a las formas ideales y a la «reminiscencia» según la enseñaba Platón (retorno a la mente con ocasión de la vista de las cosas sensibles, del recuerdo de las ideas del mundo inteligible). Estos asuntos los resaltan muchos autores. Plotino y sus discípulos cultivaron el éxtasis e intentaron trasponer los límites de lo sensible para llegar al Infinito, más allá del mundo de las apariencias.

Además de Plotino, quien fue discípulo de Amonio Sacas, se destacaron Porfirio, Proclo y Jamblico entre sus mejores expositores. Las tendencias al misticismo son evidentes en el intento de unidad con el Absoluto, lo cual supone el alejamiento de la materia, como intentaron los seguidores de Plotino.

El último de los grandes maestros neoplatónicos, Proclo (siglo V), se opuso al cristianismo. Pero la obra de San Agustín revela influencias neoplatónicas, como las revelan también la filosofía medieval y los llamados «platónicos de Cambridge». Al ser cerradas por Justiniano las escuelas filosóficas de Atenas

(529 d.C.), la sede del pensamiento neoplatónico se radicó en Alejandría.

NESTORIANOS

(Hoy se les conoce mayormente como «cristianos asirios» y como «Iglesia del Este».)

Corriente teológica de la antigüedad. Nestorio, un discípulo de Teodoro de Mopsuestia elevado al Patriarcado de Constantinopla en 428 d.C., rechazó el título de *Theotokos* (madre de Dios) otorgado a la virgen María insistiendo en el de *Christotokos* (madre de Cristo).

Nestorio enseñó que en Jesucristo existían dos naturalezas no unidas entre sí: la divina y la humana. En la teología nestoriana, a la humanidad de Jesús se le otorgó la forma de la deidad y la humanidad asumió forma de siervo, con el resultado del *prosopon* de Jesús de Nazaret, una persona con dos naturalezas. El Concilio de Éfeso (431) lo declaró hereje y fue depuesto como Patriarca y deportado a Antioquía. Sus principales opositores fueron los partidarios del → MONOFISISMO.

Nestorio murió en Libia. Sus partidarios lo consideran santo. Los obispos orientales que rechazaron las decisiones del concilio se organizaron aparte y se les dio el nombre de nestorianas a sus iglesias y al movimiento considerado como un todo y conocido también como Iglesia Siríaca Oriental de Mesopotamia. El centro eclesiástico del movimiento se radicó en Seleucia-Ctesifonte sobre el Tigris y luego en Bagdad. En Edesa y Nsibis se fundaron escuelas teológicas nestorianas.

La iglesia se extendió hacia el oriente con misiones en India y China, pero se redujo considerablemente su influencia por la extensión del Islam en la región donde se había desarrollado con mayor intensidad. En el siglo XVI un sector se unió a Roma con el nombre de cristianos caldeos. Otros adoptaron una teología jacobita o monofisita, y un sector se ha mantenido activo con las doctrinas originales, en especial en lo que respecta al Kurdistán.

NICOLAÍTAS

(También se les vincula con los gnósticos.)
Secta de la antigüedad. Grupo del primer siglo de la era cristiana mencionado en el libro de Apocalipsis. Los cristianos más ortodoxos acusaron a sus miembros de promiscuidad y de orgías. Otros entienden que se trataba probablemente de fornicación en el sentido de idolatría. Se les identifica con un «Nicolás, prosélito de Antioquía» mencionado en los Hechos de los Apóstoles.

NIÑOS DE DIOS

Culto religioso. A pesar de algunos énfasis que revelan el origen evangélico de este grupo, este se ha convertido en una secta. Los «niños de Dios» niegan la Trinidad y la existencia del infierno, y consideran a su fundador David Berg, conocido como «Moisés David», como una especie de profeta al que se le debe rendir una sumisión incondicional.

Se les han acusado de alejar a los hijos de sus padres y hacerlos vivir en comunidades bastante aisladas.

NO CONFORMISTAS, IGLESIAS

Nombre genérico de iglesias que no son anglicanas. Las iglesias que no aceptaban las actas de uniformidad impuestas a la población por el Gobierno de Su Majestad Británica empezaron a ser conocidas como «no conformistas» en el siglo XVIII por no conformarse a la política oficial en materia de religión. La mayoría de los primeros «no conformistas» eran puritanos (→ PURITANISMO). Con el tiempo representó todo el protestantismo inglés no afiliado a la iglesia de Inglaterra (→ INGLATERRA, IGLESIA DE; CONGREGACIONAL, IGLESIA; SEPARATISTAS).

NOMINALISMO

(Del latín *nominalis* que significa *relativo a un nombre*.)
Doctrina filosófica. Los nominalistas eran filósofos medievales y su principal énfasis radicaba en sostener que los «universales» no tienen realidad sustancial en sí mismos, sino que son

creados por la razón. Al nominalismo se oponía el → REALISMO. En realidad, el nominalismo era una reacción al realismo.

Uno de los partidarios del nominalismo era Abelardo, quien trató de lograr una posición intermedia. El primer sistema francamente nominalista lo estableció Guillermo de Ockham (1280-1349). En el nominalismo la fe misma se convierte en base para creer y las esencias no tienen realidad independiente por sí misma.

NORTE DE LA INDIA, IGLESIA DEL

Iglesia unificada. Se trata de la unión (1970) de varias denominaciones de la parte Norte de la India: anglicanos de la iglesia de la India, bautistas, metodistas de las misiones británica y australiana, la Iglesia de los Hermanos y Discípulos de Cristo (véanse los diferentes artículos sobre: METODISTAS; BAUTISTAS; HERMANOS, IGLESIA DE LOS; CRISTIANA, IGLESIA). Los ministros fueron ordenados en ceremonias comunes o «actos representativos de unificación del ministerio», lo cual satisfizo a los que insistían en la ordenación episcopal y el episcopado histórico. En las ceremonias oficiaron obispos y presbíteros. Los bautistas y los discípulos lograron que no se impusiera el bautismo de infantes. Al reconocerse ambos bautismos, las iglesias que no bautizan niños continúan sus propias prácticas.

NOSAIRIANOS

(También se les conoce como «nosairíes».)

Musulmanes de Siria y Líbano. Es una de las sectas → CHIITAS, pero con influencia gnóstica y elementos de cristianismo en su teología. Su nombre se deriva de Mohamed ibn Nosair, quien la fundó en el siglo IX. Consideran como divino a Alí, yerno de Mahoma.

Los musulmanes más ortodoxos los combaten debido a su creencia en la transmigración de las almas y a su creencia en otros libros sagrados además del Corán.

NOVACIANISMO

Movimiento religioso de la antigüedad. Seguidores de Novaciano, presbítero de la Iglesia de Roma en el siglo III, quien declaró ilegítima la elección de Cornelio como obispo de Roma y se hizo consagrar por tres obispos. Rechazaba el poder de la iglesia para perdonar la apostasía de los llamados «lapsi». Los novacianos se llamaron a sí mismos cátaros o puros. Su rigorismo doctrinal fue condenado por un concilio en Roma (251).

Los novacianos eran trinitarios y sería difícil condenarlos como herejes en el sentido tradicional dado a esa palabra entre cristianos tradicionales. Los católicos les consideran más bien como cismáticos y a su líder como «antipapa». El Concilio de Nicea (325) los invitó a regresar a la iglesia bajo ciertas condiciones, pero ninguna de tipo doctrinal.

Esta iglesia se mantuvo activa en varias regiones, particularmente en el Asia Menor, Grecia y Egipto hasta el siglo VII.

NUESTRO PADRE JESÚS, HERMANOS DE

(También se les conoce como «los penitentes».)

Movimiento religioso. Sus inicios se ubican en el siglo XVIII. Combinan creencias cristianas y paganas. Sus seguidores se autoflagelan y crucifican. La iglesia católica (→ CATÓLICA, APOSTÓLICA Y ROMANA, IGLESIA) condena tal práctica.

NUEVA ERA

Nombre genérico de diferentes movimientos y sectas. Este nombre procede de Alice Bailey, seguidora de la teósofa Elena Blavatsky, conocida como «Madame Blavatsky».

En la Nueva Era predominan elementos pelagianos (→ PELAGIANISMO), ya que generalmente se enseña que el hombre puede salvarse por sus propios méritos. Más importante todavía, rechazan las enseñanzas tradicionales acerca del pecado.

Sin embargo, el estudio de la Nueva Era obliga a tener en cuenta no solo elementos de nuevo pelagianismo, sino también de ocultismo, ideas esotéricas, espiritismo, cibernética, ecología, ficción científica, → ROSACRUCES, → MAGIA, → TEOSOFÍA, las cuales se presentan en forma sincrética mediante la vulgarización

225

de ideas extraídas de antiguas y nuevas religiones, así como de todo tipo de literaturas científicas o seudocientíficas. Por supuesto que, al estudiar una variedad tan grande de probables influencias, no debe generalizarse.

Sus críticos señalan en muchos de estos grupos la ausencia de principios éticos demasiado definidos, así como ciertas pretensiones de conocimiento científico que parecen atraer a personas desilusionadas por movimientos religiosos tradicionales o ansiosos de reconciliar algún grado de fe religiosa con los nuevos descubrimientos.

NUEVA JERUSALÉN
(También se le conoce como la «Nueva Iglesia».)

Secta religiosa. Bajo la inspiración de Enmanuel Swedenborg, científico y filósofo sueco que anunció la llegada de la Nueva Jerusalén para 1757, un grupo de sus seguidores organizó una iglesia que por un tiempo logró numerosos seguidores. La primera congregación swedemborgiana se formó en Londres en 1787-1788. Han operado también bajo el nombre de Sociedad Swedenborg.

Swedenborg era hijo de un obispo luterano. Sus escritos incluyen *La verdadera religión cristiana*, *Arcana caelestia*, etc., pero no intentó fundar una iglesia. Por algún tiempo contó con simpatizantes en varias iglesias, sobre todo en la anglicana, pero después de su muerte algunos empezaron a acariciar la idea de crear una nueva iglesia.

Una de sus creencias es la afirmación de un mundo espiritual que puede penetrar en el mundo material. Swedenborg afirmaba haber vivido en contacto con ese mundo espiritual en el que las personas aman y viven después de la muerte. Por lo tanto, afirmaba haber conversado con San Pablo, San Agustín, los reformadores evangélicos del siglo XVI, etc. Los swedenborgianos no creen en la Trinidad.

En la interpretación de algunos, el mensaje de esta iglesia incluye elementos de gnosticismo y espiritismo. Los principales centros de la iglesia están en Estados Unidos e Inglaterra.

NUEVO AMANECER

Movimiento de origen pentecostal. Esta secta española hace énfasis en el exorcismo a través del vómito. Comparte muchas doctrinas con las iglesias evangélicas, pero no todas las iglesias evangélicas la aceptan. Su principal trabajo es la rehabilitación de toxicómanos.

NUEVO PENSAMIENTO

Secta esotérica. El movimiento fue fundado por Phineas P. Quimby, un curandero estadounidense del siglo XIX. Se trata de una figura que ejerció alguna influencia sobre Mary Baker Eddy, fundadora de la Iglesia Científica de Cristo y de la → CIENCIA CRISTIANA. La secta contiene elementos de gnosticismo, predica la infinitud del Uno supremo y afirman la divinidad de los hombres.

NUEVOS CRISTIANOS

Judíos conversos en España. En el proceso de relación entre los judíos conversos y la mayoría católica romana de España, se designaba como «nuevos cristianos» a los conversos al catolicismo romano (→ CATÓLICA, APOSTÓLICA Y ROMANA, IGLESIA) que no podían establecer su «limpieza de sangre», es decir, el tener antepasados cristianos.

Estos «nuevos cristianos» ocuparon importantes posiciones en la historia del país, incluso en la colonización del Nuevo Mundo y en la Iglesia, pero sufrieron persecución y fueron objetos de investigaciones constantes por parte de la Inquisición.

santería

presbiterianos

aztecas

mahometanismo

ucianismo

ermanos moravos zoroastrismo

vodú

animistas

anglicanos

metodistas

adventistas

davidianos

nueva era

bautistas

Iglesia de Jesucristo de los santos de los últimos

coptos

Testigos de Jehová

bega

nduismo

Pentecostal

ufologí

gedeones

culto

Changó

damitas

totemismo

adiaforistas

niños de Dios

carismáticos

macedoni — de OCCIDENTAL, IGLESIA jacobita

racionalistas

valdenses **a OXFORD** — bogomil

yesidas

taboritas

berberisco

yoga

ortodoxos

abelianos

ariseos

evangélicos

laudianos

bohemio

iotelistas

tembladores

anzantes

judaísmo

acaciano

mormones

caballería espiritual

OCCIDENTAL, IGLESIA

Iglesia cristiana. Se llama Iglesia Occidental, en un sentido amplio, al cristianismo histórico de Occidente, es decir, a las iglesias católica romana, la de los viejos católicos, anglicana, valdense y las iglesias históricas del → PROTESTANTISMO. También se utiliza en relación con la Iglesia Católica Romana hasta la Reforma Religiosa del siglo XVI o al rito latino de esa iglesia. (→ CATÓLICA, APOSTÓLICA Y ROMANA, IGLESIA; VIEJOS CATÓLICOS, IGLESIA DE LOS; ANGLICANA, IGLESIA; VALDENSES.)

OCULTISMO

Creencias esotéricas. Dependencia en fuerzas misteriosas u ocultas. Incluye una serie de prácticas como → ADIVINACIÓN, ciertas formas de → ESPIRITISMO, → MAGIA, → BRUJERÍA, → SATANISMO y otros grupos que promueven la sabiduría oriental de religiones como el → HINDUISMO. Esta última vinculación es ciertamente discutible. Algunos atribuyen carácter ocultista a aspectos de la → TEOSOFÍA y de los → ROSACRUCES, así como a la cábala judía (→ KÁBBALA) y el → HERMETISMO.

El término, como se utiliza desde 1856, tiene cierta relación con la escuela francesa de ocultismo creada por Eliphas Leví (Alphonse Louis Constant), antiguo teólogo católico que definió el ocultismo y el → ESOTERISMO como maneras de referirse a la misma realidad.

ODINISMO

Grupos neopaganos que intentan revivir las mitologías nórdicas. Cuentan con un «comité» y una «comunión» odinista. Tienen nexos con la Nueva Era.

Odín era el principal dios de los pueblos de Europa septentrional, como los germanos y escandinavos.

OFITAS

(Del griego *ophis* que significa *serpiente*.)

Secta gnóstica. Antes de finalizar el siglo II, los ofitas se establecieron alrededor de su negación de la realidad histórica y temporal. Lo más visible era su culto a la serpiente de Génesis. Su mayor número de partidarios estaba en Siria y Egipto. Entre sus mejores fuentes de información se encuentran Orígenes y Celso, que escribieron acerca de ella.

OLMECAS, CREENCIAS DE LOS

Creencias precolombinas de antiquísimos mexicanos. De la cultura de los toltecas existen restos en la costa mexicana del Pacífico y en Oaxaca. Pudiera ser la más antigua cultura en Mesoamérica y hay datos concretos sobre ellos en los dos siglos inmediatamente anteriores a Cristo. Es probable que estaban desarrollándose en una época tan temprana como el año 1200 a.C.

En realidad, es poco lo que se conoce con exactitud de sus creencias que permanecen parcialmente en el misterio. Se trata de la probable cultura madre de que provienen civilizaciones superiores del México antiguo y por lo tanto algunas de las creencias de estas quizás procedan en cierta forma de las misteriosas creencias olmecas.

Los olmecas o «habitantes de la región del hule», pobladores de la costa del golfo de México entre los siglos IX y IV a.C., dejaron algunas manifestaciones de arte que pudieran tener relación con imágenes religiosas de épocas más recientes. Por ejemplo, se ha resaltado la existencia de grandes cabezas en piedra como representación de seres astrales o divinos.

Sus deidades estaban representadas con rasgos felinos, como hombres-animales, animales-hombres, serpientes-jaguares o dragones con apariencia de jaguar. El jaguar olmeca podía asumir características humanas, y existen evidencias de que se creía en una raza de criaturas mitad humana y mitad jaguar, lo cual explica la creencia en deidades híbridas que tal vez tenían relación con el culto a la fertilidad. Ciertos hallazgos revelan la creencia de que el jaguar se unió con una mujer y de esta relación nacieron criaturas medio humanas y medio jaguares.

Entre sus dioses se encuentran los del agua, con forma de enanos o de niños. De las creencias de los toltecas pudieran proceder elementos aceptados por otros indígenas, como las deidades del maíz, del gobernador del cielo, del dios viejo del fuego y de la serpiente emplumada (Quetzalcóatl).

ORDEN AURUM SOLIS

Secta espiritista. Grupo fundado en el Reino Unido en 1897. Entre sus líderes estuvieron Melita Denning y Osborne Phillips. Publicaban *Proyección Astral,* su órgano principal.

ORDO TEMPLI ASTARTÉ

Secta ocultista. Creyentes en Apolo y Astarté. Utilizan vestimentas largas y togas; se dedican a un ceremonial basado en la → MAGIA. Su centro de actividad radica en Pasadena, California.

ORDO TEMPLI ORIENTIS

(También se le conoce como «Templarios del Este».)

Secta ocultista. Practican ritos magicosexuales. Tienen creencias afines a las de → ORDO TEMPLI ASTARTÉ. Algunos estudiosos los consideran satanistas. Su maestro y líder fue el ocultista inglés Aleister Crowley (1875-1943).

ORDO TEMPLI SATANÁS

(También se le conoce como «Iglesia de la Hermandad Satánica».)

Secta ocultista al parecer desaparecida. (→ SATANISMO.)

ORFISMO

Religión o secta misteriosa. Se trata de una corriente de pensamiento que algunos remontan a Orfeo, poeta del siglo VI a.C., hijo legendario de un rey de Tracia. Sus seguidores lo consideraban hijo de Apolo y de la musa Calíope. Se cuenta que iba al Hades y regresaba al mundo superior. Su leyenda está relacionada con la de Dionisos Zagreo, dios tracio, hijo de Zeus y Perséfone. Una de las ramas de la secta se confunde con los partidarios de otra en el sur de Italia.

Entre sus creencias se encontraban la posibilidad de obtener la salvación despojándose de todo lo terrenal en la naturaleza humana mediante el cultivo de lo espiritual, lo que incluía la práctica del ascetismo y el uso de vestiduras blancas. Se extendieron por Ática y el resto de Grecia, hacia Sicilia y el sur de la península italiana. Los ritos del orfismo consistían en representaciones rituales de la muerte y resurrección de Orfeo.

ORIENTALES, IGLESIAS

Iglesias cristianas. A veces se le llama Iglesia Oriental a la Iglesia Ortodoxa, así como a otras iglesias, no necesariamente en comunión con el Patriarca de Constantinopla, que han mantenido una total independencia o poseen una característica teológica que las separa de las demás. Nos referimos a las iglesias nestoriana, copta, armeniana y a grupos monofisitas, etc. (→ NESTORIANOS; COPTA, IGLESIA; ARMENIA, IGLESIA DE; MONOFISISMO.)

También son en algún sentido iglesias orientales las llamadas iglesias uniatas (→ UNIATOS), es decir, antiguas iglesias de la región oriental del Imperio Romano que han ido aceptando la jurisdicción del papa u obispo de Roma y los ritos orientales de la iglesia romana.

ORIGENISMO

Seguidores de Orígenes. El ilustre teólogo alejandrino del siglo III es conocido por su condición de padre griego de la Iglesia y de dirigente de la escuela de Alejandría. Entre sus doctrinas características estaban su concepto acerca de la preexistencia del alma y la temporalidad del cuerpo.

Entre los origenistas se destacaron los llamados «protoktistas» que renunciaron a la doctrina de la preexistencia y se unieron a los ortodoxos, mientras los «isochristi» afirmaban que todas las almas llegarían a ser como la de Cristo.

Tanto Orígenes como sus doctrinas fueron condenados por el Concilio de Constantinopla en 553. Como Orígenes creía en el ascetismo, e incluso se castró a sí mismo, sus partidarios promovían la vida monástica y lucharon por controlar o mantener su control sobre varios monasterios en Palestina.

ORTODOXA, IGLESIA

(También se le conoce como «Iglesia Ortodoxa Griega». Iglesia que se identifica por los nombres de sus ramas Rusa, Georgiana [de Armenia], Rumana, Búlgara, Siria, etc.)

Iglesias orientales de teología trinitaria en comunión con el Patriarca Ecuménico de Constantinopla. Iglesias ortodoxas son la Griega, Rusa, Georgiana, Rumana, Búlgara, Siria, etc. Se trata en realidad de una federación de varias iglesias que se gobiernan a sí mismas, es decir, son «autocéfalas». Esta iglesia incluye los antiguos patriarcados de Jerusalén, Antioquía, Alejandría y Constantinopla. Cada una de estas iglesias son gobernadas por un patriarca. Otras iglesias autocéfalas son la Rusa, Búlgara, Rumana, Serbia, Griega, Gregoriana (de Armenia), Checoslovaca, Chipriota, Polaca, Albanesa y Sinaítica. En el caso de las iglesias Rusa, Serbia, Búlgara y Rumana, son presididas por patriarcas. El de la gregoriana es llamado «patriarca católico».

Los que presiden las otras iglesias ortodoxas son denominados «arzobispos» o «metropolitanos». Otras iglesias son las Ortodoxas de China, Japón, Finlandia y las administraciones rusas de emigrantes. Provincias eclesiásticas dependientes de alguna iglesia autocéfalas o de las jurisdicciones rusas de emigrantes están situadas en Europa Occidental, Norte y Sudamérica y Australia. La iglesia es «ortodoxa» pues afirma ser de los Apóstoles y, por lo tanto, ha conservado la verdadera fe; y «oriental» por su situación geográfica y su historia en el antiguo Imperio Romano de Oriente. Las iglesias cristianas de Oriente que no se adhirieron a las llamadas «herejías» de → NESTORIANOS, del → MONOFISISMO, etc., se mantuvieron en comunión con la Iglesia de Roma, pero algunas de ellas fueron fundadas antes que esta. En la interpretación católica estas iglesias, unificadas solo por su doctrina y su respeto por el Patriarca de Constantinopla, se «separaron» de Roma en 1054. Pero la interpretación ortodoxa es que sencillamente interrumpieron su comunión con una sede a la que reconocían como igual, no como superior, y a la que solo por razones de cortesía y de historia reconocían un primado honorífico. En realidad la Iglesia Oriental siempre funcionó de manera independiente de la Occidental. La mayor diferencia que causó el rompimiento fue la expresión *filioque*, palabra griega que implica que el Espíritu Santo procede igualmente del Hijo y del Padre, lo cual rechazaban los orientales. La disputa ya había causado un alejamiento desde la época del Patriarca Focio, bajo cuya inspiración un concilio excomulgó al Papa (867). Las diferencias teológicas y litúrgicas con el catolicismo son menores, pero los ortodoxos insisten en que poseen toda la verdad teológica. Los ortodoxos prefieren venerar «iconos» antes que a imágenes, y han canonizado sus propios santos, además de los de la iglesia occidental (→ OCCIDENTAL, IGLESIA). Los patriarcas y obispos ortodoxos aceptan como su primado de honor al patriarca ecuménico de Constantinopla. Debe aclararse que algunas iglesias llamadas ortodoxas no están en plena comunión con Constantinopla por asuntos relacionados con la naturaleza de Cristo (→ MONOFISISMO; NESTORIANOS; COPTA, IGLESIA).

ORTODOXA SIRIA, IGLESIA

(También se le conoce como «jacobita».)
Iglesia oriental. A pesar de utilizar el nombre «ortodoxo» no son aceptados teológicamente por todas las iglesias orientales de tipo ortodoxo, ya que su teología es la del → MONOFISISMO como la de los coptos (→ COPTA, IGLESIA). Su líder espiritual es el patriarca de Antioquía y todo el Oriente con sede en Turquía.

Para ellos, su iglesia fue fundada por el apóstol Santiago (Jacobo). Su más probable fundador fue el obispo de Edesa, Jacobo Haradaus (siglo VI).

Su feligresía es numéricamente significativa en Irak y sobre todo en Siria.

ORTODOXIA DEL ESTE

Término eclesiástico. En realidad, Ortodoxia del Este quiere decir iglesias vinculadas oficialmente con el Patriarcado Ecuménico de Constantinopla, a pesar de la existencia de una comunidad conocida como Iglesia Ortodoxa Oriental cuyos vínculos son más tenues debido a su relación histórica con el → MONOFISISMO. (→ ORTODOXA ORIENTAL, IGLESIA.)

ORTODOXA ORIENTAL, IGLESIA

Término utilizado para identificar ciertos grupos de iglesias fundadas originalmente en la parte oriental del Imperio Romano. Aunque estas iglesias pueden considerarse en cierta forma iglesias orientales, como a veces sucede con los ortodoxos y los → UNIATOS, algunos hacen una distinción entre la Iglesia Ortodoxa u Ortodoxia del Este, vinculada plenamente al Patriarcado de Constantinopla, y la Iglesia Ortodoxa Oriental, las iglesias que no aceptaron las decisiones del Concilio de Calcedonia (451). Se trata de las iglesias copta, armenia, la de Etiopía, la Ortodoxa Siria y Cristianos de Santo Tomás en la India. Para entender su teología, → MONOFISISMO.

Los ortodoxos orientales (entendidos de esta forma) han mejorado sus relaciones con la Iglesia Ortodoxa, la Iglesia Católica Apostólica y Romana y con las iglesias históricas del → PROTESTANTISMO. Recientemente iniciaron el proceso de llegar a un acuerdo teológico acerca de la naturaleza de Cristo con la Alianza de Iglesias Reformadas. (→ ORIENTALES, IGLESIAS; ORTODOXA, IGLESIA; ORTODOXIA DEL ESTE; COPTA, IGLESIA; ARMENIA, IGLESIA DE; ETIOPÍA, IGLESIA DE; ORTODOXA SIRIA, IGLESIA; CRISTIANOS DE SANTO TOMÁS.)

OUIJA, TABLA

(De las palabras *oui* y *ja* en francés y alemán respectivamente, que significan *sí*.)

Práctica de la Nueva Era. Sistema de adivinación mediante una tabla rectangular con las palabras «sí», «no», «adiós», letras del alfabeto y números del 0 al 9. Se le atribuye la facultad de predecir el futuro y ofrecer respuestas a diferentes preguntas. Muchos estudiosos de fenómenos ocultistas lo vinculan a posible conexión con la → ADIVINACIÓN, el → ESPIRITISMO, el → SATANISMO, etc.

OXFORD, GRUPO DE

(También se le conoce como «Rearme moral».)

Movimiento religioso y moral. Son partidarios de Frank

Buchman, que promovía el «Rearme moral» mediante los valores morales y espirituales, y la promoción de cuatro normas absolutas: desinterés absoluto, pureza absoluta, honradez absoluta y amor absoluto.

Este movimiento se inició formalmente en 1921. Aunque tuvo alguna influencia en ciertos sectores protestantes, no se trata de una denominación.

OXFORD, MOVIMIENTO DE

Véanse ANGLICANA, IGLESIA; ANGLOCATÓLICOS.

— de **PACTO, IGLESIA EVANGÉLICA DEL** a **PURITANISMO** —

PACTO, IGLESIA EVANGÉLICA DEL
Denominación evangélica. Una serie de resurgimientos religiosos dentro de la comunidad luterana de Suecia dieron lugar a la formación de grupos pietistas que se fueron separando gradualmente de la Iglesia de Suecia (de confesión luterana). Después de un período en el que celebraron cultos aparte de la iglesia oficial, algunos se sometieron a la autoridad eclesiástica.

Karl O. Resnius, un predicador laico, inició entonces un movimiento inspirándose en los Hermanos Moravos y los metodistas (→ MORAVOS, HERMANOS; METODISTA, IGLESIA). En 1878 se organizó el «Pacto Misionero Sueco» para promover la evangelización mundial y la vida devocional bajo el liderazgo del pastor Pablo P. Waldenstrom.

En Estados Unidos los partidarios del movimiento se convirtieron en denominación separada de la luterana con el nombre de Iglesia Evangélica del Pacto.

Además de sus misiones en otras regiones del mundo, la denominación ha trabajado activamente en México, Ecuador, Venezuela y entre los hispanos de Norteamérica.

PAGANISMO
(Del latín *pagus* que significa *rústico*.)

A finales de los tiempos antiguos y durante la Edad Media, esta palabra pasó a designar a los que no eran cristianos y también a los que habían sido evangelizados, pero rechazaron después el mensaje del cristianismo adhiriéndose a sus religiones originales o tradicionales. En la actualidad algunos la emplean para designar a miembros de religiones aparte del judaísmo, el cristianismo y el islamismo, esencialmente monoteístas. También otros la emplean para designar a personas sin religión o con un estilo de vida excesivamente secular y desvinculado de formas aceptables de religiosidad.

PALEOLÍTICO, RELIGIONES DEL
Dícese de los datos sobre antiquísimas formas de religión. Independientemente de aceptar o no las fechas que se ofrecen y las cifras astronómicas de años 40000–10000 a.C., resulta intere-

sante que los arqueólogos, antropólogos y estudiosos de historia de las religiones hayan identificado características de las creencias mágico-religiosas de los humanos en el mencionado período. Mediante el arte rupestre, la danza mimética de disfraces de animales, las figurillas femeninas, etc., indican aspectos del nacimiento y la muerte con implicaciones religiosas. También se han encontrado indicios de formas de adoración al cráneo.

A estas religiones se les denomina de «cazadores» en contraste con la de «labradores» del Neolítico. (→ NEOLÍTICO, RELIGIONES DEL.)

PALMAR DE TROYA
Véase CARMELITAS DE LA SANTA FAZ.

PALO MAYOMBE
Véase SANTERÍA Y OTROS CULTOS AFROCUBANOS.

PANTEÍSMO
Creencia filosófica religiosa. Se trata generalmente de una teoría que identifica a Dios con el mundo o universo. Algunos consideran tanto al → HINDUISMO como al → BUDISMO con cierto grado de panteísmo. En la filosofía de Baruch Espinoza, filósofo racionalista de origen judío, Dios se identifica con la naturaleza.

Existen formas diversas de panteísmo, incluyendo un panteísmo claramente ateísta. Algunos identifican a Dios como única realidad verdadera y al mundo como realidad subordinada, una manifestación o «proceso» de Dios. Otros entienden el mundo como la única realidad y a Dios como una especie de alma de este mundo.

PARASICOLOGÍA
Estudio científico de fenómenos considerados extrasensoriales. No se trata necesariamente de un movimiento religioso, pero algunos han utilizado elementos de parasicología en grupos vinculados al → ESOTERISMO y la → NUEVA ERA.

PATARINOS

Movimiento reformista católico (→ CATÓLICA, APOSTÓLICA Y ROMANA, IGLESIA). Estos laicos de los siglos XI y XII intentaron eliminar los abusos en el clero, sobre todo la inmoralidad y la simonía. Su nombre procede de Pataria, un barrio de Milán, pues su centro era esa ciudad y su principal enemigo era el arzobispo de Milán y su clero.

Entre los patarinos florecieron ideas maniqueas. Además de su prédica contra la materia, considerada mala, se oponían al matrimonio. También tuvieron vínculos con los → CÁTAROS y los → BOGOMILOS.

A pesar de ser perseguido por el arzobispado de Milán, el movimiento duró hasta principios del renacimiento cultural europeo. Indirectamente, los patarinos contribuyeron a fortalecer al Papa en Lombardía y otras regiones ya que se tomaron medidas contra la corrupción del clero local.

PATRIPASIANISMO

(*Pater passus est* en latín.)

Movimiento teológico. Uno de los nombres que se da al → MODALISMO. Sus partidarios sostenían que el Padre se había encarnado y había sufrido en la cruz del Calvario.

Existen otras formas de modalismo (→ SABELIANISMO).

PAULICIANOS

Movimiento religioso de principios de la Edad Media cuyo fundador pudo haber sido Constantino Silvano, procedente de una aldea maniquea cerca de Samosata (siglos VI o VII).

Sus doctrinas se conocen en parte debido a su manual *La clave de la verdad*. Entre los paulicianos podían encontrarse ideas maniqueas, pero se les conoce específicamente por su cristología adopcionista y por su rechazo a las imágenes y al culto a María y los santos. Algunas comunidades paulicianas establecieron contactos con los → BOGOMILOS, los → CÁTAROS, los → ALBIGENSES y los → ANABAPTISTAS.

Pese a que el emperador Constantino Coprónimo (siglo VIII)

simpatizó con sus ideas y los protegió brevemente, sufrieron infinidad de persecuciones, sobre todo por la emperatriz Teodora (siglo IX). Sobrevivieron hasta a una guerra de exterminio, y establecieron colonias en Tracia, Armenia, Asia Menor y los Balcanes, penetrando en Europa desde fines del siglo X. Todavía en el siglo XIX existía una colonia pauliciana en Armenia. Algunos bautistas recalcan ciertos principios evangélicos entre los paulicianos, considerando a algunas de sus comunidades como precursoras de la reforma radical (anabautista) del siglo XVI.

PELAGIANISMO
Movimiento considerado herético. Se origina con Pelagio, monje y teólogo británico (siglos IV y V). Negaban el pecado original. Creían que los humanos pueden producir, por cuenta propia y sin el auxilio de la gracia, las buenas obras mencionadas en las Escrituras. Los niños sin bautismo podían salvarse, lo que se contradijo en el Concilio de Cartago en 418. Su principal enemigo fue Agustín de Hipona, que enfatizaba la necesidad de la gracia para la salvación.

El Concilio de Orange de 529 condenó el pelagianismo, que prácticamente desapareció en el siglo VI.

PENTECOSTAL DE CUBA, IGLESIA CRISTIANA
Denominación surgida en Cuba. Un grupo de pastores e iglesias de la Iglesia Evangélica Pentecostal de Cuba (Asambleas de Dios) se separaron, en 1956, bajo la dirección del evangelista puertorriqueño Luis Manuel Ortiz, misionero que desarrollaba sus labores desde Santiago de Cuba en la parte oriental del país. La teología de esta iglesia era sumamente conservadora dentro de un pentecostalismo tradicional.

A partir de 1961, con la salida de Ortiz y otros líderes, debido a la Revolución Cubana que se inclinaba hacia el marxismo, la iglesia tomó un curso de mayor apertura teológica y de tendencias ecuménicas. Más tarde se unió al Consejo de Iglesias (antiguo Consejo Ecuménico) y estableció vínculos fraternales con los Discípulos de Cristo de Estados Unidos (→ CRISTIANA, IGLE-

SIA), sin afectar su teología pentecostal. Por mucho tiempo su principal líder fue el pastor y maestro Avelino González.

PENTECOSTAL DE SANTIDAD, IGLESIA
Véase SANTA PENTECOSTAL, IGLESIA.

PENTECOSTAL, IGLESIA DE DIOS
Denominación evangélica. Hasta 1922 este grupo era conocido como Asambleas Pentecostales de Estados Unidos, pero no debe confundirse con otros que tienen nombre parecido y teología unitaria. En 1922, se constituyó la Iglesia de Dios Pentecostal de América, considerada trinitaria. En 1979, dejó de conocerse como «de América».

Su teología se nutre de las doctrinas pentecostales y evangélicas tradicionales. Cada congregación se autogobierna, pero tienen superintendentes, presbíteros distritales y otros funcionarios elegidos en sus convenciones generales y de distrito. Su sede está en Joplin, Missouri; y se extiende por varios países.

PENTECOSTAL, IGLESIA DE DIOS
(Con sede en Puerto Rico.)

Denominación evangélica. En 1916, creyentes de las Asambleas de Dios iniciaron labores en Puerto Rico con el nombre de Iglesia de Dios Pentecostal. Este movimiento se independizó de la denominación estadounidense, la cual se reorganizó en la isla en 1957. Esta iglesia nacional puertorriqueña (Iglesia de Dios Pentecostal) es la principal denominación no católica en la isla y su trabajo incluye todo el territorio insular, con misiones en numerosos países latinoamericanos, comunidades hispanas de Estados Unidos y Europa. Su teología incluye los elementos fundamentales del pentecostalismo; promueve una vida estricta.

PENTECOSTAL INTERNACIONAL UNIDA, IGLESIA
(También se conoce como «Iglesia Pentecostal Unida Internacional» o como «Iglesia Pentecostal Unida».)

Denominación pentecostal. En 1945 se produjo la unión de las Asambleas Pentecostales de Jesucristo y la Iglesia Pentecostal Incorporada. La teología de ambos grupos, separados de las → ASAMBLEAS DE DIOS desde 1916, se vincula al movimiento → SOLO JESÚS. Además de su teología unitaria, insisten en el bautismo en agua en el nombre de Jesucristo y en el don de lenguas.

Su gobierno es congregacional, pero se reúnen administrativamente en conferencias y eligen superintendentes, presbíteros ejecutivos y directores de divisiones jurisdiccionales.

Se ha extendido por varios países partiendo de su base en Estados Unidos y sostiene numerosos colegios bíblicos así como programas de radio. Entre los países de América Latina en los que trabaja la denominación se destaca Colombia, donde se han extendido considerablemente.

PENTECOSTAL UNIDA, IGLESIA
Véase PENTECOSTAL INTERNACIONAL UNIDA, IGLESIA.

PENTECOSTALES, ASAMBLEAS
Varias denominaciones pentecostales se conocen con este nombre, algunas de ellas son de teología unitaria, como las Asambleas Pentecostales del Mundo con sede en Estados Unidos y con una gran feligresía afroamericana. Otras, en cambio, se mantienen dentro de los conceptos trinitarios, como las Asambleas Pentecostales en Canadá e Inglaterra.

PENTECOSTALES EN AMÉRICA LATINA, IGLESIAS
Movimientos nacionales de teología pentecostal. Entre las denominaciones que trabajan en la región se encuentran las → ASAMBLEAS DE DIOS, las diferentes Iglesias de Dios, la Iglesia Cuadrangular, la Iglesia Pentecostal Unida, las Iglesias de la Biblia Abierta, etc. (→ DIOS, IGLESIAS DE; EVANGELIO CUADRANGULAR, IGLESIAS DEL; PENTECOSTAL INTERNACIONAL UNIDA, IGLESIA; BIBLIA ABIERTA, IGLESIAS DE LA.)

Aparte del alto número de iglesias pentecostales organizadas en Puerto Rico con un carácter de origen nacional, han surgido varias de ese tipo en América Latina. La primera es la Iglesia Metodista Pentecostal de Chile (→ METODISTA PENTECOSTAL, IGLESIA), originalmente Iglesia Metodista Nacional, cuyos inicios datan de 1909 y su organización entre 1910 y 1911; obteniendo la legalización en 1929. Otras denominaciones fundadas en Chile son la Iglesia Evangélica Pentecostal (el sector de la Iglesia Metodista Nacional leal a Hoover en 1932, al dividirse el movimiento y adoptar la mayoría el nombre Metodista Pentecostal), Iglesia Misión Pentecostal, la Corporación Evangélica de Vitacura, Ejército Evangélico de Chile y la Iglesia Evangélica Metodista Pentecostal reunida en el Nombre de Jesús, Iglesia Evangélica de Emmanuel, etc.

En Brasil existen poderosas iglesias pentecostales nacionales, como Cristo para Brasil y la Iglesia Universal del Reino de Dios, entre muchas otras.

En México, desde principios de siglo, se ha desarrollado la Iglesia Apostólica de la Fe en Cristo Jesús.

En Guatemala la Iglesia del Verbo; aunque se originó en Eureka, California, se ha desarrollado dramáticamente entre la población y en cierta forma se ha ido convirtiendo en una iglesia guatemalteca y centroamericana. Una de las de mayor crecimiento en ese país es la Iglesia Elim (diferente al grupo norteamericano), surgida de la Iglesia Evangélica Centroamericana. Otras son la Iglesia Pentecostés Alfa y Omega, la Misión Evangélica Puerta del Cielo, las Asambleas de Iglesias Cristianas (antigua Asambleas Cristianas Pentecosteses), Iglesia Evangélica Pentecostés «Monte Basán», etc. El gran crecimiento numérico en Guatemala coincide con una situación similar en otros países de América Central donde se han organizado poderosos grupos autóctonos.

En Argentina se han creado numerosos grupos autóctonos como Iglesia Evangélica Pentecostal, Iglesia Pentecostal de Argentina, Iglesia de Dios Cristiana Pentecostal, etc.

En Cuba se ha desarrollado desde 1956 la Iglesia Cristiana Pentecostal de Cuba. Aunque la teología de estas iglesias es muy conservadora, algunas se han unido al movimiento ecuménico en Brasil, Chile y Cuba.

Ciertas formas innovadoras de pentecostalismo pueden localizarse en Perú con la Asociación Evangélica de la Misión Israelita del Nuevo Pacto Universal; en México con la Hermosa Provincia de la Luz del Mundo; en Argentina con la Iglesia Cristiana Renovada de los Milagros de Jesús, etc. Varios movimientos políticos, con base en los evangélicos, sobre todo de confesión pentecostal, se han organizado en América Latina recientemente, en particular en Guatemala, Brasil, Venezuela, Colombia, Nicaragua, Perú, Costa Rica, etc.

PENTECOSTALES EN PUERTO RICO, IGLESIAS

Movimientos nacionales de teología pentecostal. En la isla de Puerto Rico se han formado un buen número de denominaciones con teología pentecostal conservadora, se apegan a una vida estricta con el propósito de evangelizar el Caribe o América Latina utilizando recursos propios. Entre ellas está la Iglesia de Dios Pentecostal, fundada en 1916. (→ PENTECOSTAL, IGLESIA DE DIOS.)

El Movimiento Misionero Mundial, fundado por el misionero puertorriqueño Luis M. Ortiz, también iniciador de la Iglesia Cristiana Pentecostal de Cuba, se ha extendido por la isla, el Caribe, Estados Unidos, Europa y África. (→ PENTECOSTAL DE CUBA, IGLESIA CRISTIANA.)

Otros movimientos son la Iglesia de Cristo en las Antillas (1933); la Iglesia de Cristo Misionera (1934), un sector de teología pentecostal dentro de la Iglesia de los Defensores de la Fe Cristiana (1931); la Iglesia → MITA (1942), cuya teología se ha apartado de la ortodoxia pentecostal.

Han surgido también la Iglesia Pentecostal de Jesucristo (1938), la Iglesia Evangélica Samaria (1941), la Asamblea Cristiana, el Concilio Iglesia de Dios Apostólica, la Iglesia Cristiana de Nazareth, la Iglesia de Dios Primitiva, la Iglesia de Dios Sacrificada, la Iglesia de Dios Singular, la Iglesia Evangélica de Avivamiento, la Iglesia Evangélica del Buen Pastor, la Iglesia Mensajeros de Cristo, la Iglesia Monte Sión, la Iglesia Pentecostal del Nazareno, la Iglesia Refugio de Sión.

Otra iglesia fundada por puertorriqueños tiene también una

247

feligresía apreciable en Nueva York (sede) y otros lugares: la Iglesia Cristiana Damasco.

PENTECOSTALES, IGLESIAS
(También se conoce como pentecostalismo.)
Familia de iglesias cristianas. El pentecostalismo es una continuación del movimiento de santidad (→ SANTIDAD, IGLESIAS DE) del siglo XIX, pero adoptó nuevas formas. Entre sus primeros líderes estuvieron Charles F. Parham, fundador de una escuela bíblica en Topeka, Kansas; y William J. Seymour, que dirigió un gran avivamiento religioso en Los Ángeles, California, en la calle Azusa (1906).

El movimiento enfatiza los dones del Espíritu, hablar en lenguas y sanidad divina. También promueve una forma emotiva y libre de adoración, caracterizada por continuas alabanzas a Dios.

Del pentecostalismo original surgieron numerosas denominaciones y movimientos como las Iglesias de Dios, las → ASAMBLEAS DE DIOS, la Iglesia Cuadrangular y el movimiento conocido como → SOLO JESÚS (cuyo grupo más conocido es el de la Iglesia Pentecostal Unida, de teología unitaria). Con excepción de este último sector, los pentecostales sustentan una teología trinitaria. (→ DIOS, IGLESIAS DE; EVANGELIO CUADRANGULAR, IGLESIA DEL.)

El movimiento se extendió a Europa bajo el liderazgo de Thomas Ball Barratt, británico de origen metodista que fundó la Iglesia de Filadelfia en Noruega. Alexander A. Boddy, ministro anglicano, dirigió un gran avivamiento pentecostal en Inglaterra en 1907.

Entre 1910 y 1911 se fundó la Iglesia Metodista Pentecostal de Chile (→ METODISTA PENTECOSTAL, IGLESIA), la primera gran iglesia protestante autóctona de América Latina. Desde principios de siglo el movimiento llegó a México, Puerto Rico y otras regiones del continente. El pentecostalismo se convertiría en un gigantesco movimiento religioso en toda Latinoamérica en la segunda mitad del siglo XX. Además de numerosas denominaciones, existen miles de iglesias pentecostales independientes.

El pentecostalismo ha influido enormemente en el movimiento carismático emergente en el protestantismo histórico y el catolicismo. Debe entenderse que la experiencia pentecostal no se limita al pentecostalismo clásico ni al movimiento carismático, ya que numerosas iglesias autóctonas en África, Asia y otras regiones comparten aspectos fundamentales del estilo pentecostal.

Las Asambleas de Dios es la mayor denominación pentecostal. (→ CARISMÁTICAS, IGLESIAS; CARISMÁTICO, MOVIMIENTO.)

PETROBUSIANOS

Secta medieval (siglo XII). Seguidores del sacerdote Pedro de Bruys y otros predicadores que siguieron su ejemplo. Florecieron en regiones francesas como Languedoc y Provenza.

Se les conoce sobre todo por su oposición a la autoridad de la iglesia, la veneración de la cruz, la misa, los templos, el bautismo infantil y la transustanciación o presencia real de Cristo en la Eucaristía.

Algunos bautistas los consideran sus precursores. (→ BAUTISTAS, IGLESIAS.)

PIETISMO

Movimiento religioso dentro del luteranismo. Bajo la influencia de P.J. Spener y de seguidores con el gran prestigio intelectual y religioso de P. Gerhardt y A.H. Francke, muchos luteranos alemanes del siglo XVII entendieron que la iglesia estaba enfatizando demasiadas cuestiones como la escolástica luterana. A pesar de su ortodoxia esencial, destacaron la piedad, y de ahí el nombre de pietistas que recibieron.

La publicación de la obra de Spener *Pia Desideria* contribuyó a que el movimiento se extendiera grandemente. Los pietistas organizaron círculos devocionales para oración y estudio bíblico en toda Alemania. Los pietistas también hicieron énfasis en la obra misionera y en la educación teológica. El pietismo influyó mucho en grupos tan importantes como los hermanos moravos alemanes y la iglesia metodista en el Reino Unido. (→ MORAVOS, HERMANOS; METODISTA, IGLESIA.)

A pesar de la oposición de algunos sectores ortodoxos, el pietismo se convirtió en parte esencial de las iglesias luteranas en Alemania (→ LUTERANAS, IGLESIAS) y se extendió también a Escandinavia y otras regiones. Es impresionante el número de figuras destacadas en la filosofía y los estudios avanzados alemanes que descienden de familias profundamente pietistas.

Esta forma de piedad no debe confundirse con movimientos relativamente parecidos, pero que subestiman la importancia de la educación o se inclinan a algún tipo de extremismo en la adoración. El hecho de que en algunos ambientes se les califique de «pietistas», no los convierte en continuadores del movimiento específico que nos ocupa.

PINOS NUEVOS, CONVENCIÓN EVANGÉLICA LOS

Movimiento evangélico. En 1928 se fundó en Cuba la Escuela Bíblica Los Pinos Nuevos (nombre extraído del título de un discurso del patriota e intelectual cubano José Martí) bajo la dirección de Bartolomé Gregorio Lavastida y Elmer V. Thompson. Esta institución pasaría a llamarse Seminario Evangélico Los Pinos Nuevos y de las labores de sus estudiantes y de una misión norteamericana fundada en Cuba (West Indies Mission) surgió la Asociación Evangélica de Cuba, actualmente conocida como Convención Evangélica Los Pinos Nuevos.

Desde la década de 1930 se fueron extendiendo por todo el país las iglesias de Los Pinos Nuevos con su teología evangélica conservadora. La teología de bautistas y presbiterianos prevalecía entre los primeros misioneros (→ BAUTISTAS, IGLESIAS; PRESBITERIANA, IGLESIA). Esta obra interdenominacional se convirtió en una denominación cubana. Sus iglesias están extendidas por casi todas las provincias del país y el Seminario, en Placetas, es la sede de la Convención. Obreros de la Iglesia Los Pinos Nuevos han servido en numerosos países del mundo y la Convención mantiene vínculos fraternos y recibe ayuda de la misión Worldteam (sucesora de West Indies Mission).

PIRAMIDOLOGÍA

Creencias esotéricas. Manifestación de la Nueva Era en la que se

insiste en que las pirámides desatan la energía cósmica en todo
lo que esté bajo su control. Los seguidores de estas creencias esperan la realización de obras portentosas por intermedio de ese
tipo de fuerzas. Una serie de trabajos investigativos acerca de la pirámide de
Keops, en Egipto, y promovidos por elementos partidarios de
creencias esotéricas, sirven de base a esta actividad. Entre las figuras que mencionan como estudiosos se encuentran Ch Piazzi-
Smith y Richard Proctor en el siglo XIX.

PITAGÓRICOS
Comunidad mística. Seguidores del sabio griego Pitágoras (siglo
VI a.C.). Los pitagóricos originales eran filósofos matemáticos
que manifestaron abiertamente sus inclinaciones al misticismo.
Además de experimentar con la comunidad de bienes, insistían
en la inmortalidad del alma y la transmigración.

PLATONISMO
Corriente filosófica. En el platonismo se identifica a los humanos con el alma, se lleva a cabo una desvaloración de lo temporal
y corpóreo, la realidad se entiende en forma dualista y se aprecia
grandemente la vida contemplativa.

El platonismo ha influido en ciertos sectores del pensamiento religioso. Varios personajes de los primeros siglos del → CRIS-
TIANISMO o del → JUDAÍSMO de aquella época se inclinaban a una
serie de ideas procedentes del platonismo. Algunos entendían que
mediante Platón se podía articular teológicamente la fe cristiana,
como había intentado hacerlo Filón de Alejandría con el judaísmo.

El emperador Justiniano clausuró las escuelas filosóficas de
Atenas tratando de reducir la influencia platónica, lo cual nunca
se ha conseguido por completo. El Renacimiento vio un resurgir
del platonismo, sobre todo mediante la Academia Platónica de
Florencia (siglo XV).

PLATONISTAS DE CAMBRIDGE
Movimiento teológico inglés. Floreció en la Universidad de Cam-

bridge (1633-1688), entre un grupo de teólogos anglicanos que no se ubicaban en el → PURITANISMO ni en la → IGLESIA ALTA. Deben su nombre a su interés en la filosofía de Platón, especialmente el neoplatonismo; además, fueron cautivados por el pensamiento de René Descartes. Se les consideraba moderados en medio de las controversias teológicas de la época. Entre ellos tenemos a: H. More, B. Whichcote, N. Culverwel y John Smith.

PLYMOUTH, HERMANOS DE
Véase HERMANOS LIBRES.

POLACA DE AMÉRICA, IGLESIA CATÓLICA NACIONAL
Iglesia católica separada de Roma. Un buen número de sacerdotes y congregaciones católicas romanas (→ CATÓLICA, APOSTÓLICA Y ROMANA, IGLESIA) integradas por inmigrantes polacos en Estados Unidos y sus descendientes organizaron en 1897, en la ciudad de Scranton, Pensilvania, la Iglesia Polaca Nacional de América. Se oponían a la pérdida de control por parte del clero polaco radicado en Estados Unidos, el cual debía someterse generalmente a obispos de otras nacionalidades y que desconocían las peculiaridades de la creciente comunidad polaca.

Su primer sínodo se celebró en 1904 y su obispo presidente Francis Hodur fue consagrado en Utrecht, Holanda, por tres obispos de los Viejos Católicos (→ VIEJOS CATÓLICOS, IGLESIA DE LOS) en 1907. Con el tiempo, el idioma polaco reemplazó al latín como idioma litúrgico principal.

Bajo su jurisdicción ha funcionado una Iglesia Católica Nacional Lituana fundada en 1912. Han mantenido relaciones formales con los Viejos Católicos de Utrecht y con otros grupos similares en Europa y América. También han dialogado con la Iglesia Ortodoxa de Antioquía y con la Iglesia Anglicana (→ ORTODOXA, IGLESIA; ANGLICANA, IGLESIA). Sus relaciones con la Iglesia Católica, Apostólica y Romana han mejorado recientemente, en gran parte por la elección de Juan Pablo II, papa de origen polaco.

POLITEÍSMO
(Palabra griega que significa *muchos dioses*.)
Creencia en más de un dios. La mayoría de las religiones de la antigüedad eran claramente politeístas, como las creencias de los pueblos indígenas de América Central y del Sur, Egipto, Sumeria, Asiria, Grecia, Roma, etc.

POSITIVISMO
Movimiento filosófico, desarrollado por Augusto Comte en el siglo XIX, que motivó la formación de grupos promotores de cierta actitud hacia la religión que trata de sustituir los templos por talleres y los sacerdotes por sabios.

Comte rechazaba toda metafísica. Según su criterio, la humanidad se ha desarrollado desde un estadio teológico primitivo (con fases fetichista, politeísta y monoteísta), hasta un estadio «positivo», después de pasar por una etapa «metafísica». Ya en el estadio positivo predomina la ciencia positiva y se abandona la especulación metafísica. Además, predominarían tres principios básicos: la libertad como medio, el orden como fundamento y el progreso como fin.

Algunas organizaciones semirreligiosas de énfasis positivista subsisten en algunas naciones, incluso en América Latina, sobre todo en Brasil.

En 1881, se constituyó la Iglesia Positivista del Brasil que profesaba una «religión de la humanidad», con templos en Río de Janeiro y Porto Alegre.

POSITIVISTA DE BRASIL, IGLESIA
Véase POSITIVISMO.

PRESBITERIANA BÍBLICA, IGLESIA
Denominación evangélica. Como resultado de las controversias entre liberales y conservadores se organizó en 1938 la Iglesia Presbiteriana Bíblica, cuyos miembros habían originalmente apoyado la formación de la Iglesia Presbiteriana Ortodoxa (brevemente denominada Iglesia Presbiteriana de América y que no

PRESBITERIANA CUMBERLAND, IGLESIA—
PRESBITERIANA DE ESTADOS UNIDOS DE AMÉRICA, IGLESIA

debe confundirse con el grupo que lleva ese nombre actualmente).

El líder principal de este grupo, que adoptó una teología aun más conservadora que la de la Iglesia Presbiteriana Ortodoxa, lo fue Carl McIntire, ministro presbiteriano y organizador del Concilio Internacional de Iglesias Cristianas. Tanto la Iglesia Presbiteriana Bíblica como el mencionado concilio (opuesto al Consejo Mundial de Iglesias) decidieron dedicarse a una lucha por el → FUNDAMENTALISMO, el anticomunismo y las posiciones conservadoras en la política norteamericana. (→ PRESBITERIANA ORTODOXA, IGLESIA.)

La Iglesia Presbiteriana Bíblica ha sostenido pequeñas misiones en América Latina y ha tenido relaciones con grupos presbiterianos conservadores en esa región.

PRESBITERIANA CUMBERLAND, IGLESIA

Denominación protestante. El presbiterio de Cumberland, en el condado Dickson, estado norteamericano de Tennessee, se enfrentó a la doctrina de la doble predestinación sustentada por los presbiterianos más estrictos y se opuso a las limitaciones impuestas a los candidatos a la ordenación de ministros que no hubieran hecho estudios teológicos avanzados. La diferencia radicaba en que los Cumberland creían en la educación teológica, pero no en lo imprescindible de un grado teológico avanzado. Una Asamblea General de la nueva iglesia se organizó en 1829.

Con el tiempo, un amplio sector aceptó reunificarse con otro grupo presbiteriano nacional, pero muchas iglesias perpetuaron la Iglesia Presbiteriana Cumberland que mantiene misiones en varios países. Esta iglesia es bien reconocida por su obra misionera en Colombia.

PRESBITERIANA DE ESTADOS UNIDOS DE AMÉRICA, IGLESIA

Denominación protestante norteamericana. En 1983, en un servicio conjunto de comunión en Atlanta, Georgia, las iglesias

Presbiteriana Unida en los Estados Unidos de América y la Iglesia Presbiteriana en Estados Unidos (la iglesia sureña) se unificaron como Iglesia Presbiteriana de los Estados Unidos de América.

Esta iglesia unificada tiene raíces en la llegada de presbiterianos escoceses-irlandeses en los siglos XVII y XVIII, así como de presbiterianos ingleses y de otros países. En 1706 se reunió el primer presbiterio americano en Filadelfia. Los presbiterianos se convirtieron muy pronto en una iglesia influyente en el país, y atraían a gran parte de la intelectualidad y de las clases con mayores ingresos.

Sus prestigiosas instituciones educativas incluyen, entre muchísimas otras, la Universidad de Princeton. El Seminario Teológico de Princeton (presbiteriano) es una de las más altas escuelas de teología del mundo.

Las divisiones causadas por la Guerra Civil (1861-1865) quedaron resueltas al unificarse los presbiterianos históricos en 1983.

PRESBITERIANA DE ESTADOS UNIDOS, IGLESIA

Denominación protestante estadounidense. La Iglesia Presbiteriana del Sur de Estados Unidos, unificada con la Iglesia Presbiteriana Unida (mayormente norteña) en 1983 para formar la Iglesia Presbiteriana Unida de Estados Unidos de América. (→ PRESBITERIANA UNIDA DE ESTADOS UNIDOS DE AMÉRICA, IGLESIA.)

PRESBITERIANA EN AMÉRICA, IGLESIA

Denominación evangélica estadounidense. En 1973 numerosas iglesias presbiterianas de teología conservadora del sur de Estados Unidos constituyeron la Iglesia Presbiteriana Nacional, pero al año siguiente (1974) se denominaron Iglesia Presbiteriana en América (PCA). El movimiento procedía de la Iglesia Presbiteriana de Estados Unidos con base en el sur. Desde aquel entonces han logrado atraer otras iglesias de denominaciones presbiterianas y establecido convenios con otros grupos presbiterianos, extendiéndose en varios estados fuera del sur clásico. (→ PRESBITERIANA DE ESTADOS UNIDOS, IGLESIA.)

PRESBITERIANA, IGLESIA

Familia integrada por las iglesias presbiterianas. Las iglesias reformadas en Escocia, Irlanda, Canadá, Estados Unidos y otros países de habla inglesa se identificaron como presbiterianas. En cierto sentido, las raíces pueden encontrarse en la obra del reformador Juan Knox, quien fundó una congregación de protestantes ingleses exiliados en Ginebra y se convirtió en el gran reformador calvinista de Escocia.

La teología histórica del presbiterianismo es el → CALVINISMO, aunque puede hablarse de una teología reformada (→ REFORMADA, IGLESIA) en la que prevalece el calvinismo. Con el tiempo algunos presbiterianos han adoptado posiciones teológicas más flexibles.

El sistema de gobierno les ha dado el nombre debido a que en Escocia había que diferenciar entre iglesias con gobierno episcopal e iglesias con gobierno presbiteriano. La Iglesia de Escocia (conocida allí como «The Kirk» o la Iglesia) ha sido desde los días de Knox una confesión presbiteriana y con el tiempo (siglos XVII y XVIII) llegó a consolidarse como la iglesia oficial del Reino, situación que no cambió al unirse las coronas inglesa y escocesa.

Además de Knox, desempeñó un gran papel su sucesor Andrew Melville, a quien algunos llaman «padre del presbiterianismo».

El rey de Inglaterra es protector tanto de la Iglesia de Inglaterra (episcopal o anglicana) como de la de Escocia (presbiteriana).

En el siglo XIX se produjeron varios cismas y se organizaron la Iglesia Libre de Escocia, la Iglesia Libre Unida de Escocia, la Iglesia Presbiteriana Unida de Escocia y otros grupos menores, generalmente más conservadores. (→ LIBRE DE ESCOCIA, IGLESIA.) El presbiterianismo escocés fue trasplantado a Irlanda, sobre todo a Ulster, a partir del régimen de Oliverio Cromwell. La Iglesia Presbiteriana es la principal denominación protestante de Irlanda del Norte. Por esa misma época se extendió a las colonias inglesas de Norteamérica.

A través del mundo presbiteriano, la iglesia local la pastorea un ministro considerado como «anciano» o presbítero, encargado de la predicación y los sacramentos (bautismo y cena), pero gobernada por otros ancianos, los «ancianos gobernantes» (nombre tradicional) o «ancianos diaconales» (en algunos países). Estos deben diferenciarse de otros laicos, los diáconos, que contribuyen a la obra de la iglesia, pero no la gobiernan.

Las iglesias locales se integran en presbiterios, sínodos, asambleas, etc., en las que los presbíteros con rango de ministros de la Palabra y los sacramentos y los presbíteros generalmente conocidos como «ancianos» están representados. Su gobierno es democrático representativo.

El presbiterianismo ha hecho un énfasis marcado en la educación y el progreso. Un sector conservador (que hace énfasis en la teología reformada y la inspiración literal de las Escrituras) ha tomado forma y se identifica como ortodoxo.

En cuanto a América Latina, el presbiterianismo se ha establecido en la mayoría de las naciones y ha contribuido a la vida de esos países con excelentes escuelas. Entre las grandes iglesias presbiterianas de América Latina están las de México, Colombia y Guatemala, cuya historia, por su importancia, se confunde a veces con los inicios del protestantismo en esos países en la segunda mitad del siglo XIX.

Otros países con una larga historia en el presbiterianismo son Brasil, Chile y Cuba. En Cuba, el presbiterianismo se conoce como Iglesia Presbiteriana Reformada desde 1968, pero su actividad se inició en 1890 y una unificación con los Discípulos de Cristo y los congregacionalistas culminó en 1917-1918 con la formación de la Iglesia Presbiteriana de Cuba (actual Iglesia Presbiteriana Reformada de Cuba).

En 1966 la antigua Comisión de Cooperación Presbiteriana (CCPAL) se convirtió en Asociación de Iglesias Presbiterianas y Reformadas en América Latina (AIPRAL).

A nivel planetario los presbiterianos y reformados se agrupan en la Alianza Mundial de Iglesias Reformadas. Debe tenerse en cuenta que el presbiterianismo se ha extendido en casi todas las principales regiones del planeta.

PRESBITERIANA ORTODOXA, IGLESIA

Denominación evangélica estadounidense. Anteriormente conocida como Iglesia Presbiteriana de América, la denominación fue fundada en 1936 en reacción por lo que consideraban liberalismo en la principal denominación presbiteriana del norte del país, integrada después en Iglesia Presbiteriana Unida.

El líder del movimiento conservador, el teólogo y biblista J. Gresham Machen, fundador del Seminario Teológico Westminster en Filadelfia y de la Junta Independiente de Misiones Presbiterianas, agrupó a un sector de los presbiterianos conservadores u ortodoxos y organizó esta iglesia, actualmente en existencia en varios estados del país.

PRESBITERIANA REFORMADA, IGLESIA

Denominación protestante estadounidense. Las raíces de esta pequeña denominación se encuentran en grupos y presbiterios formados en 1752, 1782, 1798 y 1833, vinculados de alguna manera a los antiguos «Partidarios del Pacto» en Escocia, presbiterianos bastante estrictos. En 1969 se completó la unión de varios grupos en la que algunos de ellos, aun antes de esa unión, se conocían como Presbiterianos Reformados. Su teología es calvinista conservadora.

No debe confundirse con la Iglesia Presbiteriana Reformada de Cuba.

PRESBITERIANA UNIDA DE ESTADOS UNIDOS DE AMÉRICA, IGLESIA

Denominación protestante estadounidense. Se trata de la antigua Iglesia Presbiteriana Unida, unión de grupos presbiterianos llevada a cabo en 1958 y cuya feligresía radicaba sobre todo en el norte del país. La Iglesia Presbiteriana Unida se anexó en 1983 a la Iglesia Presbiteriana de Estados Unidos (sur) para formar la Iglesia Presbiteriana de Estados Unidos de América.

258

(→ PRESBITERIANA DE ESTADOS UNIDOS, IGLESIA; PRESBITERIA-
NA DE ESTADOS UNIDOS DE AMÉRICA, IGLESIA.)

PRISCILIANISMO

Secta de origen español. Seguidores de Prisciliano, obispo de
Ávila, España, en el siglo IV. Prisciliano, de origen hispanorro-
mano era natural de Galicia. Sus seguidores o «priscilianistas» se
extendieron por diversos lugares además de su bastión en Galicia en el norte de España. Varios obispos españoles (entre ellos
Instancio, Higino y Salviano) apoyaron a Prisciliano. Los han
acusado de maniqueísmo, sabelianismo, gnosticismo y de opiniones erradas acerca de la naturaleza de Cristo, pero en realidad
no puede llegarse a conclusiones definitivas aceptables en investigaciones con rigor científico. Existe sin embargo una riqueza
de datos dispersos en la *Historia de los Heterodoxos Españoles*
de Marcelino Menéndez y Pelayo, de gran erudición, pero prejui-
ciado contra el polémico personaje. Prisciliano fue decapitado
en Tréveris en 385, pero sus partidarios continuaron su labor
por mucho tiempo en medio de persecuciones de todo tipo.

PROSTITUCIÓN SAGRADA

Forma de culto en la antigüedad. Esta práctica de cortesanas dedicadas al culto se encuentra en algunas sociedades antiguas,
entre ellas la griega antigua, algunos pueblos cercanos a Palestina y en ciertos sectores del → HINDUISMO. En esta última religión la han conservado hasta fechas recientes. El judaísmo
condenó la prostitución sagrada.

PROTESTANTES

Se denomina así a los miembros de las iglesias conocidas como
protestantes o evangélicas. Debe aclararse que entre ellas no se
incluyen movimientos como los Testigos de Jehová, la Ciencia
Cristiana y los mormones.

PROTESTANTISMO

Movimiento cristiano internacional. Este término se aplica generalmente a todas las iglesias organizadas por la Reforma Evangélica o Protestante del siglo XVI y a iglesias, denominaciones y movimientos surgidos, inspirados o desprendidos de aquellas a través de los siglos.

En sociología de la religión se distingue entre protestantismo histórico, iglesias nuevas, iglesias marginales, grupos autóctonos, etc. El nombre preferido por los primeros protestantes era el de «evangélicos», pero hoy se identifica como tales a los protestantes conservadores en Estados Unidos y a todos los protestantes en Latinoamérica y ciertos países de Europa continental (como Alemania).

PURITANISMO

Movimiento evangélico de los siglos XVI y XVII. Surgió como un intento por «purificar» la → IGLESIA DE INGLATERRA de prácticas de origen católico (romano) o mundano. Los puritanos interpretaban las Escrituras al estilo de los calvinistas europeos. Entre las prácticas que rechazaban estaban el persignarse, los ornamentos, ciertos rituales y el gobierno jerárquico de los obispos.

Algunos puritanos se convirtieron en → «SEPARATISTAS» o disidentes de la Iglesia de Inglaterra, otros en «independientes» o partidarios del gobierno congregacional, y aun otros se afiliaron a iglesias presbiterianas. Los primeros bautistas eran de origen puritano, aunque adoptaron (al menos los bautistas generales) la teología arminiana. (→ PRESBITERIANA, IGLESIA; BAUTISTAS, IGLESIAS; ARMINIANISMO.)

En 1640, los puritanos se constituyeron en una especie de partido que respaldó al Parlamento en su confrontación con la corona. El puritanismo gobernó Inglaterra en la era de Oliverio Cromwell, que encabezó la primera revolución burguesa en el mundo. Al producirse la restauración de los monarcas de la familia Estuardo, cesando el breve experimento republicano (o «Commonwealth») encabezado por Cromwell y su hijo Ricardo, los puritanos sufrieron grandes dificultades, fueron expulsados de la Iglesia de Inglaterra y empezaron a ser conocidos, junto a otros protestantes no anglicanos, como «no conformistas». (→ NO CONFORMISTAS, IGLESIAS.)

El puritanismo llegó a América con los «Padres Peregrinos» del Mayflower en la década de 1620. Los puritanos organizaron la Iglesia Congregacional en lo que después serían los Estados Unidos (→ CONGREGACIONAL, IGLESIA). Sus descendientes se integraron a la iglesia unida de Cristo (→ UNIDA DE CRISTO, IGLESIA) la que, curiosamente, es mucho más liberal que sus antepasados, acostumbrados a un rigor ético considerable.

La palabra «puritano» todavía se utilizaba en Estados Unidos en el siglo XVIII. A ellos se deben las primeras universidades norteamericanas y el surgimiento de los estudios filosóficos a través del pastor congregacionalista Jonathan Edwards.

Q

de QUIETISMO a QUMRÁN

QUIETISMO

Movimiento místico de renovación espiritual. A pesar de su condena por parte del papa Inocencio XI en la bula *Coelestis Pastor* de 1687, los integrantes de este grupo eran personas de intensa piedad cristiana. Aunque emergen del catolicismo, sus partidarios comparten algunos énfasis de los cuáqueros e insisten en una «luz interior».

Algunos historiadores entienden que el español Miguel de Molinos lo inició con sus escritos que influyeron en madame Guyon du Chesnoy (Jeanne-Marie Bouvier de La Motte), una notable mística francesa. François Fénelon, el famoso arzobispo de Cambrai y apologista del catolicismo contra el movimiento hugonote, también estuvo bajo la influencia de los quietistas seguidores de madame Guyon. La *Guida Spirituale* de Molinos, publicada en 1675, señaló un camino hacia la perfección, la unicidad con Dios y el aniquilamiento de la voluntad. Se detectan influencias neoplatónicas, además de un marcado misticismo cristiano en el libro y en las enseñanzas de Molinos, consideradas como un todo.

Acusado de jansenista (→ JANSENISMO) y quietista, Molinos se convirtió en una persona grata para los protestantes, pese a su catolicismo, y un símbolo de resistencia católica a los jesuitas, sus más enconados críticos. En su sistema de espiritualidad, el alma se rinde a Dios. Tanto ese sistema de espiritualidad como la insistencia en la pasiva contemplación de lo divino tienen relación con el nombre de «quietistas» que se dio a sus partidarios.

A pesar de que los acusaron de simpatizantes del protestantismo, los quietistas extrajeron sus doctrinas y prácticas sobre todo de fuentes católicas como Juan de la Cruz y otros místicos de la Contrarreforma del siglo XVI. Debe señalarse que el término se había usado desde el siglo XIV en relación a personas con ideas no muy diferentes.

QUILIASMO

(Del griego *quilio*, que significa *millar*. También se le conoce como milenarismo.)

Creencia en un futuro milenio, o reino de mil años, al final de la presente edad o dispensación. En ese milenio Cristo reinará en la tierra y se establecerá un sistema perfecto. Su pasaje bíblico fundamental se encuentra en Apocalipsis 20.1-10.

El estudio de Apocalipsis y del libro del profeta Daniel en el Antiguo Testamento condujo a un buen número de intérpretes bíblicos, sobre todo evangélicos, a llegar a esas conclusiones. Las mismas también se apoyan en escritos de católicos como el sacerdote jesuita chileno Miguel de Lacunza (siglo XVIII), autor del controversial libro *La venida del Mesías en gloria y majestad*, obra que publicó bajo el seudónimo de Juan Josafat Ben Ezra.

Esta doctrina es de gran importancia para grupos como los Adventistas del Séptimo Día y los Testigos de Jehová, así como para los evangélicos de teología dispensacional que también insisten en esta creencia, común a la mayoría de los grupos pentecostales y a muchos bautistas.

QUINTA MONARQUÍA
Movimiento apocalíptico. Grupo de creyentes protestantes llenos de entusiasmo acerca del cumplimiento de la profecía bíblica de Daniel 2.24 que enseña el establecimiento del Reino de Dios sobre la tierra y describe a los santos como sucesores de los imperios asirio, persa, macedonio y romano. Surgió a raíz de la revolución burguesa o guerra civil que condujo al establecimiento de un «Commonwealth» y a la proclamación del puritano Oliverio Cromwell como Lord Protector en Inglaterra (siglo XVII).

Las esperanzas de establecer el milenio fallaron cuando Cromwell decidió asumir el título de protector y no establecer un reino milenial.

QUIROMANCIA
Práctica esotérica. Arte de adivinar el futuro mediante la lectura de las líneas y marcas de las palmas de la mano y los dedos.

QUMRÁN
Comunidad religiosa judía. Este grupo de creyentes vivía en la

costa occidental del Mar Negro entre 150 a.C. y 68 d.C., cuando el lugar fue destruido por los romanos con motivo de la gran revuelta contra la autoridad de Roma. Los eruditos generalmente se inclinan ahora a identificar la comunidad de Qumrán con los → ESENIOS. Aunque algunos rechazan que se tratara de una secta, otros la identifican así.

Excavaciones hechas en la localidad de Khirbet-Qumrán en 1947 condujeron al encuentro en unas cuevas de manuscritos hebreos del Antiguo Testamento, libros apócrifos o deuterocanónicos, un comentario del libro de Habacuc, fragmentos de otros comentarios bíblicos y los escritos del grupo o secta de Qumrán. Esos materiales son conocidos generalmente como *Los Rollos del Mar Muerto.*

La vida en Qumrán era conventual y mucho más estricta que la de la mayoría de los judíos. Como los cristianos y judíos, los de la comunidad hacían énfasis en aspectos escatológicos y en la venida de un Mesías. A pesar de lo que algunos han dado a entender en una serie de escritos y comentarios, no se ha probado el contacto formal de Qumrán con la iglesia primitiva cristiana ni que Jesús haya tenido vínculos con ella, como algunos han afirmado.

R

— de RACIONALISMO a RUTENAS, IGLESIAS —

RACIONALISMO

Término con posibles implicaciones en materia religiosa. Teoría que afirma el carácter racional de la realidad. Algunos consideran a Parménides (siglo VI a.C.) como el primer racionalista. Esas ideas influyeron en Platón y los neoplatónicos, e incluso parecen bien conocidas de ciertos pensadores cristianos del segundo siglo. Con la llegada de los tiempos modernos y el consiguiente desarrollo de lo que ahora consideramos como ciencia moderna, el racionalismo resurgió en el contexto de nuevas interpretaciones y concepciones matemáticas y científicas. Se sobrevaloró aun más el aspecto intelectual y se redujo la importancia concedida a otros aspectos.

El racionalismo influyó en la teología moderna y contemporánea. Algunos racionalistas se inclinaron al → DEÍSMO. Existen, sin embargo, formas de racionalismo mezclado con ideas sobrenaturalistas que pueden identificarse en formas de interpretación de movimientos tan conservadores como el fundamentalismo y su posición acerca de la infalibilidad, y sobre todo la inerrancia de las Escrituras.

RANTERS

(Del inglés *to rant*, que significa *hablar exaltada y desordenadamente*.)

Secta inglesa. En 1645, durante el período de rebelión del Parlamento contra el rey Carlos I, surgió un grupo de cristianos que afirmaban ser perfectos y en estado de inocencia, y se proclamaban inspirados por el Espíritu Santo.

La forma desordenada de sus cultos les ganó el nombre de *ranters*.

RASKOLNIKI

(Palabra rusa que significa *cismáticos*.)

Movimiento cismático ruso. Creyentes ortodoxos que se opusieron a las reformas introducidas en la liturgia por el patriarca Nikón en la era de Pedro el Grande (1666), a quien proclamaron como «anticristo» y enemigo de la «Vieja Rusia». También se conocían como «starovertsi» o «viejos creyentes», mientras consideraban a los partidarios de Nikón como «nuevos creyentes». Los «raskolniki» decidieron mantener las costumbres antiguas y los ritos practicados antes de la reforma de Nikón, cerrándose a todo cambio litúrgico, doctrinal o de cualquier tipo. Debido a no contar con obispos consagrados debidamente, se encontraron sin jerarquía y se dividieron en dos grupos principales: los «popovtsy», que intentaron establecer su propio sacerdocio, y los «bezpopovtsy», que negaron la necesidad de tener sacerdotes. El primer grupo se dividió en infinidad de sectas con doctrinas extravagantes y sin mayor feligresía; pero el segundo captó la ayuda de sacerdotes descontentos que se les fueron uniendo, y en 1846 lograron que un antiguo obispo, Ambrosio de Bosnia, se les uniera y consagrara nuevos obispos, creando la deseada nueva jerarquía.

En 1881, el estado los reconoció, pero muchos fueron regresando a la ortodoxia. Los viejos creyentes aún están organizados en varias regiones de Rusia y las naciones de la desaparecida URSS.

RASTAFARIANOS

Movimiento mesiánico. En la década de 1930 e inspirados en parte por las ideas panafricanas de Marcus Garvey, una serie de líderes llevó sus ideas al plano religioso y proclamó que el emperador Haile Selassie (o «Ras Tafari») era el mesías de la raza negra y el único Dios verdadero. Los partidarios del movimiento esperan su regreso (Ras Tafari) para liberar a los negros.

En algunos ritos utilizan la marihuana. En su opinión, las iglesias cristianas han engañado a la humanidad ocultando la raza negra de Adán, Jesús y el Israel bíblico.

Su mayor fuerza radicaba en los barrios bajos de las ciudades de Jamaica e intentaron ser repatriados al cielo (Etiopía) en varias ocasiones. Por el contexto jamaicano, alguna influencia protestante ha quedado en su vocabulario o música, pero su teología mesiánico-mitológica tiene aspectos que recuerdan el espiritismo.

REALISMO

Doctrina filosófica. Se trata de aquella que afirma la existencia real de los objetos independientemente del conocimiento que tengamos de ellos o de la posibilidad de comprenderlos como son en sí. Se opone al → IDEALISMO, al → NOMINALISMO y al agnosticismo (→ AGNÓSTICOS), entre otros. Algunos consideran a un notable precursor del escolasticismo, San Anselmo (1033-1069), arzobispo de Canterbury de 1093 a 1109, como fundador de esta escuela. Es más, consideraban como realistas a los filósofos medievales que sostenían que los «universales» o ideas generales eran cosas reales con existencia.

REENCARNACIÓN

Véase METENSICOSIS.

REFORMADAS, IGLESIAS

Iglesias protestantes. Iglesias que surgieron de los esfuerzos de los reformadores suizos como Ulrico Zwinglio, Ecolampadio, Johann Heinrich Bullinger y Juan Calvino.

Con el tiempo las iglesias reformadas adoptaron una teología calvinista y un sistema de gobierno presbiteriano o congregacional, aunque puede hablarse de una teología reformada, predominantemente calvinista, que se manifiesta en feligreses de diversas denominaciones.

A través del tiempo ha habido anglicanos y bautistas de teología reformada. Este movimiento se extendió de Suiza a Alemania, Holanda, Francia, Gran Bretaña, Hungría, el país checo y otras regiones. La Iglesia de Escocia se ha identificado como presbiteriana y ese nombre se popularizó en países de habla inglesa como Inglaterra, Canadá y sobre todo Estados Unidos, así como en sus zonas de influencia y en las iglesias fundadas por estadounidenses y canadienses, aunque hay iglesias en esos países que se identifican como reformadas. (→ ESCOCIA, IGLESIA DE.)

En Francia fueron conocidas por mucho tiempo por el nombre de los calvinistas franceses, es decir, → HUGONOTES.

En Holanda, la Iglesia Reformada de los Países Bajos ha sufrido varios cismas pequeños, pero conserva su influencia y a ella pertenece la familia reinante de la dinastía de Orange-Nassau. En Sudáfrica constituye el principal grupo religioso.

En Alemania pasaron a formar parte (siglo XIX) de una especie de arreglo con los luteranos en varias regiones del país para constituir la Iglesia Evangélica Alemana, pero ambos grupos (luteranos y reformados) mantienen su identidad confesional.

La Iglesia Reformada de Hungría es la única iglesia reformada importante en la que existe el cargo de obispo, pero se trata de un arreglo especial y se conserva en aspectos fundamentales el sistema de gobierno presbiteriano.

La Iglesia Reformada de América es la principal confesión estadounidense que se identifica abiertamente como reformada y tiene sus raíces en el actual estado de Nueva York desde principios del siglo XVII. También se le identificó como Iglesia Reformada Holandesa.

Las iglesias reformadas han trabajado en numeroso países del mundo y sus vínculos teológicos con la Iglesia Presbiteriana se han consolidado, hasta el punto de integrar con ellas la Alianza Mundial Reformada. (→ PRESBITERIANA, IGLESIA.)

RELIGIOSIDAD POPULAR
Creencias de la población. Según Enrique Dussel, se trata «de un momento de la cultura popular ... creencias subjetivas populares, símbolos y ritos, junto a comportamientos o prácticas objetivas con sentido, producto de historia ... que no debe confundirse con la religión oficial».

En el contexto latinoamericano, puede entenderse como todo lo anterior, pero en relación directa con una población de origen catolicorromano. Sus críticos señalan las formas idolátricas y supersticiosas de practicar la fe (con elementos de superstición, magia, fatalismo, fetichismo, ritualismo y de evangelización parcial prevalecen en ese ambiente), y apuntan generalmente a la tolerancia con la que la iglesia oficial contempla el fenómeno.

En realidad, el sincretismo religioso predomina en grandes sectores de la población latinoamericana y de otras regiones del

271

mundo. No puede estudiarse la cultura de esos pueblos sin observar su religiosidad popular, contrastada con la religión oficial.

En Cuba, la religiosidad popular es, como en muchos otros lugares, eminentemente sincrética, y agrupa elementos de catolicismo, espiritismo y religiones afrocubanas. Esa situación es muy similar a la de otras regiones del Caribe y del Brasil. En naciones con grandes poblaciones indígenas, la religiosidad popular, en vez de asociar a los santos del calendario católico con deidades de origen africano, es rica en elementos extraídos de las creencias de sus diversas tribus y pueblos. Los santos sustituyen allí a las divinidades autóctonas.

Es importante recalcar que la religiosidad popular se puede entender como la suma de las expresiones religiosas populares. El contacto entre diversas religiosidades produce una síntesis inevitable en ciertos niveles, como se demuestra aun en el caso de religiones universales como el Islam, resultado no solo del profetismo de Mahoma, sino de la suma de creencias antiguas de los árabes, del judaísmo y de las iglesias cristianas establecidas en la región.

REMONSTRANTE, IGLESIA
Véase ARMINIANISMO.

RENOVACIÓN, MOVIMIENTOS DE
Resurgimientos espirituales. Una serie de avivamientos religiosos en diversas regiones son llamados «movimientos de renovación» o simplemente «renovación», ya sea «renovación católica», «renovación evangélica» o «renovación carismática» (sobre todo entre los católicos, aunque es enorme la influencia del movimiento carismático entre los evangélicos latinoamericanos).

Entre esos movimientos se encuentran el de Brasil (1958), en los bautistas y otras denominaciones históricas; el de 1964, bajo la inspiración de figuras como Kenneth Strachan y Watchman Nee, y recogido por predicadores como Juan Carlos Ortiz, K. Benson, O. Swindoll y Alberto Mottesi.

Gran parte de esos movimientos penetraron la América Latina desde Estados Unidos, en los que la predicación por los medios masivos de comunicación, sobre todo la televisión, desempeñan un papel fundamental. De acuerdo con Guillermo Cook: «El énfasis teológico de la renovación de origen argentino y norteamericano es sobre todo el señorío de Jesucristo ... y sus implicaciones para la totalidad de la vida de la iglesia».

Bajo ciertas condiciones, algunos grupos de renovación se han convertido en nuevos movimientos religiosos de los cuales han surgido nuevas organizaciones de tipo denominacional.

RESTAURACIÓN, MOVIMIENTO DE
Véanse CRISTO, IGLESIAS DE; CRISTIANA, IGLESIA.

ROMANIOTAS
Rito litúrgico judío en el que se utilizaba un dialecto greco-judío. Los rituales tenían la influencia de liturgias judías de Italia y Palestina.

Se desarrolló en el Imperio Bizantino, la zona de los Balcanes y el Asia Menor a partir de los siglos X y XI. A pesar de su breve duración, los «romaniotas» constituían, por su liturgia y algunas características menores, así como por otras de tipo cultural, un sector judío que podía identificarse de otros movimientos dentro del → JUDAÍSMO.

ROMANOS ANTIGUOS, RELIGIÓN DE LOS
Creencias de la antigüedad. La religión de los habitantes de la antigua Roma no difiere mucho de la religión de los griegos antiguos (→ GRIEGOS ANTIGUOS, RELIGIÓN DE LOS), pero contrasta con ellos en cuanto a → MITOLOGÍA.

Los romanos adoraban divinidades de origen etrusco o itálico, aunque transformadas por la rica mitología griega, sobre todo a partir del siglo IV a.C. Los dioses mayores eran Júpiter, padre de los dioses; Minerva, diosa de la guerra; Baco, dios de las cosechas; Vulcano, dios del fuego; Juno, esposa de Júpiter; Vesta, diosa del hogar; Poseidón, dios del hogar; Marte, dios de la guerra; Venus, diosa del amor; Apolo, dios de los rebaños; Diana, diosa de la caza; Esculapio, dios de la medicina, etc.

Existían cuerpos sacerdotales aunque los celebrantes tradicionales eran los *paterfamilias* y los magistrados públicos correspondientes. Profesaban creencias de ultratumba heredadas de los griegos. En la Era Cristiana, Roma fue penetrada por religiones de misterio (→ MISTERIO, RELIGIONES DE) y sobre todo por el cristianismo.

Los dioses romanos tenían un matiz nacionalista y debido a su alto número, una de las funciones de la religión era el mantenimiento de la paz entre los dioses. El emperador romano Teodosio suprimió los sacrificios que se ofrecían a los antiguos dioses (391 d.C).

ROSACRUCES

Sociedades religiosas y filosóficas de carácter secreto. Christian Rosenkreutz, viajero alemán del siglo XV, pudo haber fundado la primera manifestación organizada de este movimiento. Por lo menos el nombre se deriva del suyo, traducido como «cruz de rosas». Entre los escritos acerca del personaje y sus creencias se encuentran los del pastor luterano Johann Valentin Andreae sugiriendo la existencia de una especie de «Fraternidad Rosacruz» con poderes sobrenaturales.

No es sino hasta el siglo XVIII que se encuentran varios grupos rosacruces claramente identificables en Alemania, Polonia y Rusia. Se señalan también algunos vínculos con grupos de corte masónico. Algunos de esos ritos tienen un grado o rango (el número 18) con el nombre «Rosacruz» o «Príncipe Rosacruz».

La *Societas Rosacruciana* se fundó en 1865 y otorga ocho grados, pero únicamente a masones.

La orden más conocida es la Antigua Orden Mística Rosacruz (A.M.O.R.C.) con sede en California que publica el *Libro de Jashar* y *Las enseñanzas secretas de Jesús*, entre otros trabajos, considerados colectivamente como de tipo gnóstico-teosófico por algunos eruditos.

Debe aclararse que la cruz, incluida en su nombre, no simboliza en ese caso la redención sino el cuerpo humano, y la rosa re-

274

presenta el triunfo obtenido con la sangre apasionada de los hombres.

El fundador del grupo A.M.O.R.C., H. Spencer Lewis, fallecido en 1939, era considerado por sus seguidores como el restaurador del movimiento rosacruz en Estados Unidos. Sus libros y cursos son difundidos constantemente por la Orden Rosacruz.

RUSSELLISTAS

Véase TESTIGOS DE JEHOVÁ.

RUTENAS, IGLESIAS

(Forma latinizada de la palabra *rusa*. También se les conoce como iglesias de «ucranianos», «rusos blancos» y «eslovacos».)

Iglesias orientales bajo jurisdicción romana. Las iglesias rutenas pueden clasificarse como «uniatas» porque aceptaron la jurisdicción del Papa aunque conservando sus propios ritos. Son iglesias de la Galicia Polaca, Checoslovaquia, Hungría y comunidades eslavas de Estados Unidos.

Se trata de descendientes de antiguos cristianos afiliados a la Iglesia Rusa, en la jurisdicción del metropolitano de Kiev, que aceptaron la Unión de Florencia en 1443; es decir, el reconocimiento del Papa. Aunque volvieron a la Ortodoxia en el siglo XVI, en 1595 el metropolitano de Kiev y los obispos de Lutsk, Vladimir, Polosk, Pinsk y Kholn procuraron regresar a Roma mediante la Unión de Brest-Litovsk (1595-1596). Otros obispos, los de Przemysl y Lvov se unieron a ellos.

Al desmembrarse Polonia en el siglo XVIII, la mayoría de ellos pasaron a control ruso y se les obligó a regresar a la ortodoxia, pero muchos se mantuvieron leales a Roma.

Los rutenos tienen su propia liturgia basada en el rito bizantino con modificaciones que Roma aceptó. Constituyen el grupo «uniato» más numeroso.

S

— de SABELIANISMO a SUPRALAPSARIOS —

SABELIANISMO
Movimiento teológico del siglo III. Doctrina preferida de los seguidores de Sabelio (residente en Roma alrededor del año 215), que enseñaba que la Trinidad forma una sola persona manifestada bajo tres aspectos sucesivos: Padre, Hijo y Espíritu Santo. En cierta forma era una versión de un movimiento teológico anterior, el monarquianismo del siglo II en Asia Menor y Roma.

A pesar de ciertas apariencias de ortodoxo, el término → MONARQUIANISMO se aplicó a partidarios de un punto de vista unipersonal y no trinitario. La palabra «monarquía», utilizada por algunos para describir esta posición, tiene relación con la primacía de Dios como Padre, mientras que el Hijo y el Espíritu Santo serían modos reveladores y temporales de la autorrevelación del Padre. Fueron objeto de fuertes críticas por parte de Tertuliano.

En la versión de Sabelio, este insistió en aceptar la deidad de Cristo a la vez que se mantenía la unidad de Dios. Las personas de la Trinidad eran en realidad modos o manifestaciones de Dios. (→ MODALISMO; PATRIPASIANISMO.)

SABEOS, RELIGIÓN DE LOS
Creencias antiguas. La palabra indica «bautizar» o «sumergir», pero ha servido para identificar varios grupos. Algunos de los que se han considerado como sabeos son, entre otros, los judeocristianos de Mesopotamia, algunos orientales que rinden culto a los astros y constelaciones, y hasta algunos → PITAGÓRICOS y neoplatónicos. (→ NEOPLATONISMO.)

Un importante grupo reconocido sabeo son los → MANDEÍSTAS que se consideran como seguidores de Juan el Bautista en Irak e Irán.

En el Corán se estima que los sabeos monoteístas son creyentes que, como los judíos y los cristianos, tienen acceso al Paraíso si viven de acuerdo a sus convicciones.

SADOQUITAS
Secta judía del período de los Macabeos. El *Documento de Damasco*, encontrado en el Cairo en 1896, es una fuente de datos acerca de esta secta que se opuso al rey Alejandro Janeo de los

278

judíos (siglos I y II a.C.). Los sadoquitas tenían vínculos con los fariseos y su mayor énfasis era la espera del Mesías prometido.

SADUCEOS
(Término que significa *gente de Sadoc.*)
Movimiento dentro del judaísmo. Los saduceos, organizados alrededor de un siglo antes del nacimiento de Cristo, representaban el ala conservadora del judaísmo de la época, a pesar de que rechazaban la resurrección de los muertos, doctrina considerada después como fundamental por la ortodoxia cristiana. Defendían el sacerdocio de la línea de Sadoc, quien había logrado controlar el sacerdocio, originalmente en manos del más antiguo linaje de Aarón. No aceptaban más que la Torá, y sus creencias se limitaban, pues, a las del Pentateuco.

Un gran sector saduceo se sometió a los imperios establecidos y se les atribuye a muchos de ellos una tendencia helenizante.

SAMARITANOS
Etnia y grupo religioso de origen israelita. Descendientes de los israelitas del reino del norte radicados en Samaria. Por haberse mezclado con colonos babilonios, los judíos que regresaron de Babilonia los rechazaron. Con el tiempo desarrollaron sus propias prácticas religiosas, aunque en cierta interpretación particular se les considera más apegados a la religiosidad antigua de los israelitas que los descendientes de los deportados a Babilonia. Los deportados eran racialmente más puros, pero se habían criado en otros contextos religiosos.

Los samaritanos representan una muy remota corriente opuesta a la centralización religiosa en Jerusalén, y un estilo de fidelidad al mosaísmo original que les ganó el calificativo de herejes desde la época de la redacción del segundo libro de Reyes en la Biblia. Rechazaban todos los libros del Antiguo Testamento aparte del Pentateuco, celebraban una Pascua anual en el monte Gerizim y se circuncidaban. Edificaron su propio templo en el monte Gerizim.

Una pequeña colonia samaritana, fiel a las creencias de sus

antepasados, sobrevive en algunos lugares, sobre todo en Nabulus, la antigua Siquem, en Palestina. Al concederse cierta autonomía a los palestinos, en la década de 1990, la Autoridad Palestina les concedió representación en su asamblea legislativa.

SAMKHYA
Véase SANKHYA.

SANDEMANIANOS
(También se les conoce como «glasitas».)
Denominación escocesa. Uno de los grupos de origen presbiteriano opuestos a la unión de la Iglesia y el Estado en Escocia. El movimiento se remonta al pastor John Glass y fue organizado doctrinalmente por Robert Sandeman. Después de su fundación, en el siglo XVIII, se produjo un proceso de acercamiento con las iglesias bautistas y congregacionalistas de Escocia. Por lo tanto, lo anterior se trata más bien de una referencia histórica.

SANKHYA
(También se les conoce por la traducción «Samkhya» en algunos textos.)
Se trata de una de las seis escuelas ortodoxas de interpretación del → HINDUISMO. Fundada por Kapila, una figura legendaria que pudo haber vivido a fines del siglo VII o principios del siglo VI a.C. Miles de peregrinos se reúnen todavía en la isla Sagar, en el río Ganges, para visitar el lugar sagrado del sabio Kapila. Algunos identifican el Sankhya como «escuela filosófica del hinduismo».

SANTA PENTECOSTAL, IGLESIA
(También se le conoce como «Iglesia Santa Pentecostés» en países de habla castellana, y también en países de habla inglesa como «Iglesia Pentecostal de Santidad» o «Iglesia de Santidad Pentecostal».)
Denominación evangélica. Esta iglesia se remonta a 1898, fecha de su fundación en Anderson, Carolina del Sur, Estados Uni-

dos, bajo los auspicios de asociaciones vinculadas a iglesias de santidad (→ SANTIDAD, IGLESIAS DE). En aquella época se identificaban como Iglesias de Santidad Bautizadas en Fuego. En 1911 se unieron con una Iglesia Pentecostal de Santidad, adoptando ese nombre. En 1915 se les unió la Iglesia del Tabernáculo Pentecostal.

Su teología es por una parte → ARMINIANA-WESLEYANA y se identifican en algunos aspectos con las otras iglesias de santidad, pero insisten en su experiencia pentecostal; por lo tanto, enfatizan el don de lenguas y la sanidad divina. En su sistema de gobierno los obispos están a cargo de las jurisdicciones eclesiásticas. Sus escuelas principales son el Colegio Emanuel y el Colegio del Sudoeste (en Oklahoma City). Sostienen además el Seminario Teológico Holmes en Greenville, Carolina del Sur. Se han extendido por numerosos países latinoamericanos.

SANTA PENTECOSTÉS, IGLESIA
Véase SANTA PENTECOSTAL, IGLESIA.

SANTERÍA Y OTROS CULTOS AFROCUBANOS
Creencias sincréticas. Las religiones africanas llegadas a Cuba en el período de la trata de esclavos, sobre todo a principios del siglo XIX, se fueron modificando al verse sometidos los esclavos a una inculturación y a la interrelación étnica.

Las expresiones religiosas cubanas de origen africano son varias. La «Regla Ocha» se deriva de la cultura yoruba y es popularmente conocida como santería. Entre sus deidades u «orichas», asociados por los afrocubanos con los santos de la Iglesia Católica, se encuentran Olofín u Olodumare, la deidad creadora y central; Changó (Santa Bárbara); Ochún (virgen de la Caridad del Cobre, patrona de Cuba); Eleguá (San Antonio); Oyá (virgen de la Candelaria); Yemayá (Nuestra Señora de Regla), etc. Se trata de una colección de tradiciones africanas, católicas y espiritistas. En su mitología existe una versión de la creación del mundo por Olofín u Olodumare.

Los dirigentes del culto en la santería son los santeros o «babalochas» y las santeras o «iyalochas», así como los babalaos.

Hay otras manifestaciones religiosas afrocubanas como las derivadas de expresiones de los pueblos congos. En Cuba se practica la Regla Conga o palo monte (de procedencia bantú) con las vertientes mayombe, briyumba y kimbisa. Sus participantes se conocen como «paleros». Existen además agrupaciones secretas como la Sociedad Secreta Abakuá, conocida también como «ñañiguismo», de procedencia nigeriana.

Provenientes de otras etnias, como la arará e iyesá, existen vertientes como la Arará Dahomey, Arará Sabalú y Arará Magino. Otras expresiones incluyen la Regla Arará, la Religión Ganga y el → VUDÚ, traído este último por braceros haitianos.

En la santería existen intentos de unificación como la Asociación Cultural Yoruba de Cuba y asociaciones de babalaos.

La influencia cultural de estas creencias es importante en Cuba, no solo entre la población de origen africano. Sus actividades, con excepción de los «abakuá» (que poseen sus propios templos), se lleva a cabo en «casas-templo».

SANTIDAD, IGLESIAS DE

Movimiento religioso evangélico. Las iglesias de santidad remontan su historia en los tiempos modernos a la predicación de Juan Wesley con sus escritos acerca de la «perfección cristiana». Según avanzaba el siglo XIX, las doctrinas wesleyanas acerca de la santidad y la santificación fueron tomadas muy en serio por un sector constituido por personas de origen metodista o influidas por el movimiento en los países de habla inglesa, sobre todo en Estados Unidos.

Las críticas a estilos de vida no necesariamente santos, como el esclavismo, motivaron a algunos cristianos a organizar movimientos considerados como «wesleyanos» o de «santidad». Muchos pensaban que los herederos de Wesley se habían alejado de su énfasis en la perfección cristiana. En los años 1860, se fundó la «Asociación Nacional de Reuniones de Campamento para la Promoción de la Santidad» que, con el tiempo, se convirtió en Asociación Nacional de Santidad, la actual Asociación Cristiana de Santidad que abarca las iglesias de santidad no pentecostales.

El movimiento de las iglesias pentecostales procede en cierta forma del de santidad, pero se produjo a fines del siglo XIX y principios del XX, debido a una división basada en que los partidarios estrictos del movimiento rechazaron el hablar en lenguas como la evidencia del bautismo en el Espíritu Santo.

Entre los grupos de santidad más numerosos se encuentra la Iglesia del Nazareno, pero la influencia del movimiento puede verse en los orígenes del Ejército de Salvación, la Alianza Cristiana y Misionera, numerosas Iglesias de Dios, y en una serie de denominaciones de tipo metodista en Estados Unidos e Inglaterra.

Se ha creado una Convención Interdenominacional de Santidad para reunir a los grupos cuyo conservadurismo doctrinal, sobre todo en aspectos relacionados con esa doctrina, se ha ido acentuando en contraste con una posición más moderada de iglesias históricas de santidad. (→ METODISTA LIBRE, IGLESIA; NAZARENO, IGLESIA DEL; EJÉRCITO DE SALVACIÓN; ALIANZA CRISTIANA Y MISIONERA, IGLESIA; DIOS, IGLESIAS DE.)

SATANISMO
Diversos cultos dedicados a la adoración de Satanás. Para los estudiosos del tema, el satanismo tiene una larga historia. Se trata de los elementos más opuestos a las creencias y el estilo de vida cristianos, hasta el punto que buscan en Satanás, enemigo de Dios, el centro de su religiosidad.

Se encuentran elementos de satanismo no solo en los que se confiesan como tales, sino en una variedad increíble de movimientos, sectas y organizaciones. Por supuesto que los casos más dramáticos en tiempos recientes son los representados por las sectas satanistas y por la llamada Iglesia de Satanás, fundada por Anton LaVey en la década de 1960. Este practicante de la magia negra proclamó el triunfo final de Satanás y la derrota de las fuerzas leales a Dios.

SCHWENCKFELDER, IGLESIA
Denominación protestante. En 1519, el diplomático Kaspar Schwenckfeld von Ossig (1489-1561), de Silesia, experimentó un cambio espiritual y después de tratar de reformar la Iglesia

Romana (→ Católica, Apostólica y Romana, Iglesia), decidió unirse a las fuerzas de la reforma evangélica bajo la influencia de Andreas Carlstadt y Tomás Munzer. En 1540 se retiró del luteranismo. Su énfasis especial era la dependencia del Espíritu Santo. También hacían énfasis en la Comunión como alimento espiritual. El pan era simplemente pan, pero se participaba místicamente del cuerpo de Cristo. Sus partidarios organizaron varias congregaciones y un grupo llegó a las Trece Colonias de Norteamérica en 1734.

El gobierno de estas iglesias es congregacional, pero una conferencia agrupa las diferentes iglesias que están radicadas mayormente en Pensilvania. La publicación más importante del movimiento es la *Grosse Confession* (1540) en la que plantea su doctrina de la deificación de la humanidad de Cristo.

SECULARISMO

Estilo de vida en relación con el tema religioso. El término lo popularizó G.J. Holyoake (1817-1906), quien se refirió a un estilo de vida que prescinde de la religiosidad, pero promueve una moralidad basada en el bien de la comunidad.

A partir de las labores de Charles Bradlaugh en defensa del secularismo, el término pasó a relacionarse con el → Ateísmo y la enseñanza laica en las escuelas públicas. Con mucha mayor frecuencia, en la segunda mitad del siglo XX, el secularismo se popularizó en ciertos sectores, lo que ha atizado la decadencia de la influencia religiosa en la sociedad.

SECULARIZACIÓN

Escuela de pensamiento. A pesar de que al → Secularismo algunos lo consideran un fenómeno moderno, la secularización, es decir, el proceso de independencia de los humanos frente a la autoridad de la Iglesia o la religión, toma forma y progresa desde fines de la Edad Media. En cierto sentido, tanto el Renacimiento como la Reforma, resquebrajaron la autoridad casi absoluta de la Iglesia oficial en Europa.

Con la penetración occidental en el llamado Tercer Mundo, el fenómeno se incrementó en los últimos siglos del segundo milenio hasta el punto de provocar reacciones violentas por parte de grupos conservadores, nacionalistas o fundamentalistas (→ FUNDAMENTALISMO), sobre todo en las sociedades islámicas.

SEFARDÍES

(También se les conoce como «sefarditas».)

Judíos con raíces en España y Portugal. Sefarad era el nombre hebreo de España y de los españoles según el libro de Abdías en la Biblia. Tanto los judíos que vivieron en España y Portugal antes de la expulsión decretada por los Reyes Católicos en 1492 como sus descendientes tienen tradiciones propias y una cultura diferente a la de los judíos → ASKENAZÍES. Su idioma es el español medieval, judeo español o ladino. La importancia de esta comunidad en la historia medieval ibérica es sobresaliente. Entre sus grandes líderes estuvo el gran sabio Moisés Maimónides.

Con el tiempo se establecieron en infinidad de naciones, sobre todo en el Imperio Otomano y el área del Mediterráneo. La mitad de la población de Israel es sefardí y más de la quinta parte de los judíos del mundo pueden remontar sus antepasados a los sefardíes originales.

SEMIARRIANOS

Véase HOMOIUSIANOS.

SEMIPELAGIANISMO

(También se le conoce como «semiaugustinianismo».)

Movimiento teológico. Reacción contra la posición más contraria al pelagianismo encabezada por Agustín de Hipona. Desde el año 426 se produjeron reacciones contra el predestinismo de Agustín por parte de monjes que defendieron el libre albedrío. Una serie de polémicas tuvieron lugar en relación con estos temas y se desarrolló una especie de semipelagianismo.

El segundo concilio de Orange, en 529, condenó tanto el pelagianismo como el semipelagianismo.

285

SEPARADOS, HERMANOS

Cristianos no católicos. Designación utilizada por la Iglesia Católica Romana a partir del Concilio Vaticano II (1963) y el pontificado de Juan XIII para designar a los cristianos que no están en comunión con la sede romana: protestantes, evangélicos, ortodoxos, iglesias orientales, etc. Esta palabra sustituye a otras utilizadas anteriormente como herejes, cismáticos, etc.

SEPARATISTAS

Movimiento del protestantismo inglés. Se trata de los partidarios del → PURITANISMO que decidieron irse separando de la Iglesia de Inglaterra. También se le dio el nombre de «brownismo» por las ideas del teólogo Robert Browne. John Smith y John Robinson figuran entre los que mantuvieron esa misma posición.

Las *Constituciones de Clarendon* declararon la ilegalidad de ese movimiento, aunque ya los reinados de Isabel I, Jaime I y Carlos I lo consideraban ilegítimo. Solo durante el Commonwealth y el Protectorado de Cromwell, en las décadas de 1640 y 1650, disfrutaron de reconocimiento legal. Existe una relación entre el separatismo y la formación gradual del movimiento de los «independientes» y la Iglesia Congregacional en Inglaterra, y posteriormente en Estados Unidos. (→ CONGREGACIONAL, IGLESIA; NO CONFORMISTAS, IGLESIAS.)

SERPIENTES, CULTO A LAS

Creencias supersticiosas antiguas y contemporáneas. Más que una religión o secta, se le ata de un elemento o aspecto de algunas religiones primitivas, formas de → ESOTERISMO o de supersticiones generalizadas, en ciertas regiones.

La adoración de las serpientes es parte de muchos sistemas religiosos (por ejemplo, las de la fertilidad; → FECUNDIDAD, CULTOS DE LA) y existe toda una simbología al respecto, ya que se le representa como símbolo de la astucia y de la sabiduría. Otros la consideran portadoras de algún tipo de juventud eterna (por el cambio de piel). La Biblia identifica al diablo como «la serpiente antigua» y muchos la identifican con el mal y la muerte.

286

El culto de las serpientes se practicaba en Creta, Egipto, Canaán, India, Israel, México, etc.

SEUDO-DIONISIO

(También se le conoce como «Dionisio el Seudo-Areopagita».) Las obras de este personaje, que tal vez vivió en Siria en los siglos V o VI, ejercieron gran influencia en el período teológico medieval debido a que se les atribuyeron a Dionisio de Atenas. En sus escritos intentó hacer una síntesis entre el pensamiento cristiano y el neoplatónico, así como que se implica una deificación progresiva del hombre en la que el alma es iluminada y conducida al conocimiento del ser inefable.

Un sector de cristianos (que incluyó por un tiempo a altos jerarcas de la Iglesia) se identificó mucho con estos escritos a través de los siglos. Lo anterior pudiera crear la impresión de que esto se trata de una secta o iglesia, lo cual no es así.

Los reformadores de la iglesia rechazaron la autenticidad de los escritos de este autor.

SIKHISMO

Movimiento religioso en la India. Los sikhs (que literalmente quiere decir *discípulos*) constituyen un pueblo unido por sus tradiciones religiosas. Su mayor concentración numérica se encuentra en el Punjab y regiones cercanas de la India.

El gurú Nanak (siglo XVI) además de predicar la unicidad de Dios logró agrupar un gran número de personas en torno de una tradición interreligiosa en la que se combinan elementos de → HINDUISMO e → ISLAMISMO, las principales religiones de la India. Nanak se enfrentó a las religiosidades tradicionales, proclamó la igualdad de todos los humanos independientemente de las castas, hizo énfasis en el amor fraternal, promovió la devoción o *bhakti* y enseñó la necesidad de repetir el nombre divino.

En la historia del sikhismo se destacan unos diez gurús o dirigentes supremos de la comunidad sikh. Entre sus doctrinas y prácticas se encontraban prohibiciones del tabaco y el alcohol. Los sikhs adoptaron la costumbre de no afeitarse y de utilizar el cabello largo. Sus rituales incluyen el levantarse bien temprano, el baño en agua fría, la meditación en el nombre de Dios y las oraciones matutinas y vespertinas. También creen en la reencarnación. Su teología ha permanecido estática a través de su historia.

Independientemente de todo lo anterior, sus enfrentamientos con las otras religiones de la India ha sido proverbial y se transformaron gradualmente en una comunidad guerrera. Uno de sus principales líderes fue Govind Singh asesinado por elementos islámicos en 1708. También combatieron a los ingleses para convertirse después en excelentes soldados del Imperio. A pesar de preferir mantenerse dentro de la India junto a los hindúes cuando la crisis de la independencia (1947) en la que los musulmanes promovieron la creación del Pakistán, sus problemas con el resto de la población no se han eliminado.

SINCRÉTICO
Relativo al → SINCRETISMO.

SINCRETISMO
(Situación frecuente en sistemas religiosos.)

El sincretismo, como sistema filosófico, procura conciliar distintas doctrinas. En el ambiente religioso se refiere a la presencia de elementos o creencias diferentes o de diverso origen dentro de una misna religión o secta. Un ejemplo de sincretismo lo encontramos en las religiones afrocubanas o afroantillanas que combinan elementos de cristianismo o catolicismo con las creencias de las diversas tribus del África. Pero, a decir verdad, cierto grado de sincretismo ha estado presente en infinidad de sistemas religiosos.

SINERGISMO
Concepto teológico durante la formación de la teología luterana. Penetración de algunas ideas semipelagianas en el movimiento luterano. Según algunos de sus teólogos, la voluntad humana coopera con la obra de la gracia y desempeña cierto papel en la conversión. Se trata de reinterpretaciones de algunas ideas de

Lutero por varios partidarios de Felipe Melanchton. (→ SEMIPE-
LAGIANISMO.)

SIÓN, IGLESIA DE

Secta religiosa africana. El obispo Engenas la fundó en África
del Sur en 1910 y posee una numerosa feligresía. La sucesión en
el liderazgo es hereditaria. Se abstienen de tabaco, alcohol y carne de cerdo. Entre sus principales creencias sostienen que la
raza blanca no tendrá acceso al cielo para evitar que tomen el
poder allí.

SOCINIANISMO

Movimiento religioso de teología unitaria. Bajo la inspiración de
dos teólogos del siglo XVI, Lelio Sozzini, o Socino, y su sobrino
Fausto Sozzini, se impulsaron ideas restauradoras del cristianismo original que señalaban el supuesto carácter idolátrico de
prácticas y doctrinas de la Iglesia de Roma.

El socinianismo enfatizaba los primeros libros de la Biblia y
el Nuevo Testamento. Su interpretación era de tipo racionalista.
Según su punto de vista, la Trinidad debe rechazarse y Jesucristo es solo un hombre, aunque es la revelación por excelencia de
Dios.

Faustino Sozzini publicó, en 1578, su obra *De Jesu Christo
Salvatore*, que confirmó su firme antitrinitarianismo. (→ UNITA-
RISMO.) Los Sozzini fueron precursores del movimiento unitario
y tuvieron gran influencia en Polonia y otros países. El socinia-
nismo desapareció prácticamente de Polonia, pero sobrevive en
Transilvania.

SOLDADOS DE LA CRUZ

Véase BNDO EVANGÉLICO DE GEDEÓN.

SOLO JESÚS

Grupo de iglesias de tipo pentecostal que se diferencian por bautizar solo en el nombre de Jesucristo. Defienden la divinidad de
Jesucristo a pesar de que no aceptan la doctrina tradicional de la

Trinidad. Jesucristo es el nombre del Dios que se ha manifestado como Padre, Hijo y Espíritu Santo, a veces simultáneamente. En la mayoría de sus prácticas se parecen mucho a las iglesias evangélicas. Su forma de gobierno va desde el congregacionalismo hasta el gobierno episcopal.

Existen varias iglesias de este tipo con diferentes nombres. Una de ellas, la Iglesia Apostólica de Fe en Cristo Jesús, surgió en México y se ha extendido por varios países de América y Europa. Otra, la Iglesia Pentecostal Unida, está establecida en todo el Continente.

SUBORDINACIONISMO
Doctrina cristológica. Creencia que establece que Cristo, aunque divino, deriva su existencia del supremo principio divino. Por lo tanto, es una negación de la doctrina de la Trinidad. La sostuvieron, en mayor o menor grado, grupos considerados heréticos como los → EBIONITAS, los → CERINTIANOS, etc., y más recientemente los → TESTIGOS DE JEHOVÁ.

SUFISMO
(Del griego *sofos*, que significa *sabio*; o del árabe *suf*, que significa *lana*.)

Escuela islámica. Forma de misticismo muy difundida entre los musulmanes. Los miembros de las órdenes «sufíes» se dividen en: una clase dedicada a la piedad, cierta especie de clero; y los que viven una vida normal, pero participan del culto. Algunos comparan a los últimos con una especie de orden terciaria (como la franciscana).

El movimiento surgió a partir del siglo VIII, pero las órdenes se organizaron alrededor del siglo XII. Entre sus grandes figuras iniciales se menciona a una dama, Rabi'a de Basora, y al místico persa Abu Sa'id ibn Abi'b Khayr.

Su ortodoxia es discutible debido a que todas sus prácticas no han sido extraídas del Corán. Por ejemplo, se señala como su característica esencial el unitarismo panteísta, que aunque algunos consideran relacionado con las doctrinas del Corán, parece proceder de fuentes «infieles» como son, para los islámicos, el cristianismo, el → NEOPLATONISMO y el → «SEUDO-DIONISIO».

SUNNITAS

Movimiento islámico. La mayor de las divisiones del Islam. Seguidores de la «Sunna» o costumbre, es decir, una serie de normas de conducta proclamadas por Mahoma mediante su predicación, vida y aprobación tácita.

Algunos de sus partidarios señalan que el Islam se dividirá en setenta y tres sectas, y solo una, la «Sunna», iría al paraíso. Pero se dividen en cuatro escuelas ortodoxas de derecho islámico: las fundadas por Malik, Abu Hanifa, Ahmad Ibn Hanbal y Shafi'i.

Para sus partidarios, la «Sunna» posee una autoridad comparable a la del Corán y, por lo tanto, se consideran como los musulmanes verdaderamente ortodoxos. Ratifican la legalidad de los tres primeros califas Abu Bekr, Omar y Othmán, lo cual los separa de los musulmanes → CHIITAS.

SUPRALAPSARIOS

Posición teológica calvinista. Partidarios de una interpretación estricta de la doctrina de la predestinación. Los supralapsarios insistían en que cuando Dios creó a los humanos, conocía que algunos se salvarían y otros no. Sus críticos señalan que esto podía indicar que Dios ordenó la caída de Adán y Eva, lo cual negaron enérgicamente los supralapsarios.

El eminente teólogo calvinista Teodoro Beza (siglo XVI) se inclinaba hacia el supralapsarismo, pero esta posición tomó forma en el período escolástico del calvinismo.

— de TABORITAS a TRITEÍSMO —

santería
aztecas
presbiterianos
mahometanismo
...cianismo
...ermanos moravos
zoroastrismo
vodú
...nimistas
anglicanos
metodistas
adventistas
davidianos
nueva era
...bautistas
Iglesia de Jesucristo ... los santos de los últimos...
coptos
Testigos de Jehová
...bega
...nduismo
pentecostales
ufología
gedeones
culto a Changó
...damitas
totemismo
niños de Dios
adiaforistas
carismáticos
...naced...
...cobita
racionalistas
taboritas
valdenses
wesleyanos
bogomil...
yesidas
berberisco
yoga
ortodoxos
abelianos
...ariseos
evangélicos
bohemio...
laudianos
...otelistas
tembladores
...nzantes
judaísmo
acacianos
mormones
caballería espiritua...

TABORITAS

Facción del movimiento de los → HUSITAS. Son los elementos más radicales del movimiento evangélico iniciado por el reformador bohemio Juan Hus.

No aceptaban las doctrinas católicas principales como la transustanciación, el purgatorio y el culto a los santos. Anunciaron el próximo advenimiento de Cristo y se reunieron en un monte al que denominaron Tabor, de ahí su nombre. Resistieron a los ejércitos del Imperio Alemán que trataron de contener la Reforma.

Su actitud contrasta con la de los → CALIXTINOS o husitas moderados. No aceptaron ningún arreglo con Roma y fueron prácticamente eliminados por la violencia.

TAÍNOS, CREENCIAS DE LOS

Creencias precolombinas de los pueblos antillanos.

Los taínos, pertenecientes al tronco etnolingüístico sudamericano aruaco llegaron a Cuba, provenientes de la isla de la Española (Santo Domingo y Haití) desde el siglo VIII d.C., hasta época próximas al período de la conquista. Su presencia en las otras regiones es por supuesto anterior. Se caracterizaban por la diversidad en las ceremonias religiosas en las que depositaban ofrendas y hacían rogativas. También tenían ritos más elaborados como sus «areítos» o «batos». El ser supremo aborigen era el «Yucaguama» o «Yaya» que «tuvo madre, pero no principio». Su progenitora era Attabina, Atabex u Orehu, intercesora entre el ser supremo y los humanos. Es presentada en un rito como surgida del mar, en el que entregó a los hombres la maraca.

Algunos estudiosos encuentran paralelos con los relatos acerca de la Caridad del Cobre, advocación de María como patrona de Cuba, considerada como Ochún en el sincretismo afrocubano. Otros señalan la posibilidad de elementos de → ANIMISMO con vestigios de → TOTEMISMO entre algunos taínos en la zona del Caribe. En todo caso, para el taíno promedio la personificación de lo sobrenatural era el «cemí» o ídolo. También contaban con un sistema mitológico por tradición oral. Las funciones religiosas y el papel de curanderos las ejercían «behíques» y «nitaínos». Los «behíques» se ponían en comunicación con los «cemíes» o ídolos y establecían una relación con los enfermos ya que realizaban curaciones. Los «cemíes» eran el objeto fundamental de su actividad religiosa. El rito de la «Cohoba» lo controlaba el cacique con la participación de «behíques» y «nitaínos». Consistía en la inhalación de polvos hechos de sustancias alucinógenas. En los areítos se realizaban bailes en que rememoraban sus relatos míticos, acompañados del tambor, maracas, flautas y cascabeles. Con la llegada de los españoles estas creencias, como la población taína, fueron desapareciendo, pero algo quedó en el subconsciente religioso de algunos cubanos en regiones apartadas del país, sobre todo en la región oriental.

TANTRISMO

Sistema de prácticas del budismo y el hinduismo. Sus fuentes son llamadas «tantras», textos que exponen doctrinas de vertientes del → BUDISMO tibetano y el → HINDUISMO. Varias sectas modernas se inspiran en sus doctrinas, caracterizadas por el uso de símbolos e imágenes sexuales o «yantras», en un ritualismo sacramental (que incluye elementos esotéricos), y en la búsqueda de una experiencia con el yo iluminado. Es probable que se trate de un intento por hacer resurgir religiosidades tradicionales de la India y regiones vecinas.

El origen del tantrismo, en su forma más antigua, pudiera remontarse a épocas anteriores a la redacción de los vedas. Las sectas inclinadas a evocar el tantrismo antiguo se caracterizan por su tendencia a recalcar las creencias hindúes del poder sexual atribuido a la diosa Shakti. El uso de la magia es común entre esos grupos, que utilizan ídolos y actos sexuales en su culto.

TAOÍSMO

Religión china. Las creencias primitivas de los habitantes de la China evolucionaron a partir del → CHAMANISMO y una serie de cultos mágicos, aunque la tradición le atribuye a Lao Tse (siglo VI a.C) la redacción del *Tao Te-ching* (*Tao Te King*). A este personaje se le atribuye ser el fundador del taoísmo o religiosidad tradicional, basada en el *tao* o camino eterno, absoluto, sin origen o nombre, imposible de palpar, de definir ni de medir. Se trata de las fuerzas que están en la naturaleza y tras ella con la capacidad de transformar el caos en cosmos.

Entre sus deidades pueden enumerarse los «Tres Seres Puros»: la divinización de Lao Tse, el «Primer Ser Celeste», y el Emperador de Jade. Como en otras creencias chinas, el culto a los antepasados tiene un lugar especial. Una finalidad del taoísmo es la obtención de la inmortalidad.

Mientras que en el → CONFUCIANISMO prevalece lo ético, en el taoísmo predomina lo metafísico, ya que el *tao* se considera como un principio universal que lo origina todo. Se fundamenta en la doctrina del *yin* y el *yang*, dos principios o «almas» que originaron a los humanos y al universo. El *yin* o principio femenino, representa la tierra y los números, relacionado con la muerte y el dolor; el *yang* o principio masculino, simboliza la luz y el calor, el cielo, la capacidad de producir, la vida nueva, los números impares. El yin lo componen partículas malas llamadas «kwei» (*espectros*) mientras que el yang es la combinación de los buenos espíritus llamados *shen*.

Para el taoísta, el gobierno debe limitarse al mínimo y la educación puede ocasionar dolor y agitación. Su ética está influenciada por Confucio. Sus preceptos son: no matar, no consumir bebidas alcohólicas, no mentir, no cometer adulterio y no robar. Exalta la lealtad a los gobernantes y maestros, la bondad hacia todos, la paciencia, la enseñanza, el estudio de las escrituras, etc.

Además del *Tao Te King*, cuentan con otras escrituras. Tienen numerosos sacerdotes que están divididos entre los *taoshins*, dedicados a la vida monástica y a la observancia del celibato, y los *taoshins* de aldea, que pueden casarse y trabajan secularmente. Sus tareas incluyen realizar exorcismos, el curanderismo y cultivar la magia y la adivinación; afirman practicar «ciencias ocultas». Sus vínculos con el ocultismo resaltan en varios estudios. Sus sacerdotes deben ser maestros del yin y el yang.

Entre los propulsores del taoísmo sobresalen Chang Tao-Ling y Ko Hung, ambos del siglo III y dedicados a la filosofía. Al primero se le atribuye haber convertido el taoísmo en religión principal y encabeza una lista de «Preceptores Celestes».

El taoísmo disfrutó por mucho tiempo de una condición oficial superior a la concedida a los seguidores de Confucio y Buda, aunque el confucianismo recuperó en su momento la posición privilegiada.

TAROT

Sistema de adivinación. Aunque su etimología es incierta, tiene relación con «rota» o «rueda». Se compone de setenta y ocho cartas llamadas arcanos. Cada una contiene alguna enseñanza de carácter esotérico. (→ ESOTERISMO.)

Aunque la palabra «Tarot» empezó a utilizarse en el siglo XV, su práctica se remonta al siglo XIII.

TEÍSMO

Creencia en un Dios. El teísmo es lo opuesto del → ATEÍSMO. No debe confundirse con → DEÍSMO, a pesar del común origen etimológico de ambas palabras.

El teísta acepta un Dios personal, creador y conservador del mundo, al cual trasciende.

TEMBLADORES

(También se les conoce en inglés con la palabra original «Shakers» y como «United Society of Believers in Christ's Second Appearing» [Sociedad Unida de Creyentes en la Segunda Venida de Cristo].)

Tienen un origen cuáquero. En el siglo XVIII la «madre» Ana Lee le dio forma al movimiento. La orden ha declinado por la rígida práctica del celibato que impone a sus miembros activos. Se caracterizan además por la propiedad en común, una misma forma de vestimenta, la sanidad divina, la confesión de pecados y un culto emotivo que dio lugar al nombre que generalmente se les aplica, el de «tembladores» o «shakers».

Sus comunidades, que se han ido reduciendo, estuvieron activas en Massachusetts, Nueva York, Connecticut, Kentucky, Indiana, etc. Algunos los consideran como a punto de desaparecer.

TEOSOFÍA

(Del griego *theos* que significa *dios*; y *sophia* que significa *sabiduría*.)

Doctrina esotérica. Debe distinguirse entre dos asuntos muy relacionados, el teosofismo (una doctrina secreta) y la Sociedad Teosófica fundada por Helena Petrovna Blavatski, Henry S. Olcott y William Quan Judge en 1875. Entre sus principales expositores estuvo Annie Besant.

El teosofismo es una combinación de creencias del → GNOSTICISMO, → NEOPLATONISMO, la → CÁBALA JUDÍA, el → OCULTISMO y el → HERMETISMO. También se les llama «teosofía» a ciertas doctrinas místicas de los siglos XVI y XVII. Algunos asignan ese nombre a varias escuelas con características gnósticas como grupos rosacruces, ciertos grupos espiritistas y ocultistas, e incluso a alguna rama de la masonería; pero esas afirmaciones no deben aceptarse en forma absoluta.

La teosofía, como la proclamaron las señoras Blavatski y Besant, afirma basarse en la verdad divina; en ella se encuentran elementos extraídos de Confucio, Buda, Zoroastro, Pitágoras, Platón, etc., así como de supuestas encarnaciones de Siva y Vishnú, Sankara y Jesús. El hombre, según esa doctrina, es un alma dotada de varios cuerpos (físico, astral y mental). La muerte consiste en abandonar un cuerpo físico para reencarnar en otro. Por tanto, creen en muchas vidas cuyas reencarnaciones dependen del *karma* (o acción), una ley de causalidad y retribución. Los llamados maestros, adeptos y «mahatmas» de una llamada Gran Fraternidad Blanca se mantienen en contacto con los seres humanos en el proceso de evolución hacia el hombre perfecto.

La Sociedad Teosófica se propone formar una fraternidad universal, estudiar la teosofía y continuar las investigaciones sobre ese y otros temas relacionados. Se ha extendido por numerosas naciones. Se le concede el mérito de haber dado a conocer a un gran sector las creencias y la historia de las religiones orientales.

Uno de los grandes líderes de la Sociedad Teosófica, C.W. Leadbeater, fue consagrado como obispo de la Iglesia Católica Liberal. Desde su sede en Madrás, India, la sociedad proclamó al niño Jiddu Krishnamurti como reencarnación del Maestro Supremo, pero Krishnamurti rechazó esa supuesta condición y se alejó del movimiento.

Varios intelectuales latinoamericanos estuvieron bajo cierta influencia teosófica, así como hasta algunos presidentes de países de la región, entre ellos Maximiliano Hernández Martínez de El Salvador.

TESTIGOS DE JEHOVÁ

Secta estadounidense. Desde su sede en Brooklin, Nueva York, y mediante la publicación de las revistas *Atalaya* y *Despertad*, los Testigos de Jehová se han extendido por todo el mundo. El origen de la secta se encuentra en las ideas de C.T. Russell que inició ese movimiento en la década de 1870. Esta secta se organizó, en 1884, con el nombre de Watch Tower Society [Sociedad del Atalaya]. Luego, en 1914, fundaron la Asociación Internacional de Estudiantes de la Biblia. Uno de sus primeros líderes fue J.F. Rutherford, quien reemplazaría a Russell en la dirección. A su vez Nathan Knorr dirigió el grupo a la muerte de Rutherford. En 1931, adoptaron definitivamente el nombre actual de Testigos de Jehová.

Los miembros o «proclamadores» deben dedicar gran parte de su tiempo a la «publicación» o «proclamación» de las buenas nuevas del Reino de Jehová.

Presentan algunas características del → ARRIANISMO en su cristología. Jesús fue, según ellos, un hombre que murió para rescatar a los descendientes de Adán de la muerte física, y al resucitar fue exaltado por encima de los ángeles. Su creencia en el Espíritu Santo (aunque no son trinitarios), se limita a considerarle la «fuerza activa de Jehová». Anunciaron el fin del mundo para 1914, lo cual justifican con variadas interpretaciones. Esperan el fin del mundo en cualquier momento, aunque solo ciento cuarenta y cuatro mil «ungidos» irán al cielo. Los demás Testigos de Jehová (únicos en salvarse) habitarán la tierra nueva. No creen en la inmortalidad del alma, sino solo en la resurrección.

No prestan servicio militar, sino obediencia absoluta a la organización «teocrática», es decir, a la corporación religiosa a la que pertenecen. Consideran a la Iglesia Católica como la «gran ramera», y a los protestantes y evangélicos como los hijos de la misma. El mundo religioso, aparte de ellos, es «Babilonia la grande».

THERAVADA

(También se le conoce como «Hinayana», es decir, seguidores del «vehículo menor» de la salvación.)

Una de las escuelas del → BUDISMO. Este grupo surgió como consecuencia de diversas controversias entre grupos budistas (→ BUDISMO, ESCUELAS DEL). Los theravadines eran el grupo que se instaló en la región al sur del Decán (en India) y en Ceilán. Se consideraban como la versión original del budismo, pero se dividieron después en varios grupos.

TOLTECAS, CREENCIAS DE LOS

Creencias precolombinas en México. Habitantes de origen nahuatl que alcanzaron su mayor esplendor hacia los siglos IX y XI d.C. Su capital era Tula, al norte de Ciudad de México. En el período tolteca de la historia antigua de México, se intensificó la práctica del sacrificio del corazón. La tradición señalaba que el dios de la fecundidad, Quetzalcóatl, fue expulsado por Texcatlilpoca, la sombra terrible, el príncipe de este mundo. El culto a Quetzalcóatl es identificado especialmente con los toltecas, que aportaron muchos elementos básicos de las otras religiosidades mexicanas antiguas. (→ AZTECAS, CREENCIAS DE LOS.)

TOTEMISMO

Prácticas antiguas que vinculan al hombre con especies animales. No se trata en realidad de una religión, pero se expresa en la adoración a los animales. El concepto totemismo se dio a conocer por vez primera en Londres en 1781. La identificación de varios sistemas religiosos con el totemismo se ha descartado y el término ya no se utiliza con frecuencia a no ser para identificar la existencia de animales totémicos en alguna tribu. El totemismo no es considerado por todos como fenómeno religioso. Algunos estudiosos entienden que en el llamado período Paleolítico se notan indicios de creencia en cierto parentesco con los animales, es decir, una característica del totemismo. (→ INDIOS NORTE-AMERICANOS, CREENCIAS DE LOS.)

TRADICIONALISMO
Movimiento dentro del catolicismo. Sector católico que trata de mantener las tradiciones y sobre todo los acuerdos del Concilio de Trento (siglo XVI), especialmente la misa en latín. En muchos textos de historia se identifica a este término con católicos franceses conservadores que reaccionaron ante los avances del → RACIONALISMO, la Ilustración y la Revolución Francesa.

TRANSMIGRACIÓN
Véase METENSICOSIS.

TRASCENDENTALISMO
Movimiento religioso. Surgió del → UNITARISMO estadounidense en la década de 1830. Promovía una forma intelectual de misticismo y cierto interés en religiones orientales. Se le asocia con el panteísmo por sus creencias acerca de Dios, y también con el individualismo y el → LIBERALISMO. Sus grandes figuras pueden haber sido Ralph Waldo Emerson y Henry David Thoreau. No imitó al unitarismo en cuanto a organizarse como iglesia, pero ejerció gran influencia en importantes sectores religiosos, filosóficos y en el pensamiento estadounidense del siglo XIX.

TRINITARIOS
Sector mayoritario en el cristianismo. Se denomina así, particularmente desde el siglo IV, a los cristianos que sostienen la doc-

trina de la Trinidad por encima de otras interpretaciones, sobre
todo contra el → ARRIANISMO y el → UNITARISMO.

TRITEÍSMO
Creencia en tres dioses. No debe confundirse con la doctrina
cristiana de la Trinidad, ya que en esta no se cree en tres dioses,
sino en tres personas en un mismo Dios, lo cual es diferente.

santería
aztecas
presbiterianos
mahometanis
ucianismo
ermanos moravos
zoroastrismo
nimistas
anglicanos
vodú
metodistas
adventist
davidianos
nueva er
bautistas
dariel
U
Iglesia de Jesú o de los sa os de los último
coptos
Test s de Je ová
bego
duismo
ntecost les
ufolog
gedeones
culte a Changó
damitas totei mo
adiaforistas
niños de Dios
arismátic
— de UFOLOGÍA a UTRECH, IGLESIA DE —
racionalistas
taboritas
bogomi
valdenses
wesleyanos
yesidas
berberisc
yoga
ortodoxos
abelianos
ariseos
evangélicos
laudianos
bohemi
otelistas
tembladores
nzantes
judaísmo
acaciano
mormones
caballería espiritu

UFOLOGÍA
Culto a los ovnis.

ULTRAMONTANOS
(Palabra latina que significa *más allá de las montañas*.)

Sector católico que desea mantener la fidelidad absoluta al papado. El nombre procede del catolicismo conservador francés y se extendió considerablemente en el período inmediatamente anterior al Concilio Vaticano I, donde se aprobó el dogma de la «Infalibilidad Papal».

UMBANDA
Secta afrobrasileña. Uno de los ritos religiosos más difundidos en Brasil. Su origen puede encontrarse en la religión Yoruba y en los cultos bantú del Congo. Es producto de las religiones afrobrasileñas; en él se mezclan elementos indígenas, africanos, católicos y espiritistas (inspirados en la versión de Allain Kardec). Sus sacerdotes se conocen como «babalorixas».

Las sectas umbandistas tienen diversas reglas; su clasificación es sumamente difícil ya que algunas se acercan al → CANDOMBLÉ.

UNIATOS
Ritos católicos orientales. Iglesias de la parte oriental del antiguo Imperio Romano que, independientemente de mantener una serie de normas propias, sobre todo en aspectos litúrgicos y administrativos, aceptan la jurisdicción universal del Papa.

En el sector uniato es posible encontrar prácticas como el bautismo por inmersión, la comunión con pan y vino, el matrimonio del clero, etc.

Entre sus ritos los hay parecidos a los de ciertas iglesias orientales alejadas de la comunión con Roma como coptas, armenias, caldeas, bizantinas (griega, rumana, rusa), maronitas (del Líbano, Siria, etc.), alejandrinas, antioqueñas, etc.

UNIDA DE CRISTO, IGLESIA
Véase CONGREGACIONAL, IGLESIA.

UNIDAD
(Se conoce en países hispanos como «Unity» o «Escuela Unity de cristianismo» o «Escuela de la Unidad del Cristianismo». Se les conoce también como «Ciencia Cristiana y el Nuevo Pensar».) Secta estadounidense. Este movimiento lo fundaron Charles y Mirtle Fillmore en 1889 y adoptó el actual nombre en 1895. El movimiento se ha extendido por gran parte del mundo. Algunas de sus creencias se relacionan con las de la → CIENCIA CRISTIANA. Desde el principio enseñaron la curación y la superación de la enfermedad mediante el pensamiento personal correcto. Consideran a Dios como un Espíritu o «Principio» y a Jesús, la expresión perfecta de ese principio. El hombre es una trinidad de espíritu, alma y cuerpo, y se salva mediante reencarnaciones y regeneraciones corporales. El objetivo es que todos sean como Cristo.

UNIDOS, HERMANOS
Denominación evangélica. P.W. Otterben y Martin Bohnm organizaron esta iglesia en Estados Unidos, sobre todo en colonias alemanas como las de Pensilvania. Su teología era evangélica al estilo del → ARMINIANISMO, con énfasis en la perfección. En 1946 se fusionaron con la Iglesia Evangélica, fundada por Jacobo Albright, y constituyeron la Iglesia Evangélica de los Hermanos Unidos, la que se unió con la Iglesia Metodista en 1968 para formar en Estados Unidos la Iglesia Metodista Unida. (→ METODISTA, IGLESIA; METODISTA UNIDA, IGLESIA.)

UNIFICACIÓN, IGLESIA DE
(También se le conoce como «Asociación del Espíritu Santo para la Unificación del Cristianismo».)
Secta religiosa internacional. El fundador y líder supremo de esta organización es el antiguo religioso presbiteriano coreano Sun Myung Moon, que se identifica generalmente como «Reve-

rendo Moon». A los 16 años afirmó haber tenido una visión de Jesucristo. En 1954 fundó la Asociación del Espíritu Santo para la Unificación del Cristianismo, con sede en Seúl, Corea. Para sus seguidores, Moon es el segundo mesías que rectificará los supuestos errores cometidos por Jesucristo en su primera venida.

En la iglesia de Unificación prevalecen elementos sincréticos extraídos del cristianismo y de las religiones primitivas de Corea. Su metodología para la extensión incluye una serie de asociaciones con las que promueven sus ideas y tratan de atraer a los cristianos tradicionales al menos para algunas de sus causas. Entre ellas está el Instituto para los Valores de la Política Pública, Fundación Religiosa Internacional, CAUSA-EE. UU., CAUSA-Internacional, etc. También controlan varios periódicos, entre ellos *The Washington Times*.

UNITARIA Y UNIVERSALISTA, ASOCIACIÓN
Véase UNITARISMO.

UNITARISMO
Movimiento religioso. Pese a que se inició como movimiento organizado en Hungría y Polonia en el siglo XVI mediante el → SOCINIANISMO, existen tendencias unitarias, es decir, contrarias a la doctrina de la Trinidad, desde épocas remotas. Movimientos o doctrinas con elementos de unitarismo son algunas formas de → MONARQUIANISMO, → ARRIANISMO y → ADOPCIONISMO.

Los unitarios, además de negar la Trinidad, tienden a un radicalismo teológico, como lo evidencia el rechazo de los milagros y lo sobrenatural, así como el aceptar ideas de otras religiones no cristianas. Esos elementos no estaban presentes en los primeros experimentos unitarios, pero sí en el unitarismo de los siglos XIX y XX.

Las tendencias antitrinitarias se reflejaron nuevamente durante la Reforma del siglo XVI como reacción a la posición trinitaria de Roma y de los principales reformadores protestantes. El más famoso teólogo antitrinitario de ese período fue Miguel Servet, médico español perseguido por católicos y protestantes.

En Polonia, la predicación de Valentino Gentilis, Juan Pablo

Alciato y el doctor Blandrata (que también predicó en Hungría), abrió el camino para los avances del socinianismo y la formación de la llamada «iglesia menor» o «hermanos polacos». El movimiento logró infinidad de seguidores, pero fue restringido y después eliminado casi completamente.

El unitarismo sobrevivió en Transilvania y Hungría. El más conocido es el inglés, cuyos pioneros fueron los ministros protestantes Juan Biddle y Teófilo Lindsey, que fundó la capilla Essex, en 1774, en la ciudad de Londres. Una gran contribución la hizo el famoso científico Joseph Priestly, propulsor de congregaciones unitarias en varios lugares hasta su exilio a Estados Unidos por apoyar la Revolución Francesa. En 1813, quedó reconocido el movimiento unitario que se organizó como Asociación Unitaria Británica y Extranjera en 1825.

En Estados Unidos, Priestley organizó una iglesia en Pensilvania. King's Chapel, iglesia episcopal de Boston, se convirtió en congregación unitaria bajo el liderazgo del Rvdo. James Freeman. Una serie de teólogos liberales pasó entonces al unitarismo y llegaron a controlar la cátedra de Teología de Harvard, al menos por un tiempo.

La Asociación Unitaria Americana se unió a los partidarios del → UNIVERSALISMO y surgió la Asociación Universalista y Unitaria, a la cual pertenecen numerosos intelectuales.

El unitarismo no organizado (o sea, las ideas unitarias antitrinitarias) ha florecido en sectores del pensamiento americano. Varios presidentes de Estados Unidos se identificaron como unitarios en cuanto a pensamiento o a militancia confesional, entre ellos Thomas Jefferson.

UNITAS FRATUM
Véase MORAVOS, HERMANOS.

UNITY
Véase UNIDAD.

UNIVERSALISMO
Movimiento religioso. El universalismo se remonta a la Iglesia Antigua, ya que en Alejandría se presentó como *apocatástasis* o

restauración. Numerosos teólogos de la época fueron influidos por la idea de que Dios, al fin, salvaría a todos.

Estas creencias tomaron diversas formas, pero no se definen bien hasta épocas más recientes, sobre todo a partir del siglo XIX. En Estados Unidos surgió hasta una iglesia universalista que se unió al → UNITARISMO para formar la Asociación Universalista y Unitaria. John Murray y Hosea Ballou fueron los pioneros del movimiento que se dividió para dar paso a los «restauracionistas» que rechazan la salvación universal inmediata.

El universalismo adoptó una filosofía humanista; además, rechaza lo sobrenatural.

A pesar de eso hay que distinguir entre quienes sostienen el universalismo de época antiguas y los universalistas liberales o radicales de hoy, ya que aquellos creían en milagros, lo sobrenatural, la redención, etc. Además, una persona puede ser «universalista» en cuanto a la salvación y no en otros aspectos del universalismo moderno.

URANTIA

(También se le conoce como «Sociedad Urantia» o «Sociedad, Fraternidad y Fundación».)

Secta espiritualista estadounidense relacionada con la → NUEVA ERA. Es uno de los muchos grupos que trata de reinterpretar totalmente la vida de Cristo, a la vez que niega las doctrinas cristianas tradicionales.

Según una supuesta revelación recibida por Bill Sadler, su fundador, Jesús recorrió el Imperio Romano acompañado de dos personas procedentes de la India. Esa revelación aparece en el *Libro de Urantia*, libro que supuestamente siete espíritus entregaron a Sadler en 1934. Un grupo de sus partidarios registraron legalmente la Fundación Urantia en 1950. La actual Sociedad Urantia tiene su sede en Chicago.

UTRAQUISTAS

(Del latín *sub utraque specie*, que significa *bajo ambas especies*.)

Movimiento husita. Sector más moderado de los husitas del siglo XVI. Los utraquistas regresaron a la obediencia romana al concedérseles, entre otras cosas, el uso del pan y el vino en la comunión. La Iglesia Católica, oficial en Bohemia, se convirtió en utraquista (por las concesiones hechas durante el Concilio de Basilea, 1431-1439), hasta la «Guerra de los Treinta Años» (1618-1648), cuando el catolicismo romano tradicional se restauró plenamente. (→ HUSITAS.)

UTRECH, IGLESIA DE

Véanse JANSENISMO; VIEJOS CATÓLICOS, IGLESIA DE LOS.

santería

presbiterianos

aztecas

mahometanis...

...ucianismo

...rmanos moravos

zoroastrismo

...animistas

anglicanos

vodú

metodistas

adventist...

davidianos

nueva er...

bautistas

...arie...

Iglesia de Jesu... ...o de los sa...os de los últim...

coptos

Testi...s de J...nová

...luismo

pentecostales

beg...

ufolog...

gedeones

...ulto a Changó

...damitas

totemisr...

adiaforistas

niños de Dios

carismátic...

...acedo...

— de **VALDENSES** a **VUDÚ** —

jacobit...

racionalistas

taboritas

valdenses

wesleyanos

bogomi...

yesidas

berberisc...

yoga

ortodoxos

...ariseos

evangélicos

abelianos

...audianos

bohemio...

tembladores

...iotelistas

...nzantes

judaísmo

acaciano...

mormones

caballería espiritu...

VALDENSES

(También se les conoce como «Iglesia Evangélica Valdense».)

Denominación evangélica medieval. Bajo la predicación de Pedro Valdo en Francia (1170-1190) y sus seguidores, llamados «Pobres de Lyon» (Francia), se inició un movimiento reformista (siglos XI y XII) al que se unieron otras vertientes de creyentes que se oponían a ciertas prácticas de la iglesia medieval. Valdo hizo traducir las Escrituras al provenzal.

Los valdenses pueden estudiarse en diversos períodos. En su fase medieval se combinaba un ascetismo riguroso, una tendencia (de tipo donatista; → DONATISMO) a rechazar al clero impuro, y la oposición a la unión de la Iglesia y el Estado, con cierto intento por regresar a las enseñanzas del Sermón del Monte. Muchas confusiones se deben a que las fuentes católicas identifican como «valdenses» a grupos que en realidad pertenecieron a otro tipo de movimiento.

Los valdenses desarrollaron gradualmente una teología compatible con la de la Reforma, solo que con siglos de anticipación. Al producirse lo que ellos llaman «la segunda reforma», es decir la de Lutero y Calvino, los valdenses se vincularon con la Iglesia Reformada. (→ REFORMADAS, IGLESIAS.)

Después de las persecuciones medievales, muchos valdenses sobrevivieron en diminutas aldeas de los valles alpinos del Piamonte y la Saboya, en el actual norte de Italia. Fueron excomulgados en 1184 y perseguidos. En 1487, se emprendió una cruzada contra los valdenses.

Después de la Reforma, recibieron el apoyo de naciones protestantes; uno de sus grandes defensores fue el poeta inglés John Milton. Oliverio Cromwell protestó ante el rey de Francia por la persecución de que se les hacía objeto. En 1848, recibieron oficialmente la tolerancia religiosa por parte de la Casa de Saboya y fueron abandonando su condición de grupo aislado, de origen francés, convirtiéndose en una denominación italiana. Con el tiempo se extendieron a buena parte del país.

En épocas recientes se vincularon al metodismo (→ METODISTA, IGLESIA) y al movimiento ecuménico. En 1855 fundaron un

Colegio Teológico en Florencia. La Facultad Valdense de estudios teológicos funciona actualmente en Roma.

En el siglo XIX se establecieron colonias valdenses en Argentina y Uruguay, donde constituyen una de las principales iglesias protestantes de la región. Sus pastores se forman en el ISEDET (Instituto Superior de Estudios Teológicos), en Buenos Aires. Allí operan con el nombre de Iglesia Evangélica Valdense del Río de la Plata. Tienen un sistema de gobierno sinódico.

A los valdenses les gusta el calificativo de iglesia protestante más antigua que algunos han deseado darle. Históricamente se han vinculado con reformados, presbiterianos, metodistas, moravos y husitas, así como con el protestantismo inglés en general. Eso los ayudó a sobrevivir en medio del aislamiento geográfico y la persecución. (→ REFORMADA, IGLESIA; PRESBITE-RIANA, IGLESIA; METODISTA, IGLESIA; MORAVOS, HERMANOS; HUSITAS.)

Vittorio Subilia y Giovanni Miegge son los teólogos valdenses más reconocidos fuera de Italia y de la denominación.

VALENTINIANOS
Secta del siglo II. Partidarios del famoso gnóstico Valentín. Alrededor del año 160 existía una escuela valentiniana. Valentín pudo haber fundado la escuela una o dos décadas antes. Su creencia se basaba en un sistema de emanaciones de tipo gnóstico.

Se trata de una de las manifestaciones del → GNOSTICISMO de los primeros siglos. Dividía a los hombres en materiales, síquicos y neumáticos. Estos últimos podían aspirar a la perfección y al desposorio con los ángeles.

Los escritos de Tertuliano y otros autores antiguos ayudan a conocer este movimiento considerado herético. Valentín aspiró al obispado de Roma, según algunos autores, pero nunca alcanzó esa posición.

VEGETARIANISMO
Práctica relacionada con la religión. Varios movimientos religiosos han establecido un régimen o doctrina que rechaza el consumo de carne y promueven el comer vegetales. A veces se trata

simplemente de semivegetarianismo, como en el caso de los que prohíben el ingerir la carne, pero permiten el consumo del pescado.

Para explicar el vegetarianismo se alegan desde aspectos religiosos hasta razones higiénicas y médicas. Entre los que hacen un marcado énfasis en lo religioso para promover el vegetarianismo, se apela a alguna autoridad espiritual o a la revelación divina para condenar el consumo de ciertos alimentos. Ese es el caso de prohibiciones del Antiguo Testamento observadas rigurosamente en formas estrictas de → JUDAÍSMO y en el adventismo. (→ ADVENTISTAS.)

VIDA COMÚN, HERMANOS DE LA

Movimiento cristiano laico de la Edad Media. Profesaban interés por la vida interior, intensificada en el siglo XIV en los Países Bajos, bajo el liderazgo de Geert Groote (llamado Gerardo el Grande). Aunque se mantuvieron en el catolicismo adoptaron ciertas características propias.

Tomás de Kempis, Nicolás de Cusa y Desiderio Erasmo recibieron la influencia de este grupo.

VIEJOS CATÓLICOS

Véase VIEJOS CATÓLICOS, IGLESIA DE LOS.

VIEJOS CATÓLICOS, IGLESIA DE LOS

(También se les conoce como «veterocatólicos».)

Iglesias católicas independientes de la jurisdicción romana. El Concilio Vaticano I causó gran disgusto en amplios sectores catolicorromanos con su definición de la infalibilidad papal.

Bajo la influencia del → FEBRONIANISMO y el → JANSENISMO, algunos católicos de Occidente comenzaron a separarse de la obediencia total al obispo de Roma desde el siglo XVIII. La Iglesia de Utrecht, formada por jansenistas, contaba con episcopado desde 1724 cuando un obispo católico consagró a Cornelio Steenhoven como arzobispo de Utrecht sin aprobación papal. Esta Iglesia Católica Vieja se mantuvo como una pequeña organización disidente, pero a partir de 1870 varios sacerdotes opuestos a las pretensiones de infalibilidad papal en Baviera, Alemania, Suiza, Holanda, etc., buscaron consagración para obispos y organizaron iglesias separadas de Roma. Estas afirmaban ser la verdadera continuación de la Iglesia Católica Antigua (anterior a decisiones que exageraban las facultades del obispo de Roma) o al menos estar en comunión histórica y doctrinal con el catolicismo de la antigüedad (→ CATÓLICA ANTIGUA, IGLESIA).

El principal líder del movimiento contra la infalibilidad papal fue el ilustre historiador alemán J.J.I. von Dollinger, que aun cuando no se unió a los Viejos Católicos fue uno de sus inspiradores.

Un congreso de disidentes católicos reunidos en Munich en 1871 organizó la Iglesia de los Viejos Católicos o Iglesia Veterocatólica. En 1873 eligieron como su primer obispo a Joseph Reinkens, consagrado por un obispo de la iglesia de Utrecht. El gobierno de Bismarck les concedió algunos templos y hasta subsidios.

En 1889 se produjo la «Declaración de Utrecht» que afirmó apego al catolicismo, pero que rechazó prácticas romanas adoptadas en los siglos anteriores. Desde 1897 existe una fuerte iglesia veterocatólica de polacos residentes en Estados Unidos. Los viejos católicos reconocen desde 1925 las órdenes anglicanas y están en comunión con la Iglesia de Inglaterra, pero sin formar parte de la Comunión Anglicana.

Entre las iglesias de los viejos católicos o veterocatólicos se encuentra la Iglesia Nacional Polaca y la Iglesia Católica Antigua de Yugoslavia. La Iglesia Independiente de las Filipinas mantiene relaciones con los viejos católicos.

En el movimiento los sacerdotes son elegidos por sus parroquias y pueden contraer nupcias; realizan su liturgia en el idioma vernáculo. Los viejos católicos son apoyados por parte de los anglicanos y han tratado de acercarse a los ortodoxos orientales. Obviamente no aceptan la infalibilidad papal, ni que el Obispo de Roma tenga jurisdicción universal; pero insisten en su condición de católicos y en la sucesión apostólica de los obispos.

315

Su doctrina es muy similar a la de los católicos romanos y ortodoxos (→ CATÓLICA, APOSTÓLICA Y ROMANA, IGLESIA; ORTODOXA, IGLESIA).

VIEJOS CREYENTES
Véase RASKOLNIKI.

VODÚ
(También conocido como «vudú», «voodoo», etc.)
Secta de origen africano. El nombre viene de la palabra *ewe vudu* o dioses. No se trata de una religión organizada, sino de una secta que toma diversas formas. En él se encuentran elementos de animismo, culto fálico, culto a las serpientes y magia. (→ FÁLICO, CULTO; SERPIENTES, CULTO A LAS; ANIMISMO; MAGIA.)

Según algunos estudiosos el vodú es una forma del culto a los demonios en la Costa de Oro (África) trasladado a América por esclavos. Como origen de la religión, algunos señalan el sacrificio de una niña, conocida como «cabra sin cuernos». Hasta hace algún tiempo el sacrificio central era el de una muchacha de raza blanca, sustituida después por un cabrito. Se conservan los sacrificios de cabras, perros negros, gallos y gallinas.

Entre sus principales deidades haitianas están: Dambala, Legba, Ogún y Agueú. Deben tenerse en cuenta a «Barón Samedi», dios de los cementerios y «Maestra Erzulie», diosa del amor.

Sus sacerdotes se conocen como «papaloi» y las sacerdotisas como «mamaloi».

En los estudios sobre vodú se hacen constantes referencias a danzas con serpientes, ritos violentos y cultos orgiásticos. Otra interpretación encuentra en Haití el origen de este culto afroamericano, aunque también lo remonta a la Luisiana, adonde llegó hace siglos.

El vodú tiene un componente mágico de gran importancia. Sus seguidores creen en la existencia de espíritus que se posesionan de las personas que participan en sus ritos. Los colores rojo y negro son propios del vodú en Haití.

VOLUNTARIOS DE AMÉRICA

Organización religiosa y filantrópica. Grupo separado del → EJÉRCITO DE SALVACIÓN, aunque con teología compatible a la de este. La mayor diferencia con esa denominación, fundada en 1896, es la ausencia de jerarquía militar. Su fundador, Ballington Booth, era hijo de William Booth, iniciador del Ejército de Salvación. Es gobernada por un presidente elegido por cinco años. Su oficina central radica en Metairie, Luisiana.

VUDÚ

Véase VODÚ.

santería

presbiterianos

aztecas

ucianismo

mahometanism

ermanos moravos

zoroastrismo

nimistas

anglicanos

vodú

metodistas

adventist

davidianos

nueva er

bautistas

Iglesia de Jesucristo de los santos de los últimos

coptos

Testigos de Jehová

bega

nduismo

pentecostales

ufolog

gedeones

a Changó

damitas

toter...no

adiaforistas

niños de Dios

carismático

W

— de W.I.C.C.A. a WESLEYANOS —

racionalistas

taboritas

bogomil

valdenses

wesleyanos

yesidas

berberisc

yoga

ortodoxos

abelianos

ariseos

evangélicos

bohemio

laudianos

otelistas

tembladores

nzantes

judaísmo

acacianos

mormones

W.I.C.C.A.

Asociación ocultista. Son las siglas de un nombre en lengua inglesa (Witches Internacional Coven Council Association), una especie de coalición de brujas organizadas.

W.I.C.C.A., ESCUELA

Secta ocultista. Gavin e Ivonne Frost crearon esta organización en Estados Unidos para promover los poderes síquicos y las relaciones sexuales con espíritus.

WAHABIS

Religiosidad musulmana en Arabia. La ideología religiosa oficial de Arabia Saudí. Se trata de un movimiento que promueve la mayor rigurosidad en la observancia de las doctrinas islámicas.

La figura más importante lo fue Abd al-Wahbad (1703-1792) que hizo resurgir antiguas tradiciones entre los musulmanes de Arabia e intentó la eliminación total de la veneración de personas consideradas santas o → «WALIS».

WALIS

Estilo de religiosidad popular entre los islámicos. Un *wali* es un hombre santo en el Islam, es decir, «un amigo o persona cercana a Dios». Para el musulmán promedio un santo local tiene un valor muy importante, a veces superior a los profetas. Esta variante en la religiosidad musulmana está muy extendida en el norte de África, la India y Pakistán. Entre algunos musulmanes hay un reconocimiento especial a las obras y milagros de estos santos, pero tales creencias y prácticas no son recomendadas por muchos musulmanes estrictos.

WESLEYANA, CONEXIÓN

Véase METODISTA, IGLESIA.

WESLEYANA, IGLESIA

Denominación evangélica. Hasta 1968 la Iglesia Wesleyana en

Estados Unidos era conocida como Iglesia Metodista Wesleyana, fundada en 1843. La denominación surgió como protesta contra la esclavitud y el sistema de gobierno episcopal adoptado por los metodistas en Estados Unidos.

Los wesleyanos conservan la doctrina → ARMINIANA-WESLE-YANA, sobre todo la santificación plena. La iglesia se extiende por numerosos países, entre ellos los de América Latina. En Estados Unidos sostiene colegios universitarios y otras escuelas.

WESLEYANOS

Movimiento y creencias de tipo teológico. Se denomina wesleyana a la teología de Juan Wesley (→ METODISTA, IGLESIA). También se llama así al movimiento original de Juan Wesley en Inglaterra, del cual salieron grupos metodistas.

Muchos grupos de santidad se identifican como arminiano-wesleyano o viceversa.

santería
presbiterianos
aztecas
mahometanisr
ucianismo
ermanos moravos
zoroastrismo
animistas
anglicanos
vodú
metodistas
adventisto
davidianos
nueva era
bautistas
acuarienas
Iglesia de Jesu...o de los ...antos de los últimos
coptos
Testig...de Jehová
bego
nduismo
pen Ycostales
ufologí
gedeones
culto a Changó
damitas
totemis...o
adiaforistas
niños de Dios
carismático

— de YESIDAS a YOGA —
jacobita

racionalistas
valdenses
taboritas
bogomil
yesidas
wesleyanos
berberisco
yoga
ortodoxos
ariseos
abelianos
laudianos
evangélicos
bohemio
otelistas
tembladores
nzantes
judaísmo
acacianos
mormones
caballería espiritu

YESIDAS

Religión de un pueblo. Los yesidas, de origen kurdo en la Mesopotamia (actual Irak), constituyen un grupo religioso aparte. Su dios supremo es Maelk Tause. Combinan en su religiosidad elementos del → CRISTIANISMO el → ISLÁMISMO. Como consideran al demonio agente de su dios supremo en la creación del universo, muchos los tienen como «adoradores del demonio».

Este pueblo tiene sus propias escrituras basadas en las ideas del jeque Ade ben Musafir del siglo XII.

YMCA

Véase ASOCIACIÓN CRISTIANA DE JÓVENES

YOGA

Sistema metafísico del hinduismo. Generalmente indica ciertos métodos de autocontrol y meditación, pero forma parte de la filosofía religiosa del hinduismo. Se trata de uno de los seis *darshanas* o sistemas metafísicos (*vista*) del hinduismo (*mimansa, vedanta, samkhya, nyaya* y *vaishesika* son los otros). Muchos lo consideran una rama del sistema sankhya. También es parte de la capacidad de asimilación y síntesis de las antiguas creencias hindúes. Se atribuye a Patanjali del siglo III a.C. A pesar de considerarse actualmente como teísta pudiera haber sido un sistema filosófico ateo.

El yoga acepta la existencia de un Dios supremo y considera que el mundo tiene una existencia dependiente del pensamiento, lo cual indica una posición semirrealista. El propósito del yoga es la liberación del espíritu sobre la materia, a los efectos del karma. Sus seguidores o «yoguis», además de vegetarianos, son tradicionalmente indiferentes al sistema de castas prevaleciente en el → HINDUISMO. Mediante ocho vías esperan alcanzar la concentración mental. Un método utilizado es fijar la mirada en el ombligo o en la punta de la nariz.

En un sentido amplio, el yoga se presenta como todo método o disciplina que tiende a lograr cierto grado de «salvación», entendida esta en su sentido hindú o en alguna versión modificada compatible con el origen del término. En un sentido más estricto, el yoga se propone la supresión de los estados de conciencia, es decir, de lo mental en beneficio de lo espiritual, como lo sugieren los métodos mencionados.

Se puede hacer distinciones entre yogas sicosomáticos y metafísicos, entre muchas otras de sus formas. Además de versiones hinduistas, jainistas y budistas, se ha propuesto un yoga cristiano, pero tanto el Vaticano como varias confesiones protestantes se pronuncian en torno a una incompatibilidad entre el yoga y la fe cristiana. Varios estudiosos hasta vinculan el origen del yoga con fenómenos espiritistas.

santería

aztecas

presbiterianos

mahometanismo

ucianismo

rmanos moravos

ZOROASTRISMO

nimistas

anglicanos

vodú

metodistas

adventist

davidianos

nueva era

bautistas

Iglesia de Jesucristo de los itos de los últimos

coptos   Testigos de Jehová

bega

duismo   pentecostales   ufolog

gedeones   culto a Changó

lamistas   totemismo

niños de Dios   adiaforistas

carismático

— de ZELOTES a ZOROASTRISMO —

racionalistas   taboritas   bogomi

valdenses   wesleyanos

yesidas   berberisco

yoga   ortodoxos   abelianos

ariseos   evangélicos   bohemio

laudianos

otelistas   tembladores

nzantes   judaísmo   acaciano

mormones   caballería espiritu

ZELOTES

Secta judía del primer siglo de la era cristiana. El término se utiliza para identificar los miembros de una asociación político-religiosa y combatiente. Este grupo estuvo involucrado en actos de terrorismo y actividades de guerrillas. Algunos han señalado su parecido en aspectos teológicos con los fariseos. También se ha señalado su fanatismo nacionalista y su oposición a la ocupación romana. Una posible relación es la de ellos con la comunidad de → QUMRÁN.

ZEN

Forma de budismo japonés. Puede considerarse como un derivado del «Ch'an» o escuela de contemplación procedente de China, que se desarrolló inicialmente en los siglos VI y VII. También se ve como una escuela atea del budismo → MAHAYANA, entre los japoneses, y como una subdivisión japonesa de las divisiones del budismo «Ch'an» ya mencionado.

El zen se introdujo en Japón en el siglo IX y ha desempeñado un gran papel en la cultura del imperio. El código japonés de caballería o «Bushido» tiene sus raíces en una combinación de zen con ética confuciana. Su método de meditación metafísica apoyado en ciertas técnicas propias despierta interés en Occidente. Sus características incluyen el conocimiento intuitivo de Buda, la búsqueda de la iluminación mediante la meditación y la contemplación, y la captación de la realidad.

Algunos eruditos entienden que en el zen, la doctrina de Buda se sustituye por una forma de panteísmo. Además, su manera de buscar el estado de *sartori* no tiene precedentes en el budismo más tradicional. Muchos eruditos entienden que puede ser utilizado por cristianos, lo cual es discutible, mientras otros creen que ciertos estados de conciencia inerme en el zen pueden favorecer cierto contacto con entidades conocidas como «espíritus» en las creencias espiritistas.

Los monasterios zen combinan el culto y la meditación con el trabajo manual. Se pueden observar principios zen en el arte, la literatura y las artes marciales, así como en sus ceremonias tradicionales.

Se les crítica de que sus versiones occidentales no reflejan con exactitud sus prácticas orientales. Pero independientemente de esta y otras acusaciones de posible vinculación con alguna forma de ocultismo, el zen es una de las más populares formas de religiosidad o metafísica oriental que ha penetrado el mundo occidental.

ZOOLATRÍA

Culto a los animales. En un buen número de religiones y sectas, los animales son considerados o como divinos o como encarnaciones de lo divino o lo humano. También son símbolos totémicos en muchos sistemas tribales. La más conocida forma de zoolatría es el culto a la vaca, en Egipto antiguo y en la India, donde permanece vigente.

ZOROASTRISMO

Doctrina religiosa antigua. Se trata de las enseñanzas de Zoroastro o Zoroastro (siglos V y VI a.C.), un personaje semilegendario persa o iraní cuya existencia histórica se discute. Según sus seguidores, Zoroastro tuvo una experiencia dramática de tipo religioso: un encuentro con Ahura Mazda o el «Sabio Señor». Como profeta de una nueva religión obtuvo la conversión del rey Vishtaspa, de Irán Oriental; sus seguidores recibieron la protección de Darío el Grande.

En su religiosidad se combinan elementos antiguos de las creencias persas con aspectos éticos, pero además de combatir a los dioses de la religión del pueblo promovió sobre todo la adoración de Ahura Mazda, el espíritu único, después llamado Ormuz. Su teología es dualista. Ormuz, el creador supremo, se opone a Angra Manyú o Ahrimán, el dios malo. En los escritos sagrados o *Zend-Avesta*, se describe esta confrontación. La victoria final será para Ormuz.

En el zoroastrismo, cada humano debe elegir entre Ahura Mazda y Ahrimán, lo cual decide su destino eterno. Los «Santos Inmortales» o atributos del supremo Dios que se encuentran en el alma humana revelan a Ahura Mazda.

Con el tiempo, sobre todo después de la muerte de Zoroastro, el politeísmo influyó en sus seguidores y ciertos atributos divinos empezaron a considerarse deidades aparte. Entre las nuevas deidades estuvo Mitra, el dios del Sol invencible. Tanto el → MITRAÍSMO como el → MANIQUEÍSMO pueden ser considerados como religiones influenciadas por ideas extraídas del zoroastrismo.

Zoroastro pudo promover una religión escatológica cuyas creencias anunciaban el fin del presente estado de cosas y la llegada del reino de Ormuz sobre la tierra. Varios eruditos enseñan que el zoroastrismo influyó en el judaísmo del cautiverio.

El zoroastrismo disfrutó del rango de religión oficial en Persia durante gran parte del reinado de la dinastía Aqueménida, siglos antes del nacimiento de Cristo, y recuperó esa condición con los Sasánidas, a partir del siglo III. Fue perdiendo esa posición con la llegada del cristianismo y sobre todo con la implantación del islamismo a partir del siglo VII. En cierta forma predominó casi mil años hasta la llegada del Islam a Persia.

Bibliografía

Albright (William Fowell), *Yahweh and the Gods of Canaan*, Doubleday, New York, 1968.

Ahlstrom (Sydney E.), *A Religious History of the American People*, Doubleday, Garden City, 1975.

Amador de los Ríos (J), *Historia social, política y religiosa de los judíos en España y Portugal*, Aguilar, Madrid, 1960.

Anderson (Sir Norman), *Christianity and world religions*, Intervarsity Press, Leicester, 1984

Argüelles Mederos (Aníbal), *Los llamados cultos sincréticos y el espiritismo*, Editorial Académica, La Habana, 1991.

Arrington (Leonard J.) y Britton (Davis), *The Mormon experience*, Alfred Knopf, New York, 1979.

Arrom (José Juan), *Mitología y artes prehispánicas de las Antillas*, Siglo XXI, México, 1975.

Bainton (Roland H.), *The Reformation of the Sixteenth Century*, Beacon Press, Boston, 1952.

_____ *La Iglesia de nuestros padres*, Editorial La Aurora, Buenos Aires, 1969.

Barrett (David B), *World Christian Encyclopedia*, Oxford University Press, New York, 1982.

Bastian (Jean-Pierre), *Protestantismo y modernidad latinoamericana*, Fondo de Cultura Económica, México, 1994.

_____ *Historia del protestantismo en América Latina*, Casa Unida de Publicaciones, México, 1986.

Bataillon (Marcel), *Erasmo y España*, Fondo de Cultura Económica, México-Buenos Aires, 1966.

331

Beda el Venerable, *The Ecclesiastical History of the English Nation*, Everyman's Library, London, 1970.

Blázquez (José María), *Religiones en la España Antigua*, Ediciones Cátedra, Madrid, 1991.

_____ *Diccionario de las Religiones Prerromanas de Hispania*, Ediciones Istmo, Madrid, 1975.

Bowder (John), *The Oxford Dictionary of World Religions*, Oxford University Press, Oxford-New York, 1997.

Brandenburg (Hans), *The Meek and the Mighty*, Oxford University Press, New York, 1977.

Brandon (S.G.F.), *Diccionario de Religiones Comparadas*, Ediciones Cristiandad, Madrid, 1975.

Cardaillac (L.), *Moriscos y cristianos*, Fondo de Cultura Económica, Madrid-México-Buenos Aires, 1979.

Conn (Charles), *Like a mighty army*, Pathway Press, Cleveland, 1977.

Coutts (Frederick), *Siempre en pie de guerra: La historia del Ejército de Salvación*, Ejército de Salvación, Londres, 1975.

Cox (Harvey), *The Church Amid Revolution*, Associated Press, New York, 1967.

Coxill (H. Wakelin) y Grubb (Sir Kenneth), *World Christian Handbook*, Abingdon, Nashville, 1967.

Crim (Keith), *Abingdon Dictionary of Living Religions*, Abingdon, Nashville, 1981.

Crivelli (P. Camilo), *Directorio Protestante de la América Latina*, Isola del Liro, Soc. Tip. A. Macioce & Pisani, Roma, 1932.

CROSS (F.L.), *The Oxford Dictionary of the Christian Church*, Oxford University Press, Oxford, 1978.

Damboriena (P.) y DuselL (E.), *El Protestantismo en América Latina*, FERES, Friburgo-Bogotá, 1963.

Davies (J.G.), *The Early Christian Church*, Doubleday & Company, Garden City, 1967.

Dawson (Christopher), *The Dividing of Christendom*, Sheed and Ward, New York, 1965.

De La Brosse (Olivier); Henry (Antonin-Marie); Rouillard, Ph. (Philippe), *Diccionario del Cristianismo*, Ediciones Herder, Barcelona, 1986.

Diccionario Steiner del Ocultismo: La Psiquis y lo Místico, Ariel, Ltda, Guayaquil, 1975.

Diccionario de Iglesias, Organizaciones y Ministerios del Movimiento Protestante: Guatemala, IINDEF, San José y CEPAL, Guatemala, 1981.

Dollar (George W.), *A History of Fundamentalism in America*, Bob Jones University Press, Greenville, 1973.

Douglas (J.D.), *The New International Dictionary of the Christian Church*, Zondervan, Grand Rapids, 1974.

Encyclopedia of Religious Knowledge, Baker Book House, Grand Rapids, 1991.

Drummond (A.L.), *The Kirk and the Continent*, Saint Andrews Press, Edimburg, 1956.

Dunstan (J. Leslie), *Protestantism*, George Braziller, New York, 1962.

Eerdman's handbook to the world religions, Eerdman's, Grand Rapids, 1982.

Eerdman's Dictionary of the History of Christianity, Eerdman's, Grand Rapids, 1977.

Eliade (Mircea), *Tratado de Historia de las Religiones*, Ediciones Cristiandad, Madrid, 1974.

_____ *A History of Religious Ideas* (3 Vols.), The University of Chicago Press, Chicago, 1978.

Eliade (Mircea) y Kitagawa (Joseph M.), *Metodología de la historia de las religiones*, Editorial Paidos, Buenos Aires, 1967.

Ellis (Peter Berresford), *The Druids*, Eerdmans, Grand Rapids, 1994.

Elwell (Walter), *Evangelical Dictionary of Theology*, Baker House, Granbd Rapids, 1984.

Enroth (Ronald), *A Guide to Cults*, Intervaristy Press, IL, 1983.

Estruch (Juan), *Los protestantes españoles*, Editorial Nova Terra, Barcelona, 1968.

Eusebio de Cesarea, *Ecclesiastical History*, Baker Book House, Grand Rapids, 1969.

Filoramo (Giovanni), *A History of Gnosticism*, Basil Blackwell Ltd, Oxford, 1990.

Flavio Josefo, *The Complete Works*, Kregel Publications, Grand Rapids, 1977.

Frazer (James George), *La Rama Dorada*, Fondo de Cultura Económica, México, 1986.

Frend (W.G.C.), *The Rise of Christianity*, Fortress Press, Philadelphia, 1984.

García Iglesias (L.), *Los judíos en la España Antigua*, Ediciones Cristiandad, Madrid, 1978.

Gard (Richard A.), *Buddhism*, George Braziller, New York, 1962.

González (Justo A.), *Historia del Pensamiento Cristiano*, Editorial La Aurora, Buenos Aires, 1972

Goppelt (Leonhard), *Apostolic and Post-Apostolic Times*, Baker House, Grand Rapids, 1970.

Grant (Michael), *The History of Ancient Israel*, Charles Scribner's Sons, New York, 1984.

Guraieb (José E.), *El Sufismo en el Cristianismo y el Islam*, Editorial Kier, Buenos Aires, 1976.

Hamlyn (Paul), *World Mythology*, The Hamlyn Publishing, London, 1969.

Hardinge (Leslie), *The Celtic Church in Britain*, SPGK, London, 1972.

Harnack (Adolf), *The Mission and Expansion of Christianity*, Peter Smith, Glocuester, MA, 1972.

Herklots (H.G.G.), *The Church of England and the American Episcopal Church*, A.R. Morwbray & Co, Ltd., London, 1966.

Hertzberg (Arthur), *Judaism*, George Braziller, New York, 1962.

Hexham (Irving), *Concise Dictionary of Religion*. InterVarsity Press, Downers Grove, IL, 1993.

Hinnells (John R.), *Dictionary of Religions*, Penguin Books, London, 1984.

Highet (John), *The Scottish Churches*, Skeffington, London, 1960.

Hinson (E. Glenn), *The Early Church*, Abingdon Press, Nashville, 1996.

Hoekema (Anthony), *The Four Major Cults*, Eerdman's, Grand Rapids, 1963.

Hollenweger (Walter), *El Pentecostalismo*, Editorial La Aurora, Buenos Aires, 1976.

Hume (Roberto Ernesto), *Las Religiones Vivas*, Editorial Verdad, El Paso, 1960.

Isherwood (C.), *Ramakrishna and His Disciples*, Methuen, London, 1965.

Johnson (Paul), *A History of Christianity*, Atheneum, New York, 1980.

Kamen (Henry), *La Inquisición Española*, Ediciones Grijalbo, Barcelona, 1967.

Larson (Bob), *Larson's Book of Cults*, Tyndale, Wheaton, 1983.

_____ *Satanismo: La seducción de nuestros jóvenes*, Editorial Vida, Miami, 1989.

Latourette (Kenneth Scott), *Historia del Cristianismo*, Casa Bautista, El Paso, 1979.

Lossky (Nicholas); Bonino (José Míguez); Pobee (John); Stransky (Tom); Wainwright (Geoffrey); Pauline (Webb), *Dictionary of the Ecumenical Movement*, WCC Publications, Geneva, Eerdmans, Grand Rapids, 1997.

Leonard (Bill J.), *Dictionary of Baptists in America*, InterVarsity Press, Downers Grove, 1994.

Leonard (E.G.), *Le protestant francais*, Presses Universitaires, Paris, 1953.

Lorca (B.); García Villoslada (L.), *Historia de la Iglesia católica*, Biblioteca de Autores Cristianos, Madrid, 1967.

MaCarthur (John F.), *The Charismatics*, Zondervan, Grand Rapids, 1978.

MacQuarrie (John), *Twentieth Century Religious Thought*, Harper & Row, New York, 1963.

Marty (Martin E.), *A Short History of Christianity*, Fortress Press, Philadelphia, 1987.

Mather (George A.) y Nichols (Larry), *Dictionary of Cults, Sects, Religions and the Occult*, Zondervan, Grand Rapids, 1993.

Mead (Franklin), *Handbook of Denominations*, Abingdon, Nashville, 1982.

Menéndez y Pelayo (Marcelino), *Historia de los Heterodoxos Españoles*, Biblioteca de Autores Cristianos, Madrid, 1967.

Mitchell (James E.), *The Emergence of a Mexican Church*, William Carey Library, South Pasadena, 1970.

Montalbán (F.J.), *Historia de la Iglesia católica*, Biblioteca de Autores Cristianos, Madrid, 1967.

Mourin (Maxime), *El Vaticano y la URSS*, Grijalbo, Barcelona, 1967.

Neill (Stephen), *El Anglicanismo*, Ediciones Península, Madrid, 1966.

Neill (Stephen); Anderson (Gerald H.); Goodwin (John), *Concise Dictionary of the Christian World Mission*, Abingdon Press, Nashville, 1971.

Nelson (Winton M.), *Diccionario de Historia de la Iglesia*, Editorial Caribe, Miami, 1989.

_____ *Historia del protestantismo en Costa Rica*, Publicaciones IINDEF, San Francisco de Dos Ríos, 1983.

Noss (John B.), *Man's religions*, MacMillan Publishing, New York, 1974.

Newman (Yacob); Sivan (Gabriel), *Judaísmo A-Z*, Organización Sionista Mundial, Jerusalem, 1983.

Norwood (Frederick A.), *The Story of American Methodism*, Abingdon Press, Nashville, 1974.

Obolenski (Dimitri), *The Bizantine Commonwealth*, Praeger Publications, New York, 1971.

Olmedo (Daniel), *Historia de la Iglesia católica*, Porrúa, México, 1978.

Ordoñez (Francisco), *Historia del cristianismo evangélico en México*, Alianza Cristiana y Misionera, Tipografía Unión, Medellín, Colombia.

Parrinder (Geoffrey), *World Religions*, Facts on File, New York, 1971.

Patterson (George N.), *Christianity in Communist China*, World Books, Waco, 1969.

Pichon (Jean-Charles), *Historia universal de las sectas y sociedades secretas*, Editorial Bruguera, Barcelona, 1971.

Pijoan (José), *Breviario de Historia del mundo y de la humanidad*, Salvat Editores, Barcelona, 1948.

Pike (E. Royston), *Diccionario de religiones*, Fondo de Cultura Económica, México, 1991.

Pike (Frederick) y D'antonio (William), *Religión, Revolución y Reforma*, Herder, Barcelona, 1967.

Pollack-eltz (Angelina), *Cultos Afroamericanos*, Colección Manoa, Universidad Católica Andrés Bello, Caracas, 1977.

Pope (Liston), *Millhands and Preachers*, Yale University Press, New Haven, 1942.

Preus (Robert D.), *The Theology of Post-Reformation Lutheranism*, Concordia, Saint Louis, 1970.

Qualben (Lars P.), *A History of the Christian Church*, Thomas Nelson, New York, 1958.

Radhakrishnan (Servipalli), *Eastern Religions & Western Thought*, Oxford University Press, Delhi, 1939.

Ramos (Marcos Antonio), *Historia de las Religiones*, Editorial Playor, Madrid, 1989.

_____ *Panorama del protestantismo en Cuba*, Editorial Caribe, San José-Miami, 1986.

Rausch (David A.) y Voss (Carl Hermann), *World Religions: Our Quest for Meaning*, Fortress Press, Minneapolis, 1989.

Reinach (Salomon), *Orfeo: Historia General de las Religiones*, Ediciones Antonio Zamora, Buenos Aires, 1977.

Renou (Louis), *Hinduism*, George Braziller, New York, 1962.

Riffard (Pierre), *Diccionario del esoterismo*, Alianza Editorial, Madrid, 1983.

Rodríguez (Isacio R.), *Gregorio Aglipay y los orígenes de la Iglesia Filipina Independiente*, Consejo Superior de Investigaciones Científicas, Madrid, 1960.

Rodríguez Santidrian (Pedro), *Diccionario de las Religiones*, Alianza Editorial, 1989.

Rops (Daniel), *La Iglesia de las revoluciones*, Luis de Caralt, Barcelona, 1961.

Runciman (Steven), *The great Church in Captivity*, University Press, Cambridge, 1968.

Ruether (Rosemary Radford), *El Reino de los extremistas*, Editorial La Aurora, Buenos Aires, 1971.

Rycroft (W.S.), *Religión y fe en la América Latina*, Casa Unida de Publicaciones, México, 1961.

Saladrigas (Robert), *Las confesiones no católicas de España*, Ediciones Península, Barcelona, 1971.

Salarrulana (Pilar), *Las Sectas Satánicas*, Ediciones Temas de Hoy, 1991.

Sánchez Albornoz (Claudio), *La España Musulmana*, Espasa-Calpe, Madrid, 1974.

Schaff (Philip), *History of the Christian Church*, Eerdman's, Grand Rapids, 1970.

Scharpff (Philip), *History of Evangelism*, Eerdman's Grand Rapids, 1964.

Schults (Hans Jurgen), *Tendencias de la teología en el siglo XX*, Studium, Madrid, 1970.

Schwarz (R.W.), *Light Bearers to the Remnant*, Pacific Press, Mountain View, 1979.

Scottford (John R.), *Church Union Why Not?*, Pilgrim Press, Boston, 1948.

Seeberg (Reinhold), *Manual de historia de las doctrinas* (2 vols.), Casa Bautista, El Paso, 1967.

Smith (Huston), *The World's Religions*, HarperSan Francisco, 1991.

Sociología del catolicismo europeo, Editorial Nova Terra, Barcelona, 1971.

Spinka (Matthew), *John Huss at the Council of Constance*, Columbia University Press, New York, 1965.

Stoll (David), *Is Latin America Turning Protestant?*, University of California Press, London, 1990.

Struve (Nikita), *Christians in contemporary Russia*, Harvill Press, London, 1967.

Sufism, Ross Books, Berkeley, 1983.

Tillich (Paul), *A History of Christian Thought*, Simon and Schuster, New York, 1968.

Tylor (Edward Burnett), *Primitive Culture* (2 vols.), 1958.

Toynbee (Arnold J.), *A Study of History*, Oxford University Press, New York, 1963.

Vedder (E.C.), *Breve historia de los bautistas hasta 1900*, Casa Bautista, El Paso, 1977.

Vergara (Ignacio), *El Protestantismo en Chile*, Editorial del Pacífico, Santiago de Chile, 1962.

Vidal Manzanares (César), *Diccionario de las tres religiones Monoteístas*, Alianza Editorial, Madrid, 1993.

_____ *Diccionario de sectas y ocultismo*, Verbo Divino, Estella, Navarra, 1991.

Watson (William), *A Concise Dictionary of Cults & Religions*, Moody Press, Chicago, 1991.

Wenger (John Christian), *Compendio de historia y doctrina menonitas*, Editorial La Aurora, Buenos Aires, 1960.

Williams (John Alden), *Islam*, George Braziller, New York, 1962.

Wilson (Bryan), *Sociología de las sectas religiosas*, Guadarrama, S.A., Madrid, 1970.

Wagner (C. Peter), *Avance del Pentecostalismo en Latinoamérica*, Editorial Vida, Miami, 1973.

_____ *The Protestant Movement in Bolivia*, William Carey Library, South Pasadena, 1971.

Zubiri (Xavier), *El problema filosófico de la historia de las religiones*, Alianza Editorial, Madrid, 1993.

Zwi Werblowsky (R.J.), *The Oxford Dictionary of the Jewish Religion*, Oxford University Press, New York-Oxford, 1997.